Harold Kuhner
Pastor

Johannes Hartl · In meinem Herzen Feuer

JOHANNES HARTL

IN MEINEM HERZEN
FEUER

*MEINE AUFREGENDE REISE
INS GEBET*

SCM
R.Brockhaus

SCM

Stiftung Christliche Medien

Der SCM-Verlag ist eine Gesellschaft der Stiftung Christliche Medien, einer gemeinnützigen Stiftung, die sich für die Förderung und Verbreitung christlicher Bücher, Zeitschriften, Filme und Musik einsetzt.

4. Auflage 2015

© 2014 SCM-Verlag GmbH & Co. KG · 58452 Witten
Internet: www.scmedien.de; E-Mail: info@scm-verlag.de

Die Bibelverse wurden, wenn nicht anders angegeben, folgender Ausgabe entnommen:
Einheitsübersetzung der Heiligen Schrift, © 1980 Katholische Bibelanstalt, Stuttgart.

Umschlaggestaltung: Yellow Tree – Agentur für Design und Kommunikation
www.yellowtree.de
Satz: Riswane Abdurachmanov, Dortmund
Druck und Bindung: CPI books GmbH, Leck
Gedruckt in Deutschland
ISBN 978-3-417-26610-8
Bestell-Nr. 226.610

Inhalt

PROLOG 7

DIE FRAGE
WAS IST GEBET? 9

DER BLITZ
DER BEGINN MEINER REISE INS GEBET 15

DER STÖRFALL
GEBET IN RAUM UND ZEIT 23

DER BLICK
DIE KUNST DES SEHENLERNENS 29

DIE AROMEN
GEBET UND GENUSS 37

DAS LICHTDUNKEL
GEBET IN DER SCHULE DER MYSTIKER 45

DAS HIER UND JETZT
GEBET ALS KONTEMPLATION 55

DIE EPIGNOSIS
GEBET UND OFFENBARUNG 61

DIE EXPLOSION
GEBET UND KRAFT 71

AUSBRUCH AUS DEM NORMALEN
GEBET UND DAS WAGNIS DES NEUEN 79

DER RUF
100 PROZENT GEBET 89

DIE DISSONANZ
GEBET UND DAS LEID 105

DIE GROSSE REISE
GEBET UND DIE EWIGKEIT 111

DIE UNERGRÜNDLICHE ZWIEBEL
GEBET UND DER CHARAKTER 119

DIE ÜBERWÄLTIGUNG
GEBET UND FASZINATION 127

DAS GROSSE GEHEIMNIS
GEBET FÜR DEN FRIEDEN JERUSALEMS 141

MIT UNFAIREN MITTELN
GEBET UND GEBETSERHÖRUNG 149

DER ZUSAMMENPRALL
GEBET FUR DEN DURCHBRUCH 159

DAS LIED IN DER NACHT
GEBET UND DER KAMPF DES LOBPREISES 169

DIE VERSCHWENDUNG
GEBET BEI TAG UND BEI NACHT 177

DIE EINE BRAUT
GEBET UND ÖKUMENE 189

DAS REICHE LEBEN
GEBET UND SEIN 197

DIE SCHÖNHEIT
GEBET ALS KUNST 207

DER KUSS
VERLIEBTES GEBET 215

DAS SPIEL
GEBET IN DER SCHULE DER KINDER 227

PROLOG

Überall nur Schwarz. Ruinen. Zerfetzte Mauern ragen in den Himmel. Eine zerbombte Stadt. Rauchende Trümmer, verbrannte Erde. Darüber ein schwarzer, wolkenverhangener Himmel. Schwarze Vögel kreisen. Der Geruch von Verwesung und Leichen in der Luft. Ein verzweifeltes Bild voll Hoffnungslosigkeit. Ein Bild des Todes.

Plötzlich sehe ich eine kleine Gruppe von jungen Menschen. Es sind nicht viele. Vielleicht sieben oder zwölf. Sie stehen im Kreis. Inmitten der qualmenden Trümmer, inmitten der Verwüstung. Schwach sehen sie aus und naiv. Jung, unerfahren und unbedeutend. Doch sie beginnen zu singen. Sie stehen im Schutt dieser kaputten Stadt und singen. Es ist ein leises Lied ... Und zunächst scheint sich nichts zu bewegen. Doch zum Klang dieses leisen Liedes beginnt der Wind zu drehen. Ein milder Luftstrom hebt an und treibt den Leichengeruch fort. Die Geier ziehen ab und die Atmosphäre scheint sich zu ändern. Noch ist alles in Trümmern und doch ändert sich die Szene. Ganz langsam, aber stetig ... Und ganz hinten, in der Ferne, reißt der Himmel auf und ein Streifen hellen, orangenen Lichts durchbricht die dunkle, bleierne Wolkendecke. Und mitten in der Nacht: ein Lied. Ein kleines, beständiges Lied, das so unbedeutend erscheint und doch alles verändert.

DIE FRAGE
WAS IST GEBET?

WORUM ES EIGENTLICH GEHT
Irgendwo in Rumänien, Oktober 2012
Felder huschen vorbei und in meinem Herzen ist Feuer. Wälder und Dörfer huschen vorbei und ich kenne dieses Feuer schon so lange. Es scheint zu kommen und zu gehen und war doch immer da. War das tatsächlich ein Eselskarren? Wie soll ich mich in diesem Auto konzentrieren können? Zurück zum Thema also. Zurück zur Frage. Worum geht es? Es geht um das Gebet, wie immer. In überhaupt allem geht es irgendwie im Letzten um das Gebet. Um eine Frage, die mich schon so viele Jahre umtreibt. Was ist das Gebet? In Kontakt mit einem transzendenten Gott treten … Gibt es so etwas überhaupt? Wie funktioniert es? Wie kann der Mensch das? Darf er das überhaupt? Und bringt es etwas? Wo beginnt es und wohin führt es? Fragen, die mich seit meiner frühen Jugend beschäftigten und auf die ich Jahr für Jahr neue Antworten fand, tiefere Antworten. Fragen, die sich meist nicht durch Lehrsätze, sondern durch Begegnungen und Erfahrungen, nicht selten auf Reisen, auflösten.

Es geht also um das Gebet, einmal mehr.

Rumpelnd poltert der alte Wagen mit seiner schaukeligen Federung über die rumänische Landstraße. Ja, es war ein Eselskarren, helles Heu auf seiner Ladefläche. Noch ein paar Stunden und ich werde knapp 1000 Leuten genau diese Frage beantworten müssen. Das hat Cotiso eingefädelt. Er ist mit seiner kleinen Familie ein Jahr bei uns im Gebetshaus Augsburg gewesen und nun zurück, um in seinem Heimatland eine Bewegung von Gebet und Eifer für Gott loszutreten. Nun sitzt er am Steuer und fährt 120 km/h auf kurvigen Landstraßen in der transylvanischen Einsamkeit. Noch zwei Stunden. In meiner Tasche gekritzelte Notizen. In meinem Herzen Feuer. Und viel Staunen darüber, wie es zu alldem gekommen ist.

Ich weiß schon, wie ich anfangen werde mit diesen 1000 Leuten. Ich werde eine Geschichte erzählen. Die Geschichte, die zufällig meine ist und die meiner Freunde. Und in der es doch nicht um mich geht. Warum spreche ich überhaupt zu Menschen? Warum reise ich dafür nach Rumänien? Ich, im Niederbayern der 80er aufgewachsen. Warum rede ich über Gebet? Wodurch befugt? Durch Geschichten. Durch Begegnungen und Erlebnisse während der ersten 34 Jahre meines Lebens. Geschichten, die allesamt um das Unglaubliche kreisen. Das Faszinierende. Schockierende. Exzentrische. Andere. Bezaubernde. Alle Kategorien Sprengende. Der existenzielle Störfall. Der Hereinbruch dessen, was mehr ist als Welt. Das Aufflackern einer Strahlung, die älter ist als das erschaffene Licht. Das große Geheimnis. Die Begegnung mit Gott. Das Gebet. Davon handelt dieses Buch.

GESCHICHTEN UND DAS LEBEN

Unser Leben webt sich durch die Geschichten, die wir erzählen. Zunächst meinen wir, es seien unsere Geschichten über unser Leben. Und dann, nach und nach und im Rückblick, erahnen wir, dass es noch eine andere Geschichte gibt. Dass nicht ich die Geschichte meines Lebens erzähle, sondern ein anderer auf diesem Instrument sein Lied spielt. Es ist seine Geschichte. Die alte, große Geschichte von seiner Liebe und seiner Treue, die sich in meinen eigenen kleinen Geschichten wie das Licht in die Spektralfarben bricht.

Die Geschichte Gottes ereignet sich. Sie ist kein Lexikon, keine wissenschaftliche Abhandlung. Sie ist Drama und Liebesgeschichte, voll der Spannungen, Entwicklungen, jähen Abbrüche und unvermuteten Wendungen. In einer solchen Geschichte offenbarte Gott sich seinem Volk. Und es sind Geschichten, in denen er heute sein Lied weitersingt. Mit all seinen Dur- und Mollakkorden, scheinbaren Dissonanzen und unerwarteten Auflösungen. Sein schönes Lied.

DAS GANZ ANDERE

Metten, Spätsommer 1988

Orangenes Licht bricht durch das Kastanienlaub und der helle Mittag atmet Siesta. Das Summen einer Hummel und zwei vorbeifahrende Autos. Zu Hause höre ich Michael Jackson und die Beatles. Und jetzt komme ich von der Schule.

„Das Mystische zeigt sich", schreibt Ludwig Wittgenstein im vorletzten Punkt seines „Tractatus logico-philosophicus". Es sei die Tatsache, *dass* die Welt ist. Das Staunen darüber, dass es etwas gibt und nicht vielmehr nichts, hat mich früh gepackt. So auch an jenem Mittag mit dem Schulranzen auf dem Rücken. Unvermutet und unvermittelt steht es groß und mächtig in meinem Herzensraum: das Staunen über das Sein.

Ein Blick auf meine Hand: Es gibt sie wirklich. Das bin tatsächlich – ich. Die zäh fließende Zeit, in der sich die Realität ereignet: Das ist tatsächlich alles wahr.

Noch immer summen die Insekten und fährt vereinzelt ein Auto vorbei. Minutenlang stehe ich da und kann es kaum fassen: Es gibt tatsächlich etwas. Wie wunderbar, wie keineswegs selbstverständlich! Das überwältigte Staunen über die Tatsache, dass ich existiere und es die Welt gibt. Niemandem verständlich, der es nicht selbst gespürt hat, doch dem, der es kennt, für immer völlige Unmöglichkeit, an das Märchen zu glauben, es gäbe nichts als das Erschaffene.

Die Welt ist mir seither nicht weniger rätselhaft geworden. Freilich habe ich sie „erforscht". Doch was genau wissen wir mehr, seit wir den Phänomenen Namen gegeben haben? „Wissen" wir und „kennen" wir den Blitz und den Donner, nur weil wir ihren Zusammenhang mit elektrischer Ladung entdeckt haben? Schrecklicher Irrtum unserer Zeit: Wir verwechseln „den Namen für etwas wissen" mit „etwas wirklich kennen". Doch früh schon war mein Herz verwundet von dem großen Geheimnis und verdorben für die platte Diesseitigkeit.

Dem Beter wird die Welt immer tiefer und Gott immer größer.

UND AUCH: DAS GEBETSHAUS
Zisterzienserinnenabtei Oberschönenfeld, 16.9.2013

Hier sitze ich und schreibe dieses Buch. Mein Blick geht hinaus in den verregneten Morgen und auf das Rot und Gelb des kleinen Pförtnerhauses meinem Fenster gegenüber. Nie habe ich ein Kloster ohne ein gewisses Maß an ehrfürchtigem Schauer betreten. „Sie sind doch der Leiter des Gebetshauses", lächelt mich die ältere Schwester an der Pforte an. Ja, das bin ich. Jenes Gebetshauses, in dem seit fast auf den Tag genau zwei Jahren bei Tag und bei Nacht das Gebet nicht mehr endet. Vorhin ein kurzes Gespräch mit Raphael. Er ist Musiker, junger Familienvater und Leiter unserer Nachtschicht. Durch seinen legendären Satz „0 bis 4: mein Revier" erklärte er sich im Sommer 2011 bereit, die Stunden von Mitternacht bis 4 Uhr morgens im Gebet abzudecken, und legte dadurch den Grundstein, dass wir 24 Stunden an 365 Tagen im Jahr mit Betern füllen können.

Mich erfüllt es mit Ehrfurcht, wenn ich sehe, dass Orte des Gebets, auch des unablässigen Gebets, keineswegs neu sind. Wir stehen in einer großen, jahrhundertelangen Tradition. Und doch glaube ich, dass gerade in unserer Zeit eine neue Gebetsbewegung unter jungen Leuten entsteht. Eine Bewegung von Menschen, die sich auf ihre je eigenen Reisen machen, das Gebet zu lernen. Die ausziehen, das Beten zu lernen. Ja, ich glaube, dass viele ausziehen werden aus ihren Gewohnheiten und der Bequemlichkeit des Mainstreams, um die grundlegenden Fragen ganz neu zu stellen. Wer ist Gott? Wie kann ich ihm begegnen? Und was bewirkt das? Und ich fasse all diese Fragen in eine Frage zusammen: Was ist das Gebet?

DUFT

Ich bin davon überzeugt, dass die Rückkehr ins Gebet, die Wiederentdeckung des Gebets, das dringendste und wichtigste Anliegen der Welt im 21. Jahrhundert ist. Ich bin weiter der Meinung, dass das radikale, prophetische Zeichen nicht endenden Gebets bei Tag und bei Nacht das ist, was wir jetzt am dringendsten brauchen.

Eine solche Aussage klingt absurd, wahnsinnig angesichts des Elends dieser Welt und angesichts der zu markanten Handlungen rufenden Missstände unserer Gesellschaft. Vielleicht ist es auch absurd und wahnsinnig. Zwar glaube ich, dass der Ruf zum 24-Stunden-Gebet biblisch begründet und kirchen- und spiritualitätsgeschichtlich gut fundiert ist. Doch im Letzten ist der treibende Motor all dessen für mich persönlich etwas ganz anderes als theologische Einsicht: Es ist meine schlichte Unfähigkeit, ein normales Leben zu führen. Oder etwas weniger kontrastreich gesprochen: *Er* hat mich verführt durch seine Schönheit. Und ehe ich mich versah, hatte ich einen Lebensstil gewählt, in dem es nur noch um eines ging: ihn zu erkennen und aus ihm heraus zu leben. Alles Spätere, was noch kam, und auch das, was später noch kommen wird, ist nur Entfaltung und weiterführender Kommentar zu dieser schlichten Tatsache: Schönheit traf mich und ich musste folgen. Jesus, deine Schönheit traf mich. Und seither folge ich dir.

Als Teenager liebte ich Düfte. Sammelte Duftöle, Parfums und Tees. Fertigte meine eigenen Mischungen an und konnte mich berauschen an vollkommenen Kompositionen. Doch dann traf mich ein anderer Duft. „Köstlich ist der Duft deiner Salben ... Dich liebt man zu Recht", sagt das Hohelied (1,3.4) über Jesus. Und es ist wahr. Nichts kommt einer Berührung mit Gott gleich. Seine Liebe ist besser als Wein (Hohelied 1,2), besser als alle Genüsse dieser Welt. Dem verliebten Menschen, jenem, der Jesus begegnet ist, ist diese Wahrheit kein hölzerner Glaubenssatz, sondern tausendfach bewährtes Erfahrungswissen. Jesus, dein Duft hat mich getroffen.

Und so wie er mein Inneres damals erfüllte, als ich spätabends auf rumänischen Straßen dahinrumpelte und mein Glück nicht fassen konnte, so erfüllt er mich noch heute. Ich folge deinem Duft, Jesus, hinaus in das große Abenteuer. Die abenteuerliche Reise in das geheimnisvolle Land, das man Gebet nennt. Und was nun ist Gebet? Zahllose Erlebnisse an vielen Orten auf der ganzen Welt zeichnen bis heute ein immer klareres Bild. Und von diesen Erlebnissen will ich nun erzählen.

DER BLITZ

DER BEGINN MEINER REISE INS GEBET

SIE STRAHLT

Saulkrastis, Lettland, August 2010

Sie strahlt bis über beide Ohren. In den Sand hat sie mit den Füßen „Jesus" geschrieben. Sie ist 13 und ihr Englisch brüchig. Nie vergesse ich diesen Ostseestrand. Es gab keine Lichter hier, das Meer grenzte an den Wald. Bei über 100 Grad saßen wir in der Sauna und die Gläser meiner Brille sprangen. Und danach rannten wir hinaus in die Nacht. Schon dort, wo noch die Bäume standen, war der Boden aus Sand. Kaltem Sand. Doch kräftiger als die Kälte traf uns die Dunkelheit. Lettische Nacht, nur wenige Sterne erhellten die Bucht. Der schwarze Wald öffnete sich zum schwarzen Strand, ging über in die schwarze See. Wir stürzten uns in die eiskalten Fluten. Der Himmel und das Meer gingen schwarz ineinander über. Surreales Gefühl, in einem eiskalten Nicht-Raum zu schwimmen, in dem oben und unten gleich sind.

Von Jesus habe ich gesprochen in den letzten Tagen. Der erste Abend war schrecklich kalt in der alten Schule in Riga. Versteinerte Gesichter. Das Misstrauen kommunistischer Jahrzehnte schien uns entgegenzuschlagen. Doch dann am zweiten Tag zögerliches Lachen bei manchen Witzen. Mitsingen bei einigen Liedern. Und schließlich, wie ich es so oft erleben durfte: Tränen. Tränen der Freude. Tränen des endlich zugelassenen Schmerzes. Lachen und Weinen zugleich. Berührungen von Gott.

Überglücklich und übermüdet sind meine Frau Jutta, unser kleiner Sohn David und ich in dem Dorf an der bewaldeten Bucht angekommen und spazieren nun an der wildromantischen See entlang. Über uns das pink-violett-gelbe Farbspektakel der zwischen Wolkentürmen untergehenden Sonne.

Und da treffen wir sie. Mit ihren dreizehnjährigen Füßen „Jesus" in den Strand malend. Und aufgeregt grinsend, wie es nur eine Dreizehnjährige kann, erklärt sie mir in ihrem Schulenglisch, heute sei der Tag, an dem sie Jesus ihr Leben übergeben habe. Einige Jahre zuvor habe ich für unsere Jugendgruppe ein kleines Buch mit sechzig Impulsen für sechzig Tage geschrieben. Irgendwann ist es ins Lettische übersetzt worden. Und nun zeigt sie mir strahlend ihr Exemplar von „Basic". Die Graffiti-Illustrationen daraus hat sie abgezeichnet und ist Tag für Tag den Schritt gegangen, der jeweils vorgeschlagen ist. Und heute hat sie ihr Leben Jesus übergeben. Mit 13. In Lettland. Voller Dankbarkeit, Staunen und Verwunderung denke ich an den Moment zurück, als Gott mich gerufen hat ...

FRÜH GERUFEN

Gerufen hat mich Gott schon sehr früh. Nach den Sturm-und-Drang-Jahren der 68er hatten meine Eltern in einem Bibelkreis ihren Glauben wiedergefunden und prägten unseren Familienalltag mehr und mehr mit Elementen eines geistlichen Lebens. Doch das Vorbild gelebten Christseins, die normative Messlatte, verbarg sich hinter den Mauern eines großen Gebäudekomplexes in der Nachbarschaft. Es war das Christsein in der Lebensform des Benediktinerklosters Metten, in dessen Lichtschatten ich aufwachsen durfte. Freilich war dort nicht alles heiliges Gold, was im barocken Ornament glänzte. Und doch wurde mein junges Herz mit einer Ahnung für das Heilige, das Sakrale und unbedingt Transzendente imprägniert, die es wohl nie wieder verlieren wird.

Gerufen schließlich durch den explosiven Einbruch von Schönheit und Freude, für den ich später das Wort „meine Bekehrung" fand. Es war nicht wirklich eine Bekehrung. Es war die Begegnung mit unbezwingbarer Herrlichkeit.

Ich war 14 und auf der Suche nach Spaß. In einer guten katholischen Familie aufgewachsen, Schüler an einer Klosterschule und durchaus nicht negativ eingestellt gegen Glauben und Kirche – außer vielleicht, dass alles Heilige so langweilig und alles Sündige so faszinierend war.

Irgendetwas Prägendes hat sie, die Musik, die man hört. Es waren die frühen Jahre von Nirvana, und als ich das erste Mal in die Disco ging, gab es Hits von „2 Unlimited" und „Ace of Base". Doch nichts sprach so sehr zu mir wie die viel ältere Musik der Beatles und von Cat Stevens. Dieser Geruch von Revolution, der Traum von einem ganz anderen Leben ...

Ich war früh dran gewesen mit allem. Die Tendenz, aus dem Rahmen auszubrechen und mein eigenes Ding zu drehen, geht in meine Kindheit zurück. Heimliches Rauchen im Wald schon in der Grundschulzeit. Und dann mit 13 neue Bekanntschaften und eine neue Identität: Ich lernte Schlagzeug und nannte mich „Joey". Anders zu sein, wurde mein neues Programm. Das begann bei der Kleidung. Zunächst war das „normale Hippiekleidung", doch zunehmend wurden das Skurrile und Provozierende Mitte und Inhalt meines Styles: mehrere bunte Hemden übereinander, wild gemusterte Schlabberhosen, mehrfarbige Chucks, unmögliche Hüte. Mein Kumpel Stephan und ich trampten umher, übernachteten spontan, wo wir gerade waren, und tranken viel. Wir logen uns in der Kneipe älter, um an Alkohol zu kommen, und ich stieg nachts von zu Haus aus, um Party zu feiern. Mit dabei: viele Mädchen. Schon bald kamen die ersten Drogen ins Spiel. Doch das selbst angebaute Cannabis, das ich als allererstes in die Hand bekam, war von recht harmloser Wirkung. Auch andere Versuche, high zu werden, verliefen eher ineffektiv. Als später ein guter Teil meiner damaligen Clique immer tiefer in Drogen abstürzte, hatte Gott mich schon herausgezogen ...

Trotz der unreifen Eskapaden dieser Phase war darin auch viel Wegweisendes. Ich hatte mich ein für alle Mal für ein „anderes" Leben entschieden. Ich wollte revolutionär sein. Ich wollte Konventionen missachten und die Meinung der Leute nicht zu meinem Maßstab werden lassen. Die Offenheit für alles Neue (damals begann ich auch, mich für östliche Weisheiten und das Zen zu interessieren) und das wilde Ausprobieren hatten schon etwas von dem späteren Abenteuer eines radikalen Weges mit Jesus.

Gleichzeitig wuchs schon früh etwas in mir, das enttäuscht war von „dieser Welt". Das Erwachen nach einem Abend mit Unmengen von

Alkohol, all das Billige, was unseren lockeren Umgang mit den Mädchen prägte, fühlte sich zunehmend leer an. Eines meiner Lieblingslieder der Beatles, vielleicht ihr unkonventionellstes Lied überhaupt, ist das psychedelische „Tomorrow Never Knows". „Lay down all thoughts, surrender to the void", singt John Lennon da. The void: die Leere. Inmitten des treibenden Beats, der schwirrenden Quietschtöne wie von tausend kreischenden Vögeln und der fast rezitativen Stimme John Lennons: the void. Tatsächlich hinterließen auch die lustigsten Aktionen mit Stephan und die ausgelassenen Partys mit den Mädchen zunehmend Leere, einen schalen Nachgeschmack. Es musste mehr geben ...

VON LIEBE ÜBERWÄLTIGT

Es geschieht an einem Sommerabend. Und das Äußere daran ist so schnell erzählt und so unspektakulär wie der Bericht eines Frischverliebten von seinem ersten Kuss. Na ja, ein Kuss eben. Doch für den Verliebten ist das alles.

Und mein Alles passiert an jenem Abend auf einem Kongress der Charismatischen Erneuerung. Nicht, dass ich gerne dort bin. Nicht, dass ich auf der Suche nach Gott bin. Christ, so denke ich, bin ich ja ohnehin schon. Allerdings auch ein Teenager, der macht, was er will.

Und an jenem Tag will ich nichts hören und bei nichts mitmachen. Wird gepredigt oder gesungen, spiele ich mit meinem Kumpel Franz-Josef draußen Frisbee. Oder sitze in der letzten Reihe und nehme die Rolle eines Beobachters sein. So wie an jenem Abend.

Gut sehen sie aus, besonders die Mädchen. Erstaunlich normal. Und dennoch sind sie so eigenartig. Erhobene Hände, verzückte Gesichter. „Lobpreis" wird gesungen. Und es ist mehr aus Langeweile heraus, dass ich diesem Aufruf nach vorne folge. Wer den Heiligen Geist empfangen wolle, könne vorne für sich beten lassen. Na, bevor ich hier den ganzen Abend nur herumsitze, kann ich auch nach vorne gehen und für mich beten lassen. Warum nicht?

Was folgt, klingt für den Ungeküssten so unpoetisch wie der Satz: „Ich bekam einen Kuss."

Was folgt, schneidet mein Leben für immer in zwei Hälften. Was folgt, kann ich danach nie wieder bezweifeln und werde es wohl nie können. Was folgt, ist das, wofür ich bis heute Zeuge bin: Gott küsst mich. Unspektakulär ist es, dieses Gebet. Ein junger Mann legt seine Hand auf meine Schulter und spricht ein paar frei formulierte Sätze. Irgendwann sagt er „Amen" und ich gehe. Ich gehe einige Schritte und irgendwie ist alles anders. Keine Vision, kein Trip, keine Ekstase. Sondern einfach die alles hinwegspülende Gewissheit: Das ist der Heilige Geist. Ein unendlich süßes Glück, in dem die kommenden Stunden versinken. Wie völlig verliebt, doch so viel ruhiger und so viel tiefer. Und die absolut zweifelsfreie Klarheit, einer Person begegnet zu sein. Einer Schönheit, die nicht von dieser Welt ist. Ich kann es nicht fassen. Franz-Josef erlebt das Gleiche. Wir liegen uns in den Armen. „Das muss der Heilige Geist sein", stammele ich nur, überspült von der größten Liebe, die ich je gefühlt habe.

NOCH SO NEU

Diese Erfahrung mit Gott war so anders als alles „Religiöse", das ich kannte. War so neu, dass ich es noch gar nicht in Verbindung mit von mir geforderten Reaktionen brachte. Dieses Geschenk war so frei und so unverdient. Hier war nichts von himmlischer Belohnung für frommes Benehmen oder christlichem Leistungsdenken (ich hatte ja auch nichts geleistet ...). Es war so neu, so frei, so schön.

Es war so neu, dass ich nicht einmal wusste, was ich tun konnte, um diese Erfahrung zu „konservieren". Und doch habe ich seither nur noch eine Frage: Wie kann man diesen Heiligen Geist für immer haben?

Monate vergehen.

Auf einem einsamen Hügel außerhalb von Peel starre ich auf die Möwen, in kreisendem Flug über die wilde See rund um die Isle of Man. Im Heidekraut liegend philosophieren Martin und ich über die Ewigkeit, um uns der Wind der irischen See. Wir kaufen uns „Benson & Hedges" und trinken Cinzano auf immer öderen Partys. Der aus den Fugen geratende LSD-Trip der einen Partyfreundin, der schnelle Sex, zu dem sich andere in eine Höhle verziehen, schaffen es allesamt nicht, in mir die Erinnerung an die große Schönheit zu tilgen, die mich getroffen hat. In mir ist eine Sehnsucht zurückgeblieben, die ich nicht aus meinem Herzen löschen kann. Das Wissen, dass es da mehr gibt. Das Wissen um einen Blitz, der mich getroffen hat.

Doch es vergeht ein halbes Jahr, bis ich zufällig höre, man könne „Jesus sein Leben übergeben". Ja, das will ich. Vielleicht ist das das Geheimnis.

Ich habe ihn nie bereut, diesen Vertrag, den ich an jenem Sonntagvormittag in meinem Zimmer in mein Tagebuch schreibe: „Ich übergebe dir mein Leben, ganz und voll. Und du gibst mir dafür deinen Heiligen Geist für immer, ganz und voll." Etwas dreist vielleicht, doch von Herzen.

Dieser Tag im November war es schließlich, der mein Leben am nachhaltigsten veränderte. Er war emotional weniger eindrucksvoll als die Begegnung im Mai. Doch er setzte mein Leben auf einen Kurs, der es für immer prägen sollte. Erst einige Zeit später lernte ich, dass meine Erfahrung von damals normal für viele Menschen ist: Sie haben ein Erlebnis mit Gott, doch wissen nicht, wie sie auf diesem aufbauen können. Eine bewusste Entscheidung zur Nachfolge Jesu und ein tägliches Gebetsleben, so lernte ich nach und nach, sind genau die Mittel, die das Feuer im Herzen weiter nähren. Ein Feuer, das in mir bis heute nicht erloschen ist. Und für das ich so dankbar bin. Ein Feuer, das, so klein begonnen, sogar Auswirkungen in anderen Ländern haben durfte – wie zum Beispiel in Lettland im Leben dieses blonden Mädchens. Auch sie hat ihr Leben Jesus gegeben, so viele Jahre später und an einem ganz anderen Ort.

ECKES EDELKIRSCH UND DIE HURE BABYLON
Karlstein, 29.12.93
Die Monate nach meiner Entscheidung für Jesus sind ein einziges Abenteuer. Dinge, die mich vorher nur angeödet haben, ziehen mich plötzlich in ihren Bann, während vieles andere seinen Reiz verliert. Ich beginne, die Bibel zu verschlingen und auf meiner Gitarre die ersten Lobpreislieder nachzuspielen und dann selbst welche zu schreiben.

Und vor allem kann ich es nicht erwarten, meinen Freunden in der Clique von meiner neuen Erfahrung zu erzählen. Das verläuft noch ein bisschen planlos. Denn ich habe selbst noch nicht so viel verstanden. Nächtelang hocken wir auf den Zimmern des Jugendhauses zusammen und albern herum. Unvergessliche Räusche durch Eckes Edelkirsch und das coole Gefühl, jetzt grundsätzlich nur noch Lucky Strike zu kaufen (solche Dinge findet man nur mit 14 toll …). Und dabei Bad Religion und Counting Crows hören. Doch immer öfter drehen sich die Themen nun um den Glauben. Und irgendwann beginnen wir, die Bibel zu lesen. Ich schlage die Offenbarung des Johannes vor. *Herr der Ringe* habe ich gerade erst fertig gelesen, und das scheint mir vom Genre her am ähnlichsten. Also sitzen wir auf dem Boden, lesen über die Hure Babylon und verstehen gar nichts. Dennoch sind diese ersten Monate, in denen ich anfange, große Holzkreuze und Jesus-T-Shirts zu tragen (obgleich meine Kleidung dadurch nicht wirklich provokativer wird als zuvor), herrlich. Nach und nach darf ich miterleben, wie vier meiner besten Freunde ihr Leben Jesus übergeben. Wir gründen einen Gebetskreis und schreiben uns während des Unterrichts Dutzende von Briefchen, in denen es immer öfter nur noch um Jesus geht. Schon beginne ich zu träumen, wie es wäre, wenn der Filmsaal unserer Schule mit Jugendlichen gefüllt wäre, die Gott genauso radikal begegneten wie wir …

All das ist so neu, so frisch, so lebendig. Es hat gefühlt so wenig zu tun mit dem, was ich bislang mit dem Glauben verbunden habe. Ich brauche ein paar Jahre, um zu erahnen, welche Schätze mir schon lange vorher geschenkt worden sind …

FEUERSTELLE

Es besteht ein riesiger Unterschied dazwischen, mit einem Menschen bekannt oder in einen Menschen verliebt zu sein. Dem Verliebten strahlt auf einmal alles an dem Geliebten in einem besonderen Glanz. So ähnlich scheint mir der Unterschied zwischen dem Herzenszustand eines Menschen, der irgendwie an Gott glaubt, und dem eines anderen, der Jesus persönlich kennt.

Wie sieht es in Ihrem eigenen Glaubensleben aus? Ist es eher eine familiäre Tradition, so wie es das für mich war? Haben Sie schon einmal eine bewusste Entscheidung für Jesus getroffen? Oder wäre es an der Zeit, eine solche zu erneuern? Nehmen Sie sich doch jetzt einen Augenblick Zeit, legen Sie das Buch auf die Seite, und beginnen Sie, mit Gott zu sprechen. Sie können ihn bitten, dass er Ihr Herz neu berührt, dass er sich Ihnen zeigt. Sie können ihm auch bewusst Sorgen, persönliche Nöte und Wünsche übergeben. Und wenn Sie wollen, können Sie sogar solch einen kleinen Vertrag mit Gott machen, wie ich es gemacht habe. Unser Leben ruht gut in seinen Händen, probieren Sie es aus!

DER STÖRFALL

GEBET IN RAUM UND ZEIT

DOMUM TUAM, DOMINE, DECET SANCTITUDO
Kloster Metten, März 1987, 7.42 Uhr

Das Sakrale wohnt in der Nachbarschaft. Und das Numinose kann heimlich anmuten. Mein Blick gewöhnt sich nur langsam an die Dunkelheit und meine Schritte hallen wider auf den alten Marmorplatten. Erst am anderen Ende des weiten Raumes mit dem Kreuzrippengewölbe brennt ein kleines Licht. Dort, wo eine schmale Treppe durch einen engen Gang in eine andere Welt hinabführt. Ich bin früh aufgestanden, um in der Morgenmesse zu ministrieren. Ich bin eines der wenigen Kinder, in deren Erfahrungswelt es noch das Heilige gibt. Und dies nicht nur in Form farbiger Kinderbibeln oder lustiger Jesuslieder, sondern in Form eines großen, alten Gebäudekomplexes in der Nachbarschaft. Eines Komplexes, in dem es ganze Geschosse gibt, von denen keiner zu wissen scheint, was sich dort eigentlich befindet. Wo es Gänge gibt, in die kein Uneingeweihter hineindarf. Wo es Seitenaltäre mit den Knochen verstorbener Märtyrer und versteckte Hinterkammern gibt, in denen verstaubtes Mobiliar ineinander verkantet steht, aus einer Zeit, die längst vergangen ist. Wo die seltsam mahnenden Blicke von zahllosen Generationen bärtiger Gesichter auf Schwarz-Weiß-Bildern ganze Gänge lang den sie Durchschreitenden anschweigen. Kinder der entzauberten Postmoderne können alles für sie Relevante schon mit zehn im Internet gesehen haben. Doch meine frierenden Schritte tappen noch hallend durch stets viel zu große Innenräume, die genau danach riechen, wonach nur Klöster riechen: Weihrauch, Kalk, Moder und Kerzen. „Domum tuam, domine, decet sanctitudo": Deinem Haus gebührt Heiligkeit (Psalm 93,5), steht über der Mettener Klosterkirche. Und das Katholische daran: Man muss sie auch sehen und riechen können, die Heiligkeit.

DER ZEREMONIENMEISTER

Im Kellergeschoss eine andere Welt: geschäftiges Treiben in der Großküche. Der Geruch von frischen Broten und von Kaffee. Dem Ministranten wird ein kleines Frühstück gereicht, bevor es zur Schule geht. Auch diese findet später im Klostergymnasium statt.

Einige meiner eindrücklichsten Erinnerungen stammen von meiner Zeit als Ministrant und später Zivildienstleistender des Klosters, dem mancher Einblick in das geheimnisvolle Reich des klausurierten Lebens gewährt wird – mit all seinem Wundersamen und Schrulligen. Da gibt es noch Figuren wie Pater Notker. Eine gebeugte Gestalt mit einem Gesicht wie Miraculix. Seine Augen stechend und streng unter den buschigen Brauen, später zunehmend der Milde des Alters Raum gebend. Pater Notker ist Zeremonienmeister. Eine Funktion, derer wir in zielgruppenspezifischer Sonntagsliturgie aus der Loseblattsammlung pastoraler Ideen nicht mehr bedürfen. Eine Funktion, die auch in von Band und Powerpoint gestalteten Event-Gottesdiensten nicht mehr denkbar wäre. Und eine, die mich doch etwas Großes lehrte. Der Zeremonienmeister ist, wie der Name schon sagt, der gestalterische Leiter der liturgischen Vollzüge. Ihm obliegen Auswahl und Vorbereitung der Gewänder, Koordination der Handlungen der unterschiedlichen Rollenträger und auch die Instruktion der Ministranten. Und Letztere ist stets eifrig, bisweilen durchaus rigoros, immer jedoch von einer alles überschattenden Grundhaltung durchdrungen: dass es sich hier um etwas absolut Bedeutsames handle. So ist es entscheidend, mit welcher Haltung, mit welchem Tempo ein Ministrant schreitet. Es geht um das Schreiten, nicht um das Gehen: Denn da gibt es einen Unterschied. Es geht um die richtige Menge des Weihrauchs (richtig dampfen soll es!) und um das rechte Timing jedes Handgriffes. Und solcher gibt es verschiedene: Der Stabträger nimmt dem Abt – im rechten Moment! – den Abtstab ab (freilich nur mit Handschuhen und einem besonderen liturgischen Gewand), um ihn ihm genauso wie die Mitra – ebenfalls im rechten Moment! – mit einer Verneigung wieder zu reichen. Die Akolythen, der Buchträger, der Rauchfassträger – alle haben ihre Rolle. Und heilige Ordnung soll überall herrschen. Turnschuhe sind nicht denkbar. Denn Ehrfurcht für das Unsichtbare äußert sich in dem, was sichtbar ist. Und mit strengen Augen überwacht Pater Notker von einem kleinen Fenster aus den Altarraum, um nach dem feierlichen Hochamt zu loben und zu tadeln.

Unvergessen ist mir der Wutanfall des kleinen Mönches, der mit hochrotem Kopf auf uns Ministranten zukommt. Jeder habe eine Ohrfeige verdient. Wie man dagestanden sei. Die gefalteten Hände hätten schlaff nach unten gehangen, statt aufrecht emporzuweisen. „Man betet doch nicht zum Teufel runter, sondern zum Herrgott hinauf!", faucht der Zeremoniar im keifenden Niederbayerisch.

Und doch ist Pater Notker alles andere als hartherzig. Es geht ihm schlicht um den Gottesdienst. Und dieser wird gepflegt. Im gregorianischen Choral: passend zum jeweiligen Fest im Kirchenjahr. Unvergesslich das dreifache „Hodie" im Magnifikat-Antiphon der Vesper am ersten Weihnachtsfeiertag. Im Kapitelsaal liegen die Gewänder vor dem Beginn der Liturgie aus. Und jedes ziert ein kleiner Zettel, der in roten und schwarzen Schreibmaschinenbuchstaben anzeigt, für welche liturgische Rolle es bestimmt ist. Die Anweisungen während der Liturgie werden nur geflüstert. Dies freilich auf Latein. „Genoflex" – auch zwei Jahrzehnte nach der Liturgiereform heißt es nicht prosaisch „Kniebeuge".

Und in Pater Notker schlägt ein weiches Herz. Eines Tages bleiben wir beide nach der Sonntagsvesper im Chorgestühl zurück. Zu diesem Anlass trägt der Mönch nicht die schlichte Alltagskutte, sondern die stoffreichere schwarze Kukulle, die bei der ewigen Profess überreicht wird. Darauf angesprochen, deutet Pater Notker darauf und sagt mit einem sanften Lächeln: „Das ist mein Hochzeitsgewand." Aus dem Mund des alten bayerischen Benediktiners, der dunkles Bier und deftige Brotzeit schätzt, klingt dieser Satz in all seiner Zerbrechlichkeit so unverdächtig und rundum wahr.

STEINERNER STÖRFALL

Ich liebe Klöster und habe sie überall besucht. In Italien, uralt bemalte. In Frankreich, einsam versunkene. In Deutschland, nüchtern beständige. In Griechenland, nach Weihrauch und Lampenöl duftende. In Irland, halb überwucherte, und in Ägypten, wüstenherb verschlossene – die Mönchstraditionen beider Länder auf geheimnisvolle Weise seit unvordenklichen Zeiten vor der Völkerwanderung verbunden. Geheimnisvolle Orte, umschwiegene Steine ...

Ich liebe Klöster und habe in ihnen stets das Gegenmodell nicht nur zu einer um sich selbst kreisenden Gesellschaft, sondern auch zu einer um sich selbst kreisenden Kirche gesehen. Ein Kloster ist der verwirrende Störfall der Zivilisation. Männer oder Frauen, die zölibatär und ohne Eigentum zusammenleben. Kein Besitz und keine Nachkommen. Deren Tag um das Gebet herum strukturiert ist. Deren Leben sich freiwillig einer gemeinschaftlichen Regel unterordnet, von der man erwarten kann, dass sie die eigene Engherzigkeit entlarvt.

Vielleicht war das eine meiner ersten prägenden Erfahrungen mit dem Gebet: dass es ein Störfall ist. Dass es „keinen Sinn" macht. Und die normalen Gesetzmäßigkeiten auf den Kopf stellt. Ich habe diesen Störfall des Gebets nicht theoretisch erfahren, sondern in steinerner Form in der Nachbarschaft gesehen. Ein Kloster ist beständiges Gebet, das eine Lebensform und materielle Gestalt im Raum angenommen hat. Und es bezeugt das, worum es im Gebet ständig geht: dass unsere Welt sich nicht selbst gemacht hat. Dass unser Leben nicht um uns selbst kreist, sondern auf etwas hin erschaffen ist. Auf jemanden hin. Jede Stunde des Gebets gibt Zeugnis von dieser Hinterfragung unserer menschlichen Selbstsicherheiten.

WIE EUROPA MISSIONIERT WURDE

Das Kloster Metten wurde im 8. Jahrhundert gegründet. Ein dichtes Netz von Klöstern hatte damals bereits die Länder des ehemaligen römischen Reiches überzogen. Es waren die Klöster, die Europa missionierten. Diesen Gedanken werde ich nicht los. Wo es vereinzelt christliche Gemeinden zur Römerzeit gab, wo iroschottische Wandermönche das Evangelium aussäten, da waren es doch die Klöster, die über die Jahrhunderte hinweg das geistliche, kulturelle und wirtschaftliche Antlitz des christlichen Europas gestalteten.

Wir leben in einer Zeit, in der den Kirchen der Atem auszugehen scheint. Die Angebote, für die „moderne Welt" interessant und ansprechend zu sein, schwanken zwischen Banalität und peinlicher Nachmache dessen, was die Welt ohnehin besser kann. Wo sind in dieser Zeit Menschen, die Zeugen von etwas geworden sind? Menschen, die nicht nur Ideen übernommen, sondern einen Lebensstil eingeübt haben? Deren Leben etwas von dem großen Geheimnis erzählt, dass das menschliche Leben so viel mehr ist als das Sichtbare, Beweisbare? Und schließlich: Wo sind die Orte, an denen dies in Raum und Zeit sichtbar und erfahrbar wird? Wo sind die geistlichen Scheitelpunkte? Wo sind Orte, an denen schlichtweg Gott um seiner selbst willen gedient wird? Orte, die sich dem irdischen Gefüge von Bedürfnis und Befriedigung unserer Wünsche entziehen?

Die Suche danach, wie gemeinschaftliches geistliches Leben, das radikal für den Himmel lebt, heute aussehen und welche neuen Formen es annehmen kann, hat mich nicht losgelassen, seit meine Füße aus dem dunklen Gewölbegang durch das große Holztor in den frühmorgendlich dämmernden Klosterinnenhof schritten. Und sie beschäftigt mich heute, in dieser Woche, in der unsere junge Mitarbeiterschaft zwei Jahre unablässiges Gebet feiert und ein kleines Team nach Nordkorea entsendet, um dort im Verborgenen für einen Umsturz des Regimes zu beten. Ja, es waren die Klöster, die mich durch ihr bloßes Dasein schon die ersten Lektionen des Gebets lehrten.

FEUERSTELLE

Waren Sie schon einmal in einem Kloster? Wenn nicht, informieren Sie sich, ob es in Ihrer Umgebung irgendwo eines gibt, und besuchen Sie es. Am besten kommen Sie nicht nur als Tourist, sondern bleiben für ein paar Tage, zum Beispiel für eine Schweigezeit. Doch auch wenn es nur für einen Kurzbesuch reicht, versuchen Sie, am Chorgebet der Brüder oder Schwestern teilzunehmen – es ist der jahrhundertealte rote Gebetsfaden, der jeden Tag im Kloster durchzieht. Und wenn auch das nicht möglich ist, dann schauen Sie sich auf YouTube oder Video eine Reportage über ein Kloster an oder zum Beispiel den preisgekrönten Film „Die große Stille". Die Botschaft der Klöster ist von großer Bedeutung für uns Menschen heute.

DER BLICK
DIE KUNST DES SEHENLERNENS

SEHEN LERNEN
Paris, Juni 1994

Das Café du Musée d'Orsay atmet weniger koloniale Pracht als der Salon du Thé im Hause Mariage Frères. Ich bin Tee-Liebhaber und zusammen mit meinem Vater unter anderem dazu nach Paris gepilgert, um in dieser traditionsreichsten der Teehandlungen Europas (an die 500 Sorten Schwarz- und Grüntee!) etwas vom Flair jener Epoche zu erhaschen, da holländische Segelschiffe Darjeeling und Oolong aus indischen Häfen nach La Rochelle und Hamburg brachten. Doch heute trinken wir Tee in jenem zum Museum umgebauten Jahrhundertwende-Bahnhof aus Stahl und Glas. Halbe Wände füllende Seerosen. Punkte aus breiiger Ölfarbe, die sich im Auge des Betrachters zu einer rauschenden Ballszene verbinden. Ich bin 15 und bezaubert von den hypnotischen Farbspielen der Impressionisten. Bezaubert von jener fremden Größe, der ich in all den Museen begegne. Dieser rätselhaften Größe, die man Kunst nennt.

Sie jedenfalls verfolgt mich durch Paris. Aus einer kleinen Kirche im Quartier Latin klingt sie mir als fremder, dissonanter Klang eines postmodern klingenden Jazz-Streichensembles entgegen. Am Seine-Ufer und auf dem Montmartre wird sie auf Boden und Staffeleien gemalt, in der Sainte-Chapelle in farbigem Glas durchsichtig und bei Mariage Frères als „L'art française du thé" (so steht es wirklich an der Wand!) in hundert Sorten und sorgsam gewählten Handbewegungen zelebriert.

Und als mich später ein alter Künstler in liebevollem Einzelunterricht Woche für Woche Wahrnehmen, Sehen, Strukturieren und Gestalten mit Papier und Pinsel lehrt, ist es wie die Einweihung in einen heiligen Kult. Einen Kult, dem ich mich nicht mehr entziehen kann. Stundenlang spaziere ich durch die Natur und studiere die Farben und Formen der Blätter. Investiere mein Taschengeld in Gouache, Pinsel und Aquarellfarben. Im Halbschlaf träume ich von Bildern, die ich malen kann. Die ich malen muss. Doch davon in einem späteren Kapitel mehr ...

SACK, HOLZ, DRAHT UND FARBE

Die entscheidende erste Erfahrung findet im Centre Pompidou statt, dem schon von außen verwirrend und bizarr aussehenden Pariser Museum für moderne Kunst. Unvergesslich: „Monochrome" von Yves Klein. Ein Bild, das einfach nur komplett blau ist. Befremden. Staunen. Ein Stock höher: Eine Schulklasse steht um eine Plastik. Es sind Kinder im Grundschulalter. Und die Plastik? Ein abstraktes Arrangement aus Sack, Holz, Draht und Farbe. Ein Knäuel. Farbspritzer. Nägel. Was ist das? Und wie gedenkt ein Lehrer, in kleinen Kindern Interesse an *so etwas* zu wecken?

Aus einigen Schritten Entfernung betrachten mein Vater und ich gespannt die Szene. Der Lehrer beginnt, Fragen zu stellen. Doch nicht die klassische Deutschunterricht-Frage „Was möchte uns das sagen?" und auch nicht: „Was könnte das darstellen?", sondern: „Woraus ist das gemacht?" Welche Materialien? Welche Farben sieht man? Welche Formen? Ist die Plastik fest oder locker? Hart oder weich?

Die zunächst noch uninteressiert umherstehenden Kinder rücken nun näher. Ihre Blicke werden immer konzentrierter. Wie viele Farben gibt es hier zu entdecken! Und unter dem Stück Sack verbirgt sich Ton oder Lehm. Oder ist es ein Klumpen bemaltes Metall? Welches Material ist das? Und wie wurde es gefertigt? Was es hier alles zu sehen gibt!

Ich staune betroffen. Diesem Lehrer ist es gelungen, in den Kindern einen Sinn für diese Kunst zu wecken. Doch wie? Er hat nicht mit der Entstehungsgeschichte oder einer Auslegung begonnen. Er hat sie durch Fragen zum Sehen verführt.

Eine Einführung in die Kunst beginnt damit, dass man sehen lernt. Nicht das Interpretieren und Deuten und Verstehen lehrt ihr Geheimnis. Zunächst geht es darum, wahrzunehmen, was da ist. Das Kunstwerk ist seine eigene Botschaft. Es will nicht gleich unsere eigene Interpretation aufgedrückt bekommen (bei der wir selbst im Zentrum stehen), sondern als es selbst gesehen und wahr-genommen werden.

KUNST

Die Tiefe und die geradezu mystische Bedeutung dieser kleinen Lektion im Umgang mit der Kunst konnte ich damals erst erahnen. Sie scheint mir heute einer der entscheidendsten Schritte auf dem Weg zum wahren Gebet zu sein.

Gott ist ein großer Künstler. Alles, was er erschaffen hat, ist schön. Man kann es leicht beweisen: Trifft man irgendwo etwas Hässliches an, hat es wahrscheinlich der Mensch produziert. Alles in der Natur trägt Gottes unverkennbare Handschrift: die der Schönheit.

Der Mensch freilich ist das einzige Geschöpf, das Schönheit wahrnimmt. Kein Tier bleibt gebannt vor der Majestät der blutrot im Meer versinkenden Sonne stehen. Kein Tier sammelt Muscheln, einfach nur weil sie schön sind.

Der Mensch wurde von einem Gott der Schönheit erschaffen mit einem Sinn für die Schönheit. Und Schönheit will gesehen, will schön genannt werden. Das Schöne schön zu nennen, ist ein Akt großer Wahrheit. Und zugleich etwas, das Freude bereitet und glücklich macht. Wie schade ist es, ein wundervolles Essen zu genießen, doch nicht darüber sprechen zu können. Und welche Freude ist es, einer gut aussehenden Dame ein ernst gemeintes Kompliment machen zu können.

Doch Schönheit kann nur wahrgenommen werden, wenn wir sehen lernen. Ja, die Fähigkeit, das Schöne als schön wahrzunehmen, beginnt damit, dass wir sehen lernen. Und sehen lernen bedeutet: von mir selbst weg auf das andere hinzublicken. Meine eigenen Interpretationen und Gedanken hintanzustellen und dem ganz Raum zu geben, was sich meinem Blick hier schenkt.

So möchte Kunst betrachtet werden. „Was möchte uns dieses Bild sagen?" ist immer eine verfehlte Frage. Denn hätte der Künstler etwas „sagen" wollen, hätte er auch einen reinen Sachtext schreiben können. Und viel zu leicht wird das Kunstwerk bei der Beantwortung dieser Frage zur Leinwand, auf die wir unsere eigenen Interpretationen pinseln. Wahre Betrachtung jedoch öffnet sich für das andere, das Neue und Unverfügbare, was mir da entgegentritt. Nur der nimmt wirklich etwas wahr, der es wahr-nimmt: es in seiner ureigensten Wahrheit sein lässt und annimmt.

SCHÖNHEIT WAHR-NEHMEN

Gebet sei Reden mit Gott, das hört man oft. Und freilich: Das vertrauensvolle Gespräch, an ihn als einen guten Freund gerichtet, ist ein wichtiges Element des Betens. Doch das Reden zu Gott kann ziemlich monologisch werden. Es kann Gott schlichtweg zum Briefkasten all meiner Gedanken machen, in denen es immer nur um meine eigenen Nöte und Wünsche geht. In denen eigentlich immer ich selbst mich ausspreche.

Selbst das Denken an Gott ist noch lange nicht Gebet. Das sehen wir leicht an unserer Beziehung zu Menschen: Trefflich kann ich auch über einen mir gegenüberstehenden Menschen nachdenken, ohne in wirkliche Beziehung mit ihm zu treten. Ebenso mit Gott. Das Denken an ihn ist noch keine Beziehung mit ihm.

Was also ist Gebet?

Gebet beginnt mit und lebt vom Wahr-nehmen. Zunächst dessen, was da ist. Der Schönheit der Natur, der Luft, die ich atmen darf, im Letzten aber der schlichten, sich mir schenkenden Tatsache, dass es die Welt gibt und dass es mich gibt. Es gibt all das – er gibt all das. Und ich nehme es an, ich nehme es für wahr und nehme es dankend an. Wer auf solche Weise wahrnimmt, ist nur noch einen kleinen Schritt davon entfernt, die Gegenwart Gottes wahrzunehmen. Denn der Gott des Seins schenkt seine Gegenwart demjenigen, der ihn sucht. Seine Gegenwart wahrnehmen zu lernen, ist der Schlüssel zu einem Gebet, das nicht mehr Leistung oder Anstrengung ist, als es Leistung oder Anstrengung ist, etwas Schönes zu sehen und es schön zu nennen. Dank und Lobpreis entspringen wie von selbst aus einem Herzen, das gelernt hat, Schönheit wahrzunehmen.

GEBANNTE BLICKE

Paray-le-Monial, Juli 1994
Hier knie ich mit meiner Hippiekleidung in jener Kapelle, in der Jesus Marguerite-Marie Alacoque damals im 17. Jahrhundert erschienen sein soll. Mehrmals sogar. Auf eine Weise, die damals unerhört neu war. Er zeigte ihr sein Herz. Sein Herz, das aus Liebe für und Leiden an den

Menschen lichterloh brannte. Marguerite war sofort durchbohrt, hineingerissen in dieses Feuermeer der Leidenschaft.

Ich bin früh aufgestanden. Irgendwer hat mir gesagt, dass es etwas Besonderes sei, nachts um 3 Uhr zu beten. Und so knie ich hier auf dem kalten Marmor. Im Schein einiger Lichter auf dem Altar die Monstranz, in der Jesus – im katholischen Verständnis leibhaft gegenwärtig in der Gestalt des eucharistischen Brotes – betrachtend und anbetend verehrt wird. Von alledem verstehe ich theoretisch recht wenig. Und doch passiert etwas mit mir. Ich kann meinen Blick nicht abwenden. Es ist mir, als seien auch meine Augen in dieses Feuermeer seines Herzens gezogen. Ich kann sie nicht losreißen. Der unendliche Ozean der Liebe eines Gottes …

Erst eineinhalb Stunden später kann ich mich erheben. Und seither ist alles anders. Wie die Augen eines Menschen, der zu lange in die Sonne geblickt hat, bleibt in mir etwas zurück, was mich nie wieder verlässt: die Sehnsucht, ihn zu sehen.

DIE 24

Kroatien, August 1994

Meine Blicke schweifen über die unauslotbaren Weiten des glitzernden Meeres. Ich sitze am Badestrand eines Hotels und mein Herz blutet. In mir ist Sehnsucht. In mein Tagebuch schreibe ich meine ersten Gedichte und reime holprig: „Wo der Horizont sich eint mit der grauen Kimm, will ich bleiben, bis ich zufrieden bin." Äußerlich sehe ich nach wie vor recht farbenfroh aus (mit langen Haaren und bunten Klamotten; heute sind mir die Fotos relativ peinlich, aber ich verstehe nun, warum ein Hotelbediensteter an einem Abend auf mich zukam, um mich zur Teilnahme an der Miss-Wahl des Hotels zu bewegen …), innerlich bin ich durch meine ersten Erfahrungen im Gebet so verwundet, dass ich auf einer qualvollen Suche nach mehr von Gott bin.

Und nun Kroatien. In diesen Tagen am Strand lese ich ein Kapitel, das meine Sicht auf Gott und auf Anbetung für immer prägen wird. Daraus entsteht auch der erste Lehrvortrag, den ich jemals halte. Ich verstehe nicht so viel davon. Schon die Überschrift – „Der

Waltende" – klingt sehr eigenartig. Die letzten Abschnitte von Romano Guardinis *Der Herr* handeln von Jesus Christus in den hoheitlichen Darstellungen der Offenbarung des Johannes. Nicht gerade leichte Kost. Doch das stört mich nicht. Ein bisschen was habe ich ja schon mit meinen Freunden im Jugendhaus gelesen ...

Doch nun eröffnet mir Romano Guardini etwas wie ein 3-D-Bild. Der Waltende: Offenbarung 4. Der Thronende. Und vor ihm vierundzwanzig ebenfalls Thronende. Vor Gottes Angesicht kauern nicht in den Staub getretene hilflose Sklaven, vor ihm thronen Könige. Eine Szene voll Majestät und feierlicher Ruhe. Dort sitzen sie, die Könige vor dem einen König. Doch die natürliche Reaktion dieser Thronenden auf den einen Waltenden ist tiefste Verneigung, Niederfallen. Nicht weil sie müssen. Doch vor der überstrahlenden Majestät des Herrn wird alles unbedeutend, was anderswo groß und herrlich ist. Sie legen ihre Kronen nieder. Welch wunderbare Aussage! Sie tragen Kronen. Jene, mit denen er selbst sie geschmückt hat (vgl. Baruch 5,1-2). Doch sie legen sie nieder, ja, werfen sie ihm zu Füßen. Wollen, dass er allein erhoben ist und herrscht.

Dieses Bild und die einfachen erklärenden Worte Guardinis sind mir nie wieder aus der Erinnerung gewichen. Herr, ich danke dir für alle Würde und Berufung, mit der du mich gekrönt hast. Danke, dass ich in deinen Augen Wert und Größe habe. Doch all das will ich dir zu Füßen werfen. Nicht aus Minderwertigkeit heraus. Sondern als völlig logische Reaktion auf das, wer du bist und was du getan hast. Du bist Gott, ich nicht. Ich bin sterblich und du bist unendlich, ewig, grenzenlos. Noch weiter als das glitzernde Meer, vor dem ich da sitze. Welch Torheit und unglaubliche Beschränktheit des Geschöpfes, sich selbst als Zentrum des eigenen Lebens zu verorten. Du bist das Zentrum. Die wahre Sonne des Sonnensystems unseres Universums. Natürlich lege ich meine Krone nieder.

Jahre später, im Jahr 2006, entsteht dieses Lobpreislied:

Wer kann genug dich preisen?
Wer tief genug sich beugen vor dir?
Wessen Hand ist vor dir rein?

*Himmlische Majestät,
alles, was groß ist und zählt,
wird vor dir bedeutungslos und klein.*

*Und ich lege meine Krone,
ich lege meinen Tag,
ich lege meine Träume und alles, was ich hab,
vor die Füße Jesu.*

Würdig ist das Lamm.

Doch all das geschieht nicht in sklavischer Unterwerfung unter einen übermächtigen Despoten, gegen den man nun einmal keine Chance hat. Was ist wahre Größe? Welche ist die Größe, die mich in die Knie zwingt?

*Wer kann dein Kreuz begreifen,
wer je so tief sich beugen wie du?
Maßlosen Reichtum und Würde
legtest du ab, zur Erde
kamst du als Knecht und wurdest arm.*

„Er war reich, doch wurde unseretwegen arm, um uns durch seine Armut reich zu machen" (2. Korinther 8,9). Welch ergreifend schlichte Aussage, für die alle Kategorien sprengende Vorstellung, dass der unbegrenzte, allmächtige Gott des Himmels sich in den Dreck der Erde beugt, um seine gefallene Kreatur zu küssen! Er wird Mensch. Knecht. Verachtet. Angespuckt. Geschlagen. Getreten. Verurteilt. Verlacht. Verletzt. Durchstochen. Dem qualvollen Tod eines Verbrechers preisgegeben. Verlassen. Wer kann je so tief sich beugen? Jesus, das Lamm auf dem Thron.

„Und ich lege meine Krone, ich lege meinen Tag, ich lege meine Träume und alles, was ich hab ...", singe ich noch heute und singen wir auch im Gebetshaus. Und würden wir unser ganzes Leben nichts anderes tun, als das zu singen; nichts anderes als unsere Kronen, Träume, Ambitionen, Vorstellungen, Eigendünkel wieder und wieder ihm zu Füßen zu legen wie Plastikkronen nach einer Faschingsparty – es wäre die größte Weisheit.

Alles beginnt, steht und fällt mit der Kunst des Sehens. Die Schönheit der Schöpfung sehen. Die Schönheit der Kunst. Die Schönheit eines Menschen. Und schließlich daraus immer deutlicher erkennen: die Schönheit dessen, von dem all das kommt. Die Schönheit des ewigen Gottes. Und dann die Schönheit dieser einen, einzigartigen Person. Die Schönheit seiner Worte und seiner Taten. Die Schönheit des Mannes, in dem Gott mit allem, was er ist, sichtbar geworden ist. Jesus Christus sehen lernen. In seiner Majestät und in seiner Erniedrigung am Kreuz. Wieder und wieder erwächst aus diesem Sehen die einzig angebrachte Reaktion des Geschöpfes: das Lob, die Verneigung, die Anbetung – das Gebet.

FEUERSTELLE

Zwei kleine Übungen können beim „Sehenlernen" helfen. Betrachten Sie ein Kunstwerk. Dazu können Sie in ein Museum gehen oder einen Bildband zur Hand nehmen. Und nun nehmen Sie wahr, was Sie dort sehen. Versuchen Sie, nicht zu bewerten („Das ist gute Kunst, das ist kitschig, das ist übertrieben …"), nicht zu erklären („Das bedeutet das und das …") und nicht einzuordnen („Typisch Barock!"), sondern nehmen Sie das Kunstwerk einfach so, wie es ist. Schenken Sie ihm Zeit.

Eine zweite kleine Übung: Lesen Sie einen Abschnitt aus einem der vier Evangelien und betrachten Sie Jesus. Auch hier wieder: Es geht nicht darum, etwas zu verstehen („Was möchte mir dieser Abschnitt sagen?") – lassen Sie die Szene einfach vor Ihrem inneren Auge entstehen. Was tut Jesus? Wie verhält er sich? Was sagt er? Sie werden nach und nach spüren: Das Sehenlernen ist etwas Existenzielles, das unsere Freude am Leben, unsere zwischenmenschlichen Beziehungen und unser Gebetsleben unmittelbar beeinflussen kann.

DIE AROMEN
GEBET UND GENUSS

KOMPLEXE AROMEN
Beaune, März 2003
Die Schönheit ist noch etwas unterkühlt heute Morgen. Frühnebel schmiegt sich an die rebenbereihten Hänge, und Tau liegt auf den Zäunen. In Bagdad fallen die amerikanischen Bomben und wir stapfen durch Weingärten. Wie kontrastreich das Leben oft ist.

An jenem Tag im März soll ich eine der wichtigsten Lektionen über die Schönheit bekommen. Unvergesslich ist schon die Anfahrt durch die verwinkelten Gassen der Dörfer. Direkt hinter den beigen Häusern beginnen die Weingärten. Die teuersten Quadratmeter des Weißweinanbaus, den die Weinwelt kennt.

Wein ist eine interessante Sache. Im alttestamentlichen Liebeslied findet sich eine erstaunliche Aussage: „Deine Liebe ist besser als Wein" (Hohelied 1,2). Das ist meines Erachtens ein wirklich ernst zu nehmendes Kompliment. Besser als *jeder* Wein. Und es gibt sehr, sehr gute. Und sehr, sehr teure.

Doch das Gute, Schöne und Wertvolle eröffnet sich nicht jedem und nicht sofort. Diese Lektion lerne ich in einem Weinkeller. Um genau zu sein: im Keller eines berühmten Weinbauern in einer der berühmtesten Weinstädte der Welt: Beaune, dem Herz der Côte d'Or, der edelsten Weinregion in Burgund.

Wie ich dort hingekommen bin, ist eine andere Geschichte. Doch nach Besuchen der Weingärten von Chassagne-Montrachet und Pommard stehen wir nun im feuchten Halbdunkel des unterirdischen Gemäuers. Vor uns riesige Holzfässer, die Etiketten wie „Aloxe Corton" oder „Musigny" tragen. Namen, die das Herz jedes Weinkenners höherschlagen lassen. Doch ich bin kein Weinkenner.

Wir beginnen mit einem relativ einfachen Chardonnay. Die Reste schüttet unser beredter Führer in den grauen Kies, in dem die schweren Fässer liegen. Er sei nur dazu da gewesen, unseren Geschmacksnerven zu signalisieren, dass nun etwas auf sie zukomme. Doch was da auf uns zukommt, wissen wir selbst noch nicht.

Endlos lange Reihen von Holzfässern. Wie Katakomben oder wie im Museum, beinahe sakrales Schweigen umhüllt sie. Aus einem Zapfhahn strömt er in unsere Gläser: der so regionaltypische hellrote Burgunder (war es ein Nuits-St-Georges?) mit seinen beinahe orangen Reflexen (oder ist das das schummrige Licht des Kellers?). Und nun: ja nicht lächeln oder zu viel Small Talk. Den Kenner mimen durch kritischen Blick und andächtiges Riechen.

Nach wenigen Sekunden komme ich zu dem untrüglichen Schluss: Das riecht nach Wein. Eindeutig. Das erste Schlückchen bestätigt meine Einschätzung: Die Flüssigkeit schmeckt nach Wein, nach Rotwein vielleicht sogar. Kein schlechter Wein, sicherlich. Welche Ehre, hier einen Wein probieren zu dürfen.

Mein Blick geht zu unserem Führer. Inder, ehemaliger Feinkosthändler für Käse, in Frankreich lebend und Deutsch sprechend: Er ist schon eine Attraktion an sich. Wenn er irgendwo eingeladen sei und am Etikett erkenne, es würde ihm mittelmäßiger Wein kredenzt, sei er es gewohnt, mit Verweis auf religiöse Gründe dankend abzulehnen. Der Witzbold. Nun steht er hier und wird von Sekunde zu Sekunde begeisterter. Starrt stechend in sein Glas. Seine Nase saugt an der Öffnung. Er scheint etwas Unglaubliches entdeckt zu haben. Doch was?

„Ah", sagt er, seine Augen unverwandt auf die rote Flüssigkeit im Glas gerichtet. Und mit seinem unnachahmlichen indisch-französischen Deutsch fährt er fort: „Das ist phänomenal. Ich rieche Erdbeeren. Kirsche! Blüten!" Sofort riechen auch wir: Kirschen? Blüten? Na ja, vielleicht mit etwas Fantasie. Doch es geht weiter: „Ich präzisiere: Erdbeermarmelade! Etwas Banane!" Immer ungläubiger blicken wir einander an und versuchen angestrengt, das zu schmecken, was hier scheinbar zu schmecken ist. Doch unser Führer lässt nicht nach: „Toastbrot!", ruft er entzückt. „Leichte Röstaromen wie von frischem Kaffee! Das ist eine Frühstücksszene!"

Eine – Frühstücksszene? Ja, wir haben richtig gehört. Wir dachten, das hier sei einfach nur Wein ... Wir riechen noch einmal, schmecken noch einmal genau hin. Und so langsam dämmert es uns: Na ja, viel-

leicht kann man hier wirklich einen kleinen Anklang an Röstbrot entdecken. „Ich rieche die Banane ein wenig", meint ein anderer. Unsere Wahrnehmung des Weines verändert sich zögerlich. „Wie viel kostet denn etwa eine Flasche von dem?", wagt sich mein mutiger Vater zu fragen, was alle anderen sich nur denken. Mit der Geste höchster Beiläufigkeit erfolgt die Antwort (der Leser möge sich den Akzent dazu denken): „Wenn er jetzt abgefüllt würde, vielleicht zwei- oder dreihundert Euro (gesprochen: ‚Örro'), aber nach einigen Jahren er wird viel teurer!"
Sprachlos stehen wir da und lassen uns die Verblüffung nicht anmerken (genau: das Professionalität vortäuschende Weinverkoster-Pokerface). Und was mich so trifft in diesem Moment: Ich hätte diesen Wein wohl von einem Drei-Euro-Supermarktwein unterscheiden können, doch wahrscheinlich nicht von einem für zwanzig Euro. Das liegt jedoch, so kann ich deutlich erkennen, nicht daran, dass es keinen Unterschied zwischen Weinen dieser Preisklassen gäbe, sondern schlicht daran, dass mein Gaumen nicht erzogen ist, solche Nuancen zu schmecken. Mein Geschmack kann nicht wertschätzen, was an echtem Wert da ist.

ABGESTUMPFT FÜR WAHREN GENUSS

„Deine Liebe ist besser als Wein", preist die Braut des Hohelieds also ihren Geliebten. Und wie oft ergeht es der Liebe und der Schönheit des Herrn wie dem edelsten Wein in unseren Gläsern? Was wird uns nicht alles serviert? Die Heilige Schrift zeichnet ein vielfarbiges, vielschichtiges, vieldimensionales Bild von einem faszinierenden, wunderschönen Gott. In der einzigartigen Gestalt Jesu Christi leuchtet etwas von dem auf, was jeder Mensch intuitiv ahnt: Es gibt das vollkommene Menschsein, es gibt die ganz heile Natur. Doch mit welcher Wertschätzung trinken wir die kostbaren Tropfen der biblischen Texte? Mit welcher inneren Sammlung schmecken wir die Nuancen der Worte Jesu? „Nicht das Vielwissen sättigt die Seele, sondern das Verkosten der Dinge von innen her", sagte Ignatius von Loyola. Und wir? Umgeben von der Schönheit der Natur – umgeben von der Güte ei-

nes Lebens, in dem fast alles, was es gibt, unverdientes Geschenk ist –
konfrontiert mit einem Gott, der Mensch wurde und dessen vollkommenes Leben uns in der Heiligen Schrift und in Brot und Wein seines Mahles zum Greifen nahe kommt – starren in unsere Gläser und wissen nicht, was wir da trinken.
Wir gleichen den Menschen in einem tiefgründigen Gedicht Stefan Georges:

> *Alles habend, alles wissend seufzen sie:*
> *„Karges leben! drang und hunger überall!*
> *Fülle fehlt!"*
> *Speicher weiß ich über jedem haus*
> *Voll von korn das fliegt und neu sich häuft –*
> *Keiner nimmt ...*
> *Keller unter jedem hof wo siegt*
> *Und im sand verströmt der edelwein –*
> *Keiner trinkt ...*
> *Tonnen puren golds verstreut im staub:*
> *Volk in lumpen streift es mit dem saum –*
> *Keiner sieht.*

GENIESSEN LERNEN

Ja, das scheint mir das geistliche Leben zu sein. Man beginnt mit der schlichten Erkenntnis: Ich schmecke das nicht. Das, was die Autoren der neutestamentlichen Briefe oder der Psalmen in ekstatischen Tönen rühmen, lässt mich eher kalt. Das jedoch liegt nicht daran, dass die Sache an sich langweilig wäre. Vielmehr ist die Langeweile in mir wie die Dumpfheit der Zunge im ungeübten Weinverkoster.

In jeder Kunst und jeder Schönheit erweist sich das Prinzip: Es bedarf der Übung, um wirklich zu genießen. Und eigentlich ist das der tiefste Sinn eines geregelten geistlichen Lebens. Wessen Auge vom Schein einer Neonröhre geblendet ist, der sieht die Schönheit des nächtlichen Firmaments nicht. Freilich sind die Sterne viel schöner. Doch um diese zu sehen, muss das „kleinere Licht" ausgeschaltet und das Auge an die Dunkelheit gewöhnt werden. Ebenso ist es mit unserem inneren Leben: Wir sind betäubt von zu viel Information, innerlich enteignet von einer stehenden Dosis stumpfer Hektik und geistloser Routine. Und so verliert das Leben seinen Geschmack. Am deutlichsten spürt man das am geistlichen Leben. Und wo wir keinen Geschmack mehr an Gott finden, da auch schon bald nicht mehr an der Liebe zu den Menschen, dem Dienst am anderen, der Schönheit der Natur und der Kunst.

DIE INNERE GRÖSSE

Immer wieder werde ich darauf angesprochen, wie schön es sei, dass ich selbst und viele andere um mich herum noch jung seien und voller Energie und Feuer. „Die Leidenschaft der Jugend" wird das manchmal genannt. Allerdings bin ich so vielen Jugendlichen begegnet, deren Herz kälter und abgestorbener war als das der Erwachsenen. Und ich bin Menschen mit 70 und 80 Jahren begegnet, in deren Herzen sich ein Schatz befand. Ich denke an die alte Frau Exner. Sie hatte als Russlanddeutsche fast alles an Schrecken erlebt, das man erleben kann. Deportation ihrer Familie unter Stalin, jahrelange Zwangsarbeit, Ermordung ihres Vaters und Bruders, nur weil sie deutscher Abstammung waren ... Und doch war ihr geistliches Leben wie eine sprudelnde Quelle. Stundenlang hörte ich ihr als Jugendlicher zu, wenn sie erzählte, wie sie morgens um 4 Uhr aufstand, um zwei Stunden lang zu beten, bevor sie sich bei jedem Wetter tief gebückt in die Frühmesse schleppte. Es waren solche Vorbilder, die mich schon als Teenager lehrten, ein geistliches Leben zu führen. Mir regelmäßige Fastentage zu suchen. Es wurde mir zur lieb gewonnenen Angewohnheit, täglich zehn Kapitel in der Bibel zu lesen. Innerhalb weniger Monate hatte ich so die ganze Schrift durchgelesen. Jahrelang war es mein Ziel, wenigstens 10 Prozent meines Tages an Gott zu geben, also knappe zweieinhalb Stunden.

Es ist Wert und Weisheit in einem geistlichen Leben, das durch gewisse Strukturen geordnet ist. Strukturen können gesetzlich und sklavische Fesseln sein. Das müssen sie jedoch nicht. Sie können auch frei gewählter Ausdruck einer entschiedenen Liebe sein. Und über die Monate und Jahre hinweg weiten sie das Herz. Sie machen das Herz weit für die große Schönheit Gottes.

Noch einmal der Hinweis: Es geht hierbei nicht um das sklavische Erfüllen irgendwelcher religiöser Vorschriften! Und noch weniger geht es um einen Leistungsdünkel, der meint, den ewigen Gott durch menschliche Askese beeindrucken zu können. Es geht um nichts anderes als um eine Einübung, eine Vorbereitung der geistlichen Geschmackssinne für den edlen Wein der Liebe Gottes. Und genau dies kann das regelmäßige Gebet sein, doch auch das Fasten …

HUNGRIG NACH GOTT

Auf besondere Weise lerne ich das im Jahr 2006. Jemand erzählt mir von seiner Gewohnheit, an drei Tagen pro Woche zu fasten. Das scheint völlig unglaublich und übertrieben, doch in mir weckt es Sehnsucht. Denn schon wiederholt habe ich erfahren: Fasten macht Hunger. Nun, das ist nicht gerade die tiefste Erkenntnis, natürlich wird man hungrig, wenn man nicht isst. Doch wonach wird man hungrig? Wer nicht isst, spürt bald, dass es beim Essen um mehr geht als um Ernährung. Wir trösten uns mit Essen, wir suchen Genuss im Essen, beruhigen und belohnen uns mit Essen … All dies sind Dinge, die auf tiefere Grundbedürfnisse des Menschen hindeuten. Das Essen wegzulassen, bewirkt, dass man den Hunger nach all diesen Dingen mehr spürt. Man schaltet gleichsam das „kleinere Licht" aus und die Augen sehen zunächst nur Dunkelheit. Genau diese Dunkelheit jedoch bereitet die Augen für das Licht der Sterne. Es ist immer wieder überprüfbares Erfahrungswissen: Fasten macht hungrig und empfänglich für Gott.

Angespornt von diesem Wissen beginne ich, an vier Tagen der Woche alle Mahlzeiten außer dem Abendessen wegzulassen. Ich glaube nicht, dass es exakt eine richtige Form des Fastens gibt, vielmehr ermutige ich jeden, eine Form zu finden, die zu ihm passt. Ich merke schnell: Mit viel Wasser kann ich einen Tag bis ca. 19 Uhr gut überstehen. Zunächst habe ich nur Hunger. Zeitgleich jedoch gebe ich mich auf vertiefte Weise der intensiven betenden Meditation des Wortes Gottes hin. Und das kombiniert mit dem Fasten erweckt in mir neue Liebe zu Jesus und vertiefte Erkenntnis (aus der sich dann auch ein Großteil meiner Vorträge und Impulse speist), die ich nicht mehr missen möchte. Noch viele Jahre setze ich diese Fastenpraxis fort und kann von dieser Zeit bezeugen, dass mein Herz gelernt hat, mehr von Gott zu genießen. Seine Liebe ist besser als jeder teure Wein.

FEUERSTELLE

Möchten Sie Ihrem geistlichen Leben einen neuen Impuls verleihen, treffen Sie eine konkrete Entscheidung. „Wenn die Glut am Erlöschen ist, sollte man ein Holzscheit nachlegen", lehrt Thérèse von Lisieux an einer Stelle. Und konkret meine ich damit: eine neue Entscheidung, einen neuen Schritt der Hingabe. Das kann bedeuten: etwas früher aufstehen und eine tägliche Gebetszeit beginnen. Hierbei ist es eine große Hilfe, eine feste Zeit und einen festen Ort dafür zu bestimmen. Gibt es Tage, die so voll sind, dass keine oder nur eine sehr kurze Gebetszeit möglich ist, dann ist es wichtig, in der Gesamtwoche zeitliche Oasen einzurichten, in denen man zur Ruhe und zu Gott kommen kann. Grundsätzlich ist meine Erfahrung, dass zu kurze Zeiten es nur erschweren, wirklich „runterzukommen". Eine halbe Stunde scheint mir eine sinnvolle Mindestzeit. Mit etwas planerischem Geschick ist eine solche Zeit für die meisten auch möglich, wenn man Beruf und Kinder hat. Hilfreich ist für die meisten auch ein fester Ort: Eine kleine hübsch gestaltete Jesusecke mit Kerze und Bibel kann eine sichtbare Erinnerung an den inneren Ort des Herzens sein, an dem Gott auf uns wartet.

Ein neuer Schritt der Hingabe kann auch sein, im Bereich Bibel, Fasten und Gottesdienst etwas Neues zu versuchen, was mein Herz aus der Trägheit reißt. Doch auch hier: Damit es nicht bei einem frommen Wunsch bleibt, sind klare, realistische Ziele wichtig. In alledem geht es niemals darum, Gott durch meine Leistung zu beeindrucken, sondern darum, mein Herz durch Zusammenarbeit mit seiner Gnade verfügbarer für den Genuss seiner Schönheit zu machen.

DAS LICHTDUNKEL
GEBET IN DER SCHULE DER MYSTIKER

MITTAGESSEN MIT MYSTIKERN
An der Donau bei Regensburg, August 1995
Ich habe sie von Anfang an geliebt: diese Freaks, die verrückten Liebhaber Gottes, denen die Kirche posthum das freundliche Wort „Mystiker" gab, nachdem sie von ihren Zeitgenossen meist als Spinner abgetan und missverstanden worden waren. Die ersten dieser Gottesfreunde, die ich kennenlernte, waren zu diesem Zeitpunkt schon im Himmel. Gleichwohl färbten ihre Geschichten auf mich ab, als sei ich ihnen zu Lebzeiten begegnet. Was Johannes vom Kreuz über die lebendige, das Herz sanft verwundende Liebesflamme schrieb, das klang so vertraut. Dort, wo er über die reinigenden Wirkungen der Gnade auf die Seele nachsann oder wo er schonungslos klar die inneren Festungen von Selbstsucht und Stolz selbst im geistlichen Leben nachzeichnete – da erkannte ich so deutlich die Konturen meines eigenen inneren Portraits.

DIE ZÄSUR
Nie werde ich vergessen, welch bleibenden Eindruck Carlo Carrettos *Wo der Dornbusch brennt* auf mich machte. Unauslöschlich eingeprägt in mich ist, was der Abt zu Carlo sagte, als dieser sich nach einem Leben voller Erfolg und Aktion anschickte, ein Eremit in der algerischen Wüste zu werden und nur noch Gott zu suchen. „Man muss eine Zäsur machen, Carlo." Kurz darauf trug der heiße Wind der Sahara die Asche der Seiten seines mehr als tausend Adressen von Freunden beinhaltenden Notizbuches, das er still hinter einer Düne verbrannte, in die Ferne.

Eine Zäsur habe auch ich gemacht, wenn auch keine so massive. Eine abgebrochene Beziehung zu einem lieben Mädchen, weggeworfene CDs und veränderte Lebensgewohnheiten, die dazu führten, dass ich zunehmend ein Außenseiter in meiner Klasse wurde. Natürlich war diese Phase auch nicht an jugendlichen Übertreibungen arm, über die ich heute schmunzle (bis ich vielleicht in einigen Jahren über die Einseitigkeiten meiner jetzigen Phase schmunzeln werde). Auch meine offensive Art trug ihren Teil dazu bei, mich meinem Umfeld zunehmend suspekt zu machen.

Und doch war da eine echte Zäsur. Ich wollte nicht mehr zurück, ich wollte mehr von Gott. Dieser Durst nach ihm zog mich zu den Büchern jener Männer und Frauen, die ihn offensichtlich besser kannten als ich. Dort fand ich eine Perspektive, eine Zielvorgabe: Ich wollte Jesus eines Tages auch so lieben.

BARBARA

Dieser Durst zieht mich schließlich auch zu den noch auf Erden lebenden Mystikern. Barbara Busowietz, Eremitin bei Regensburg, ist eine davon. Selbst ihr Körper, von Krankheit geschwächt, wirkt durchsichtig und zerbrechlich wie Glas. Ihre Stimme ist leise, doch so durchdringend wie ihr Blick. Sie ist eine von jenen, die von Gott verwundet sind. Eine, die seine Stimme ausgesondert hat. Und die täglich viele Stunden in Anbetung und Schweigen verbringt, die viele Aktivitäten, auch lauten Lobpreis, oftmals nicht mehr ertragen kann vor Sehnsucht nach seiner einfachen Gegenwart. Geheimnis umgibt sie. Sie ist eine jener Personen, in deren Gegenwart selbst Freunde sich vor banalen Worten hüten und bisweilen den Blick senken. Tief ist sie von Jesus in die Gemeinschaft mit seinem Leiden mit hineingenommen worden. Tief in die Liebesgeheimnisse zwischen Gott und Seele. Erschütternd und faszinierend zugleich ihre Aufzeichnungen. Geistliche Tagebücher aus tagelang dauernden Schweigezeiten nur im Gebet vor der Eucharistie. Erschütternd und faszinierend ihre Schilderungen von kaum noch zu ertragendem Schmerz, wenn diese Zeiten endeten. Marternde Sehnsucht. Das Blutrot der Liebe und des von Liebe durchtränkten Leidens durchziehen ihre poetischen Zeilen, die ich schon früh lieben lerne.

Ich verbringe viele Tage bei ihr, im Gästezimmer des Pfarrhauses, in dem sich auch ihre Klause befindet. Es sind jene Tage, an denen ich bis zu acht Stunden im stillen Gebet bleibe, die mich bis zum heutigen Tag prägen und verwunden. Und zum Mittagessen gibt es Irish Stew.

Diese eigenartige, unvergessliche Szene: mit einer lebenden Heiligen, die mehr im Himmel als auf der Erde zu leben scheint, Eintopf löffelnd am Tisch sitzen ... Barbara spricht mit lächelnden Augen, stets freundlich. Etwas Einfaches, Mädchenhaftes umschwebt sie selbst in ihrer Krankheit und über dem Tisch steht ihr Spruch: „Herr, mache mich würdig, deiner Kirche zu dienen, die am Boden liegt."
Nichts in diesem Haus ist innerlich eng. Barbara ist gebildet, als Jugendliche schon hat sie geistliche Bücher trotz ihres guten Inhaltes abgelehnt, wenn sie den Sprachstil als unedel empfand. Sie empfiehlt mir Paul Claudel, an dessen vollendetem Stil sie sich berauschen kann. Und doch hat der Herr sie in eine tiefe Einfachheit geführt, an der nichts Unechtes mehr haften bleiben kann. Eine totale Schlichtheit, die sich in ihren Texten, ihrer Kleidung und ihrer Klause widerspiegelt. Einfach und echt. Wie sie mit den einfachen Bäuerinnen im Dorf, wie sie mit dem zotteligen Haushund und schließlich auch mit dem 16-jährigen Teenager in wilden Klamotten umgeht, der ich war: All das ist nicht weniger tief und echt als ihr Gebetsleben, nichts daran verstiegen oder abgehoben. Sie selbst und auch der Hausherr, Pfarrer Gustav Krämer, sind katholische „Charismatiker der ersten Stunde". Solche, die schon in den ersten Jahren von der pfingstlichen Welle erfasst worden sind, die Ende der 60er-Jahre über die katholische Welt schwappte.

Unvergesslich sind mir Gustavs Erzählungen von den Jesus-People, die ihn in Australien eigentlich erst recht glauben gelehrt hätten. Und seine Geschichte, wie ein langhaariger Hippie sich von einer Versammlung im Freien verabschiedete, um auf seiner schweren Harley Davidson zurück in die Stadt zu fahren, dann aber mit den Worten zurückkam: „O Jesus, I forgot my sword!" (deutsch: „Oh Jesus, ich habe mein Schwert vergessen"), und seine Bibel holte.

Pfarrer Gustav liebt das Wort Gottes. Und er liebt die Gegenwart des Heiligen Geistes. Er hat so viele Wunder erlebt, dass er spielend jedes Mittagessen mit Geschichten füllen kann. Ebenso liebt er seine

Kirche. Seine Kirche, die ihn in vielem so enttäuscht und verletzt hat. Mit der gleichen Selbstverständlichkeit, mit der ich ihn am Palmsonntag der Palmprozession im kleinen niederbayerischen Dorf vorstehen sehe, reist er im Sommer 1996 nach Toronto. Mit der gleichen Selbstverständlichkeit, mit der er den Sakramenten vorsteht und sie spendet, berichtet er voller Begeisterung vom Wirken Gottes in der „Airport Christian Fellowship" – unter Freikirchlern. Und von der neuen Hoffnung, die er habe. Und von der Gewissheit, die Gott ihm neu gegeben habe, dass Erweckung nach Deutschland kommen werde. Früher oder später. Er sagt das immer wieder. Doch nun öffnen sich seine Augen beim Reden noch weiter als sonst und strahlen noch heller. Und dieses Strahlen ist weder in seinen noch in Barbaras Augen erloschen, obzwar sie bereits einige Jahre später aus dieser Welt in ihre wahre Heimat aufbrechen.

Barbara hat als kleines Kind die Vertreibung aus Ostpreußen miterleben müssen, ihr Vater in Gefangenschaft, ihre Heimat verloren. Und Gustav hört bis zu seinem Lebensende nicht auf, von Australien zu erzählen, und den Wellen der Erweckung, die er dort erlebt hat. Sie sind beide wahre Mystiker und solche, derer die Welt nicht würdig ist. Nun sind sie zu Hause. Sie haben mir etwas geschenkt, das ich nie wieder verloren habe. Und doch vermisse ich diese Mittagessen.

Was Barbara mich vor allem lehrte, war die abgrundtiefe Liebe zu ihrem Bräutigam Jesus. Eine Liebe, die sich nicht erschüttern ließ von ihrer schweren Krankheit und dem inneren Dunkel, das sie oft erlebte, sondern darin umso heller strahlte. Sie war die Erste, die mich mit den Schriften Johannes' vom Kreuz vertraut machte. Eine der Hauptlektionen, die die Mystiker lehren, sind die Etappen im geistlichen Leben. Phasen der intensiven Gottesnähe wechseln sich ab mit solchen der Wüste und der Nacht. Und es ist göttliche Weisheit darin.

Das Überraschende und manchmal Unverständliche an Gottes Führung erinnert mich bis heute an ein kleines Abenteuer in einem fernen Land. Das zwar keine direkt sichtbare geistliche Bedeutung hat, doch dafür ein eindrückliches Bild zeichnet.

JAHRESZEITEN
Vang Vieng, Laos 2002

Die Luft in einer Tropfsteinhöhle ist ziemlich anders als die im Dschungel. Diese Erkenntnis sollte mich eigentlich nicht verblüffen. Und doch zucke ich leicht zusammen, als meine Sandalen von der letzten Sprosse der Bambusleiter auf den feuchten Boden des Höhleneingangs gleiten. Patsch. Die trockene Kälte ist plötzlich, so plötzlich wie die völlige Dunkelheit, die mich umfängt. Kilometerlanges Radfahren, schließlich Wandern durch den tropischen Wald, den Schlangenlinien auf einer handgezeichneten Karte folgend, heiß-feuchte Luft. Wir befinden uns in einem sehr armen südostasiatischen Land, Hunderte Kilometer von der nächsten Industriestadt entfernt. Seit einem Jahr bin ich mit meiner Frau Jutta verheiratet und sie hat sich schon mit meiner Vorliebe für abenteuerliche Reisen anfreunden müssen. Ihre Abneigung gegen Schlangen wird auf eine harte Probe gestellt, als wir immer tiefer ins schwüle Dickicht des bergigen Waldes vordringen.

Doch die Faszination am Neuen, der Reiz des Fremden, treibt mich wieder und wieder auf Reisen wie diese. Und zum Glück kommt Jutta mit. Ja, ist die Reise des Gebets nicht auch ein wenig dieser Sehnsucht nach dem Vordringen in Ungeahntes geschuldet? Wieder und wieder jedenfalls habe ich auf Reisen wie diesen viel über das Gebet gelernt. Und so führt uns unser Weg tief in diesen unwegsamen Wald mit seiner feuchten Hitze.

Doch jetzt ist es kalt und dunkel. Die Höhlenlampe wirft einen bräunlichen Kreis von Licht an die Steinwände, sonst nur Finsternis. Zögerlich tasten sich meine Schritte vorwärts. Der Boden in einer Tropfsteinhöhle ist nicht eben. Er ist uneben, glitschig und – für mich kaum sichtbar. Und doch gehe ich weiter. Nun schließen mich völlige Nacht und völlige Stille ein. Ein eigenartiges Gefühl bemächtigt sich meiner: Was, wenn nun die Lampe ausgeht? Mit Ausnahme dieses kleinen trüben Fleckens sehen meine Augen nicht mehr als die Augen eines Blinden. Es ist so beunruhigend, nichts zu sehen. Und diese Kälte. Ich kann mein Herz schlagen hören. Ich stolpere, taste mich an der nassen Felswand entlang, versuche etwas zu sehen. Immer tiefer hinein in diese Höhle, immer tiefer hinein in das Dunkel, das mich umfängt wie dicke Wolle. Trotz der Kälte Schweiß auf meiner Stirn. Mein Nervensystem ist angespannt. Ich biege um eine weitere Felszacke, immer nur einen kleinen Ausschnitt sehend ...

Schock! Plötzlich starrt mich ein großes weißes Gesicht an, direkt vor mir. Starrende Augen! Ich zucke zusammen. Doch es ist kein Mensch und kein Tier ... Inmitten dieser dunklen Höhle mitten im Dschungel eine große, weiße Gipsstatue. Milde lächelnder Buddha im trüben Lichtkegel meiner Höhlenlampe. Ich atme erleichtert durch, erleichtert – und doch befremdet. Befremdet von der plötzlichen Präsenz dieses schweigenden Kolosses. So als wäre er schon immer da gewesen, mitten in meinem Tapsen und Umherirren, schweigend.

Dieses plötzliche Dunkel – dieses Unkontrollierbare und das plötzliche Konfrontiertsein mit etwas ganz anderem – erinnert mich so deutlich an Erfahrungen, die zu jedem Gebetsleben gehören und die ich Jahre zuvor zum ersten Mal machen musste ...

DUNKLER HERBST

So plötzlich wie die Freude am Gebet gekommen ist, so plötzlich ist sie gegangen. Ich habe die Dunkelheit unvorbereitet betreten, sie kommt schockierend schlagartig. Welcher Genuss sind die ersten Monate meines neu gefundenen Gebetslebens gewesen! Welcher Friede darin, einfach vor Gott zu sein! Welche Faszination für die Bibel und das Sprechen über Gott! Doch der Herbst kommt plötzlich nach diesem Sommer, und die Zugvögel sind schon aufgebrochen, als ich meinte, es sei noch Zeit zum Baden.

Ich bin in eine neue Klasse gekommen. Plötzlich keine Freunde mehr. Plötzlich Anfeindungen gegen mich, den abgehobenen Christen. Das Ende einer Beziehung. Und in alledem: das Gefühl, gegen eine Wand zu beten.

Es ist dunkel um mich, und die Dunkelheit ist auf einmal da. Ich verstehe diese Worte nicht, und doch ahne ich Weisheit, als ich die Zeilen lese, in denen die Braut des biblischen Hohelieds sich mitten in der Nacht auf einmal von ihrem Geliebten verlassen findet: „Des Nachts auf meinem Lager suchte ich ihn, den meine Seele liebt. Ich suchte ihn und fand ihn nicht. Aufstehen will ich, die Stadt durchstreifen, die Gassen und Plätze, ihn suchen, den meine Seele liebt. Ich suchte ihn und fand ihn nicht" (Hohelied 3,1-2).

Doch warum jetzt? Warum jetzt diese Dunkelheit, nachdem ich so radikale Entscheidungen für dich getroffen habe? Warum jetzt – nach diesem weiten, anstrengenden Weg durch den Dschungel, diese Höhle? Warum jetzt – wo ich das Licht am dringendsten bräuchte, diese Dunkelheit?

Es gibt keine schnellen Antworten auf diese Fragen. Die Antwort ist eine Begegnung. Eine Begegnung mit Gott, so unerwartet, so plötzlich und so präsent wie das Gesicht des Gipsbuddhas. Die Meister des geistlichen Lebens kennen diese Erfahrungen. Sie nennen sie „Nächte" – ein plötzlicher Entzug von allen schönen Gefühlen und Tröstungen im Gebet. Alle spürbare Gegenwart Gottes, alle Freude am Gebet, am Gottesdienst ist weg und hinterlässt die bange Frage, wie man an alledem jemals hat Gefallen finden können. Doch die Mystiker sehen diese Erfahrung als notwendig an. Sie ist göttliche Pädagogik. Sie ist notwendige Etappe auf dem Weg, Gott kennenzulernen und ihm ähnlich zu werden.

Was sind die Kennzeichen solcher „Nächte"? Und wie unterscheiden sie sich von der ganz alltäglichen Erfahrung, dass das Gebet manchmal mühsam und trocken ist?

1. Echte Nächte kommen, während man geistlich besonders aktiv ist – oft direkt nach einer mutigen Entscheidung für Gott. Normale Gefühle des Überdrusses und der Trockenheit im Gebet entspringen fast immer unserem Mangel an Entschiedenheit. Wenig Gebet macht Lust auf wenig Gebet. Und es erfordert eine gewisse Disziplin, diese Trägheit zu durchbrechen. Doch echte geistliche Nächte kommen, obwohl man sich energisch nach Gott ausstreckt und in der Disziplin nicht nachgelassen hat.

2. Geistliche Unentschiedenheit und Lauheit sehnen sich nach allem, nur nicht nach Gott. Nicht so der Mensch in einer echten Nacht. Er sehnt sich qualvoll nach Gott, alles andere erscheint

ihm wie ein schaler Abglanz. Freunde, Fernsehen, Internet, Musik und selbst die Natur – nichts stillt die schreiende Sehnsucht nach einer Berührung von Gott, wie man sie früher erlebt hat.

3. In einer echten Nacht meint man, nicht mehr beten zu können. Besonders mündlich formulierte Gebete erscheinen bedeutungslos. Die Worte von Liedern, die noch vor Wochen das Herz höherschlagen ließen, zerfallen im Mund wie faulige Lappen. Dagegen steigt der Wunsch, einfach nur vor Gott zu sein. Schweigendes Ausharren ist das einzig mögliche Gebet, egal, wie sinnlos es erscheint.

Was soll man in einer Nacht tun?
1. Das, was möglich ist. Wenn die frühere Gebetsform nicht mehr zugänglich ist, sollte man sich eine neue suchen. Man sollte nicht zu beten aufhören, doch versuchen, durch die offene Tür zu gehen, nicht eine verschlossene aufzustoßen. Oft ist das schweigende, wartende Aushalten der eigenen Schwachheit vor Gott das beste Gebet in einer solchen Situation. „Die Entmutigung ist die größte Gefahr im geistlichen Leben", sagte Teresa von Avila. Wer in einer solchen Nacht Zeit gewinnt, gewinnt alles. Damit ist gemeint: einfach dranbleiben, auch wenn es hart wird – oft kann man aktiv gar nichts „machen", um diesen Zustand der Nacht zu verändern, und der Entmutigung nicht nachzugeben, ist schon viel. Ausharren, nicht mutlos werden, das Mögliche tun und sich nicht verwirren lassen, das sind die wichtigsten Regeln.

2. Die Hilfe eines Ratgebers kann extrem nützlich sein. Klar – gute geistliche Begleiter sind rar. Aber es ist wichtig, besonders in einer solchen Situation auf die Suche zu gehen. Begleitung hilft oft, sinnlosen Gedankengängen ihre Macht zu nehmen und den Mut nicht sinken zu lassen.

3. Die wichtigste Lektion jedoch ist die der Wanderung durch eine Höhle. So wie meine Füße sich im weglosen Dunkel der laoti-

schen Tropfsteinhöhle zu verlieren schienen und ich in nacktem Glauben daran, dass da ein Weg sei, weiterging, so ist es auch im geistlichen Leben. Anfangs überwiegt die Meinung, man selbst wähle einen geistlichen Lebensweg. Erst nach und nach erkennt man: Ich werde geführt. Der Weg wird mir geschenkt und mein Gehen ist ein immer neues Michanvertrauen. Im Letzten lehrt mich jede „dunkle Erfahrung" im Gebet, dass ich es nicht kontrollieren kann, dass ich nicht der Regisseur meines Lebens bin, sondern mich dem anvertrauen darf, der mich auch dann führt, wenn ich nichts sehe.

GOLDENER HERBST

Und so musste auch ich immer wieder Erfahrungen solcher „Nächte" machen. Dieser eigenartigen Jahreszeiten der Seele, die kommen und gehen. Eine große christliche Konferenz in Polen. Kalt und windig. Und stundenlanges Ausharren in der Kapelle ohne auch nur das geringste Gefühl, es käme etwas zurück. Ich stehe ratlos inmitten dieser feiernden Menge und frage mich, was ich falsch mache, weil es dunkel ist in meinem Herzen und kalt.

Doch dann kommt der Herbst. Nur wenige Wochen später. Die Wälder sind ein Meer von gelben, orangen und roten Blättern um das Haus der Gemeinschaft, bei der wir zu Gast sind. Wien im Oktober. Milde, sonnige Tage. Ich sitze in der Kapelle, und das Klima ändert sich. Auf einmal, wieder beunruhigend plötzlich, tiefer Friede. Dieser Friede, den nur der kennt, der Gott begegnet ist, und der ein für alle Mal die Illusion zerstört, es könnte hier nur rein Menschliches, Psychisches im Spiel sein. Diese unglaubliche Freude. Nicht Freude über etwas, sondern Freude an allem, in allem. Gott ist da, und die Minuten werden golden. In einer Deutlichkeit, in einer Tiefe, wie ich es jahrelang nicht mehr erlebt habe. Wieder ist ein Herbst da. Und doch eine ganz andere Jahreszeit in Gottes Zeitplan – es fühlt sich an wie Frühling.

Was habe ich dafür getan? Nichts. Nur gewartet. Es hätte an jedem Tag, in jeder simplen, trockenen Gebetszeit passieren können. So unerwartet wie ein weißes Gesicht im Lichtkegel meiner Grubenlampe, mitten im Dschungel.

Doch es passiert an jenem Oktobertag in Wien. Diesem Tag folgen gleich einige Jahre dieser deutlich spürbaren Gegenwart Gottes. Was kann man daraus lernen? Ganz einfach: Es gibt Dinge, die kann man machen, und Dinge, die kann man nicht machen. Wir können und sollen Disziplin in unserem geistlichen Leben entwickeln, wir können und sollen beten lernen. Doch Gottes spürbare Gegenwart bleibt unverfügbar. Nicht Gott passt sich unserem Rhythmus an, sondern wir uns nach und nach dem seinen. Und nicht zuletzt deshalb ist es eine so abenteuerliche Reise, das Gebet.

FEUERSTELLE

Es gibt verschiedene Phasen im geistlichen Leben. Haben Sie schon bemerkt, dass nicht nur das persönliche Leben allgemein, sondern auch unsere Beziehung zu Gott durch intensivere und oberflächlichere, einfachere und schwierigere Zeiten geht? Allein die Aufmerksamkeit darauf zu richten, kann erhellend sein. Warum nehmen Sie nicht ein Blatt Papier zur Hand und malen so etwas wie Ihren geistlichen Lebensweg auf? Was war der Startpunkt? Welche Wegmarken waren einschneidend? Wenn Sie wollen, können Sie die Intensität Ihrer Gottesbeziehung oder Ihrer gefühlten Nähe zu Gott farblich kennzeichnen. Haben auch Sie schon Phasen der scheinbaren Gottferne erfahren?

DAS HIER UND JETZT
GEBET ALS KONTEMPLATION

ICH BIN

Jerusalem, Juli 1998

Immer am späten Nachmittag kommt Wind auf. Er duftet nach Zedern und Akazien. Immer am späten Nachmittag sitze ich auf der Dachterrasse und trinke Tee. Der Tag ist drückend heiß gewesen. Eine meiner Tätigkeiten als Volontär im Benediktinerkloster ist es, zu putzen. Und überall ist Staub und der Sand, den der Wind aus der Wüste Judas hereinweht. In dicken, ockerfarbenen Rändern setzt er sich an Fenstern und in Raumecken ab. Und ich wische ihn stundenlang fort. Er färbt das Putzwasser in meinem Eimer braun, nur um schon wenige Tage später als Film auf dem eben noch sauberen Glas von Neuem zu erscheinen.

An den heißen Nachmittagen wandere ich durch Jerusalems Altstadt mit ihren Mauern und Ruinen. Und irgendwie fühle ich mich wie einer dieser in der Hitze dösenden Steine. Seit Wochen wohne ich hier im Kloster und warte auf eine Begegnung mit Gott, die ausbleibt. Jeden Morgen stehe ich früh auf und nehme an der Messe teil. Danach bete ich das Stundengebet, arbeite, bete wieder, lese in der Bibel und beschreite Straßen, auf denen Jesu Füße gingen. Doch er selbst ist nicht da: „Ihr sucht Jesus von Nazareth (...), er ist nicht hier" (Markus 16,6). So sitze ich auf der Dachterrasse und genieße den endlich etwas kühlenden Wind und den dunkelbraunen Assam in meiner Tasse. „Meine Mauern schweigen im staubigen Licht. Ich warte auf dich. Ich warte jahrtausendelang auf dein Gesicht ...", dichte ich in mein Tagebuch und fühle mich seltsam solidarisch mit dieser Stadt, in der Gottes Gegenwart schon so oft gefunden, doch so oft auch vermisst und verspielt wurde.

Jeden Abend verbringe ich dann eine Stunde in der kleinen Kapelle und knie auf dem warmen Steinboden. Der leichte Geruch nach Rosenweihrauch und nach Pinien, der abwechselnde Klang von Autohupen, Kirchenglocken und dem Ruf des Muezzin – Jerusalem eben. Hier also sitze ich jeden Tag. Hier sitze ich und weiß eine Stunde lang nicht so recht, was ich tun soll. Die alte Frage, immer wieder neu durchdekliniert: Was ist Gebet? Und wie geht es?

Außer mir ist niemand in der Kapelle. Nur der Abt, ein noch relativ junger Mann, dessen lange Gestalt im grauen Habit würdevolle Ruhe ausstrahlt. Er kniet Tag für Tag neben mir auf dem Boden und scheint zu beten. Irgendwann wendet er sich zu mir um und fragt ganz sanft: „Johannes, was tust du, wenn du betest?"

Die Frage überwältigt mich mit ihrer ganzen unverfänglichen Wucht. Ja, was mache ich da eigentlich? Als meine Antwort etwas schwammig ausfällt, bietet er mir an, sich täglich mit mir zu treffen und mir Anweisungen für das Gebet zu geben. Ich bin ratlos und brauche dringend eine neue Berührung von Gott, deshalb nehme ich dankbar an wie ein Durstender den Schluck Wasser.

So also beginnt am nächsten Tag meine erste Gebetsstunde unter Anweisung. Sie verläuft ganz anders, als ich es erwartet habe. Zunächst weist Abt Benedikt mich sanft darauf hin, wie ich sitze. Nämlich krumm und auf dem blanken Boden. Nachdem ich im Begriffe sei, mir eine Gebetsform für die nächsten Jahrzehnte (!) anzugewöhnen, sei es wichtig, wirklich aufrecht und auf einem Teppich zu knien. So besteht meine erste Stunde darin, schön gerade auf meinem Knieschemel zu sitzen. Eigenartige Gebetsschule.

Noch befremdlicher wird es am nächsten Tag. Gott sei im Hier und Jetzt. Und er wohne in meinem Inneren, in meinem Leib, dem Tempel des Heiligen Geistes. Indem man im Hier und Jetzt sei, werde man verfügbar für die Gegenwart Gottes. So weit, so gut. Als Übung, aus meinen ständig schweifenden Gedanken wirklich in die Gegenwart zu kommen, schlägt mein Lehrer mir vor, zunächst wahrzunehmen, was im Hier und Jetzt ist. Es gebe nämlich einen Unterschied zwischen Wahrnehmen und Denken. Während das Denken überallhin schweifen könne, brächte Wahrnehmung in die Gegenwart und damit in die Begegnung zurück. Gott ist der „Ich bin da". Er ist im Hier und Jetzt. Nur wir sind dort leider meistens nicht anzutreffen. Denn wir sind in unserem Denken, das uns ständig woandershin trägt. Die schlichte

Wahrnehmung dessen, was sich jetzt ereignet, bringt uns zurück in die Wahrheit. Die Wahrheit, in der Gott ist.

ES JUCKT MICH

All das ergibt Sinn. Doch die kommenden Tage werden anstrengend. Ich sitze einmal mehr in der Kapelle und versuche, das zu tun, was der Abt mich hieß: einfach ruhig sitzen und meinen Körper wahrnehmen. Bei meinen Füßen beginnend, aufsteigend über die Wirbelsäule bis in meine Hände und schließlich den Herzschlag und Atem. Das sei der erste Schritt. Doch einer, der sich für mich so gar nicht nach Gebet anfühlt. Immer wenn ich ruhig sitzen will, juckt es mich irgendwo. Oder es drängt mich, mich zu bewegen. Will ich nicht Gott begegnen? Ihn loben, lieben, an ihn denken? Stattdessen soll ich „hineinlauschen" in das, was an Wahrnehmungen von meinem Körper kommt. Um ehrlich zu sein, scheint es mir, als würde ich Meditieren lernen. Doch ist das Gebet? Gehe ich zu guter Letzt noch esoterischen, fernöstlichen Vermischungen auf den Leim? Allein die Person des Abtes überzeugt mich davon, dranzubleiben. Die Liebe zu Christus strömt aus jeder seiner Poren und seine innere Ruhe hat etwas Ansteckendes.

Noch ist meine Vorstellung von Gebet sehr „kopflastig". Ich meine, Beten sei, an Gott zu denken. Dass es auch in zwischenmenschlichen Beziehungen einen ganz entscheidenden Unterschied zwischen „an einen Menschen denken" und „mit einem Menschen in Beziehung sein" gibt, hätte ich eigentlich schon von Martin Buber lernen können. Sein Buch *Ich und Du* hat mich die letzten Monate sehr geprägt. Dass das Dasein für Gott aber gerade durch mein Hiersein in meinem Leib Gestalt gewinnt, erschließt sich mir erst nach der ersten Erfahrung. Dass Paulus wirklich unseren Leib (und nicht den Verstand, das Gewissen etc.!) als den Ort bezeichnet, an dem Gott wohnt (1. Korinther 6,19). und dass Jesus es vielleicht ganz wörtlich meinte, dass „aus seinem Bauch Ströme lebendigen Wassers fließen werden" (denn genau das sagt Johannes 7,38) – all das erkenne ich erst im Nachhinein als „theologische Erklärung" für das, was ich erfuhr.

Die eigentliche Erfahrung ist beinahe unspektakulär.

IM ABENDDUFT JERUSALEMS

Es ist in der zweiten Woche meiner täglichen Übungen. Sie sind bislang eher mühsam, im besten Falle wie das treue Durchhalten einer Lektion verlaufen. An diesem Abend knie ich einmal mehr in der Kapelle. Einmal mehr in den Abendklängen und Abendduften Jerusalems. Während die Sonne nach und nach untergeht, ersetzt die brennende Öllampe mehr und mehr den dunkelgelben Schein, der waagrecht durch das kleine Fenster fällt, ehe er allmählich ins Dunkelgraue hinein verbleicht.

Auch heute versuche ich, hinzulauschen. Auf das, was ist. Auf die Wahrnehmungen, die aus meinem Körper im Gehirn ankommen. Auf die Realität. Eine unangenehme Vorübung zwar in meinen Augen, an deren Ende aber vielleicht wirklich gelerntes Gebet steht. Doch es kommt anders. Meine horchende Aufmerksamkeit durchwandert Füße, Beine, Gesäß und schließlich den Atemweg, mit all seinen Stationen. Nach etwa 45 Minuten bin ich alle Bereiche meines Leibes wahrnehmend durchgegangen. Oder besser gesagt: Ich lasse sie zu mir durchgehen, ich höre nur aufmerksam zu. Am Ende dieser Zeit steht plötzlich eine ruhige Gewissheit im Raum: Ich bin ganz hier. Ohne große Außerordentlichkeiten, doch begleitet von tiefer Stille. Das Dasein. Und im gleichen Moment mit noch massiverer Gewissheit: Gott ist da. Seine Schönheit, der Friede seiner Gegenwart sind da und umhüllen mich von allen Seiten. Und wie immer, wenn man in Gottes Gegenwart ist, scheint die Zeit stillzustehen und das ewige Kreisen und Laufen sich in einem Punkt zu verdichten: dem Hier und Jetzt der Präsenz Gottes.

HIER UND JETZT

Diese kleine Begebenheit hat mein Verständnis von Gebet nachhaltig verändert. Beten ist mehr Sein als Tun. Und mehr Wahrnehmen als Denken. Beten ist nicht „an Gott denken", und es bedeutet auch nicht, innerlich „irgendwo anders hinzufliegen". Es hat nichts mit Tagträumen oder Wunschdenken zu tun. Dafür aber viel mit dem Lieben.

Säße ich eine Stunde vor dir, du sprächest, doch ich sei ganz in meine Gedanken versunken – es fände keine Begegnung statt. Doch würde ich ganz offen für dich und verfügbar, wäre ich ganz im Hier und Jetzt vor dir, einfach deiner Person Raum gebend, dann geschähe wirklich Beziehung.

Nicht selten beten wir: „Komm zu mir, Herr, sei mir nahe ...", und haben den Eindruck, er sei weit weg. Doch er ist nicht weit weg. Er ist hier. Für den Christen gilt: Sein Leib ist der Tempel des Heiligen Geistes (1. Korinther 6,19). Er wohnt dort. Gott ist da. Im Hier und Jetzt. Unser einziges Problem ist, wie gesagt, dass wir dort meistens nicht anzutreffen sind.

Was also ist Gebet? Eine Bewegung des Herzens, die damit beginnt, zurückzukommen zu dem, der schon auf mich wartet. Der im Hier und Jetzt auf mich wartet. Zu dem ich zurückkomme aus allem, wohin ich mich verlaufen habe. Aus allen Träumereien, Sorgen, den Erwartungen anderer und jenem „Haschen nach dem Wind" (Prediger 1,17), das wir „Alltag" nennen.

FEUERSTELLE

Es gibt gute Bücher zum Thema des kontemplativen Gebets. Deshalb hier nur eine kleine Anregung: Beginnen Sie Ihre Gebetszeit, indem Sie nicht gleich irgendetwas zu Gott sagen oder an ihn denken, sondern indem Sie zunächst wahrnehmen, was da ist. Gott ist nicht „jenseits des Seins", sodass man sich erst von allem, was hier und jetzt ist, befreien müsste. Er ist vielmehr der ganz Gegenwärtige. Ein Zurückkommen zu dem, der im Hier und Jetzt auf mich wartet, kann mit der Wahrnehmung des eigenen Körpers beginnen. Denn dieser ist ja immer im Hier und Jetzt, während die Gedanken meist woanders sind.

Nehmen Sie sich einen Augenblick Zeit und setzen Sie sich aufrecht hin, zum Beispiel auf einen Knieschemel. Beginnen Sie dann Schritt für Schritt, die einzelnen Bereiche Ihres Körpers bewusst wahrzunehmen. Lauschen Sie in sich hinein: Spüren Sie etwas von Ihren Füßen, Ihrem Nacken, den Händen? Gehen Sie langsam und aufmerksam vor. Schließlich Ihr Atem: Gott hat Lebensatem in Sie gelegt. Folgen Sie dem Verlauf der Luft von der Nase bis tief hinein in den Bauch.

Bereits diese ganz einfachen Wahrnehmungsübungen können helfen, im Hier und Jetzt anzukommen. Dies ist natürlich noch nicht Gebet. Aber es ist eine wesentliche Vorbedingung. Aus einer Haltung des Daseins heraus können Sie im Gebet in praktisch jede Richtung weitergehen. Freies, gesprochenes Gebet. Gesungener Lobpreis. Liturgisches Gebet, zum Beispiel das Stundengebet. Fürbitte oder Gebet mit dem Wort Gottes: All diese Gebetsformen werden reicher, wenn Sie sich Zeit nehmen, im Hier und Jetzt anzukommen und ganz da zu sein. Und manchmal werden Sie vielleicht sogar Sehnsucht bekommen, gar nicht viel zu tun, sondern weiter in der liebenden und schweigenden Gegenwart Jesu zu bleiben und zu ruhen.

DIE EPIGNOSIS
GEBET UND OFFENBARUNG

EIN DATE AM ENDE DER WELT
Irgendwo in der syrischen Wüste, Herbst 1999
Es ist überraschend schnell kühl geworden. Hat selbst meine leichte, weiße Baumwollkleidung in der stehenden Hitze des Nachmittags unangenehm auf der Haut geklebt, so beginne ich nun beinah ein wenig zu frösteln – hier am Ende der Welt. Manche Momente des Gebets vergisst man nie. Zum Beispiel diesen, als die Nacht über die Wüste hereinbricht. Mein Tag ist anstrengend gewesen. Stundenlange Busfahrt. Eine Panne. Warten am Straßenrand, umgeben von weißem Sand und Geröll. Nun ist es spät. Ein alter Geländewagen poltert vorbei, neben mir blubbern friedlich die Wasserpfeifen der alten Männer. Der Geruch von Kardamom, süßem Wasserpfeifenrauch und Benzin. Das Leben macht die Lichter aus, und ich sitze am Ende der Welt unter einem Vordach, vor etwas, das man mit etwas Fantasie ein Café nennen könnte.

Gott begegnen, das kann man nicht machen. Gottes Stimme hören, das wird einem geschenkt. So sitze ich hier, vor mir aufgeschlagen das einzige Buch, das mich auf meiner Reise begleitet: das Neue Testament. Ich bin müde von meinem langen Tag und der weiten Reise, dem lärmenden Busbahnhof von Damaskus und der staubigen Hitze. Doch an diesem Abend erfahre ich, was es heißt, dass Gott mich durch sein Wort anspricht.

Meine Augen gleiten über die Seite. Die Sterne gehen auf und doch ist es nicht hell, dort, wo ich sitze.

„In der folgenden Zeit wanderte Jesus von Stadt zu Stadt und von Dorf zu Dorf ..." (Lukas 8,1). Als wären meine Füße beim Stapfen durch Unterholz plötzlich auf eine Fallgrube getreten, so stockt mein Blick. Und meine Aufmerksamkeit sinkt in diesen Satz, der plötzlich einer Tür gleicht, die sich nach innen öffnet. Was ist mit diesem Satz, dass er mich festhält? Hier sitze ich, müde, am Ende der Welt im Wasserpfeifendampf und lese von Jesus. Ich lese von dem menschgewordenen Gott, der zu Fuß geht. Von dem menschgewordenen Gott, der staubige Wege zwischen unbedeutenden Weilern im Nahen Osten zurücklegt, um zum nächsten kleinen Anwesen zu gelangen. Dort, wo fünf oder neun Familien leben. Ungewaschene Kinder und Ziegen auf der Straße. Ackernde Männer und stillende Frauen, ungebildet. Ich sitze in einem Café in einem unbedeutenden kleinen Ort in der syrischen Wüste und lese von einem Gott, der Mensch wird, um zu Fuß in unbedeutende Ortschaften zu gehen. Weil dort einige Menschen leben. Und dann dieses „von Dorf zu Dorf". Es war keine einmalige Aktion. Kein solidarischer und publikumswirksamer Besuch eines Stars im Katastrophengebiet. Es war nur ein weiterer Tag. Ein weiterer beschwerlicher Fußmarsch. So wie jeden Morgen.

Was geschieht mit mir, während ich dort sitze? Ich verstehe es nicht. Doch plötzlich ist dieser menschgewordene Gott mir so nah. Jesus, wer bist du, dass du zu Fuß in staubige, unbedeutende Ortschaften wanderst, um mit einer Handvoll weiterer Menschen zu sprechen? Du, durch den alles erschaffen ist ... Du, vor dem jedes Knie sich beugen wird ... Von dem ich lese, dass die Fülle der Gottheit in ihm ist?!

Und während der Muezzin auf dem viel zu laut abgespielten Band krächzend aus dem Lautsprecher von einem Gott erzählt, der kein Menschsein kennt, begegne ich ebendiesem menschgewordenen Gott, als sei er ein alter Bekannter, der sich an den Tisch des Fremden in der syrischen Wüste setzt. Wie begegne ich ihm? Ich weiß nicht. Doch ich verstehe plötzlich mehr, nein, ich fühle plötzlich mehr, was Liebe bedeutet. Doch dies ist kein abstraktes Verstehen. Ich fühle mich wie jemand, der gerade einer Person begegnet ist. Und während mir Tränen in die Augen steigen, wiederhole ich: „In der folgenden Zeit wanderte Jesus von Dorf zu Dorf ... Am nächsten Morgen wanderte Jesus wieder weiter ... Du gingst wieder weiter ... Du gingst weiter ... Jesus, du gehst so weit, bis du unbedeutende Menschen findest, denen du begegnen willst ... Jesus, du gingst so weit, um mich zu finden ... um mich zu finden, hier am Ende der Welt."

(EPI)GNOSIS?

Ich habe an diesem Abend gelernt, zwischen Wissen und Begreifen zu unterscheiden. Denn ich hatte diese Bibelstelle schon öfter gelesen, ich kannte sie. Und doch hat sich an jenem Abend in der Wüste etwas verändert. Ich werde diese Bibelstelle nie wieder mit denselben Augen lesen wie zuvor. Ich habe unterscheiden gelernt zwischen Kopfwissen und Herzwissen. Und ich habe gelernt, dass ich viel zu viel vom Ersten und noch viel zu wenig vom Zweiten habe.

Die Sprache des Neuen Testaments kennt zwei Ausdrücke, die in den deutschen Übersetzungen mit „Erkenntnis" wiedergegeben werden: Gnosis und Epignosis. Und doch bedeuten beide Ausdrücke nicht exakt dasselbe. Gnosis meint eine gewisse intellektuelle Einsicht oder Erkenntnis. Eine solche kann positiv sein, kann aber auch hochmütig machen (1. Korinther 8,1). Paulus verwendet darüber hinaus auch das Wort Epignosis, also das Wort „Gnosis" verstärkt durch das Präfix „epi", das eigentlich „über" oder „an" bedeutet. Dieses Wort wird von Paulus immer nur positiv und dann verwendet, wenn mehr als intellektuelle Erkenntnis gemeint ist: Es scheint dann um Offenbarung zu gehen!

Was bedeutet „Offenbarung"? Es bedeutet, dass es einen Gott gibt, der etwas von sich selbst zeigt. Bei rein intellektueller Erkenntnis ist das Ausschlaggebende der Verstand der erkennenden Person. Bei „Epignosis" jedoch ist entscheidend, dass Gott etwas offenbart. Die folgende Bibelstelle handelt von Epignosis und hat mein Verständnis vom Bibellesen revolutioniert:

> *Deshalb höre auch ich, nachdem ich von eurem Glauben an den Herrn Jesus und von eurer Liebe zu allen Heiligen gehört habe, nicht auf, für euch zu danken, und ich gedenke eurer in meinen Gebeten, dass der Gott unseres Herrn Jesus Christus, der Vater der Herrlichkeit, euch gebe den Geist der Weisheit und Offenbarung in der <u>Erkenntnis</u> seiner selbst (Epheser 1,15-17; ELB).*

Das Wort, das Paulus an dieser Stelle verwendet, heißt: Epignosis. Was nun kennzeichnet diese Art der Erkenntnis?

1. Zunächst ist sie Erkenntnis „seiner selbst" – das bedeutet, dass dabei Gott selbst erkannt wird, nicht nur irgendwelche interessanten Fakten. Ich finde es erstaunlich, dass eine solche Erkenntnis offensichtlich im Rahmen des für Menschen Möglichen liegt!
2. Diese Erkenntnis geschieht durch den „Geist der Weisheit und Offenbarung" – es ist also eine Erkenntnis, die der Heilige Geist vermittelt, nicht menschlicher Intellekt allein.
3. Paulus betet um diese Erkenntnis. Offensichtlich ist es nichts, was sich einfach durch Worte weitergeben lässt. Denn sonst könnte er auch schreiben: „Also, ich möchte euch Erkenntnis von Gott vermitteln, deshalb erkläre ich euch jetzt alles, was in diesem Zusammenhang wichtig ist." Paulus glaubt, dass man solche Erkenntnis nur von Gott erbitten kann.

Er fährt fort:

Er erleuchte die Augen eures Herzens, damit ihr wisst, was die Hoffnung seiner Berufung, was der Reichtum der Herrlichkeit seines Erbes in den Heiligen und was die überragende Größe seiner Kraft an uns, den Glaubenden, ist, nach der Wirksamkeit der Macht seiner Stärke (Epheser 1,18-19).

Wow, diese Sätze bereiten ein wenig Schwindel, irgendwie klingt das alles ganz schön kompliziert und ganz schön groß. Doch wecken sie nicht auch Sehnsucht in uns? Erleuchtete Augen zu haben? Die riesige Herrlichkeit dessen zu erkennen, was wir in Jesus erben können? Die Größe seiner Kraft? Die unermessliche Hoffnung, die in ihm ist?

Ich glaube, dass Gott möchte, dass wir einen Zugang zur Bibel finden, durch den vieles von dem, worum Paulus hier bittet, für uns real wird. Gott will unsere Herzen erleuchten, er will uns große Dinge zeigen. Ich glaube, dass Gott regelmäßig auf ganz persönliche Weise zu uns durch sein Wort sprechen möchte, so wie er es zum ersten Mal in der Wüste bei mir getan hat.

Der Unterschied zwischen biblischem Kopfwissen und echter Offenbarung (ich nenne das im Folgenden „Epignosis") ist riesig. Epignosis verändert etwas in mir, sie ergreift meine Gefühle und lässt die Sache, um die es geht, bedeutsam werden. Kopfwissen allein ist tot, obwohl es an sich nicht schlecht ist: Es ist gut, zu wissen, was in der Bibel steht oder was das Glaubensbekenntnis beinhaltet. Aber das ist nur der Anfang. Unser Problem ist, dass wir theoretisch alles wissen und doch fast nichts umsetzen. Jeder Christ weiß, dass Jesus am Kreuz für ihn gestorben ist. Und theoretisch weiß auch fast jeder Christ, dass Jesu Blut ihn vor Gott gerecht macht. Aber inwieweit prägt dieses Wissen unser Handeln? Unser Leben ist meistens trotzdem davon bestimmt, dass wir uns wunderbar fühlen, wenn wir es richtig gemacht haben, und niedergeschlagen sind, wenn wir es falsch gemacht haben. Tief in unserem Inneren gibt es eine Stimme, die sagt: „Gott mag dich nur, wenn du immer ganz brav und christlich lebst." Und wenn wir unseren hohen Idealen nicht gerecht werden, vermuten wir tief in unserem Inneren, dass Gott enttäuscht von uns ist.

Ist das nicht erstaunlich? Wir wissen doch, dass Jesus für uns gestorben ist und wir uns nicht durch unsere eigene Gerechtigkeit für Gott akzeptabel machen müssen. Doch offensichtlich gibt es daneben noch eine andere Theologie in unserem Herzen. Hätten wir wirklich verstanden, dass Jesus für uns am Kreuz gestorben ist und Gott uns bedingungslos liebt – müsste unser Leben, müsste unsere Gefühlswelt da nicht völlig anders aussehen? Wir Christen in der westlichen Welt haben zu lange Kopfwissen mit wirklichem Wissen verwechselt. Wir meinen, wir wüssten alles, nur weil wir alles schon einmal gehört haben. Doch wir wissen nur sehr wenig.

Es ist eine Sache, zu wissen, was Afrika ist. Und eine andere, schon einmal dort gewesen zu sein, vielleicht sogar jahrelang. Wir alle kennen die Botschaft Jesu Christi. Doch kennen wir sie wie ein Land, über das wir viel gelesen haben, oder waren wir selbst dort? Das Verwirrende ist: Ob man schon einmal in Afrika war oder nicht, zeigt sich nicht an den Sätzen, die man über Afrika sagen kann. „Afrika ist ein

Kontinent" und „In Afrika leben Elefanten" sind wahre Sätze, egal ob man wirklich weiß, wovon man spricht. Wir haben gelernt, religiöse Sätze dieser Art zu bilden. Sätze, die in Predigten wiederholt und in Liedern gesungen werden. Und Sätze, die unser Leben nicht verändern und unser Herz nicht berühren. Kopfwissen.

SEIN GANZ EIGENER KUSS

Wie würde ich mit folgender Situation umgehen? Meine Frau geht zu einem Bekannten und bittet ihn, mir auszurichten, dass sie mich gerne küssen würde. „Das ist ja nett", würde ich vielleicht entgegnen, „doch warum sagt sie mir das nicht selbst?"

„Wer von euch glaubt, dass Jesus ihn liebt?", fragte ich einmal eine Gruppe von Jugendlichen auf einer christlichen Veranstaltung. Die Mehrzahl der jungen Leute streckte die Hand nach oben. Die Frage betraf mich ebenso wie sie, als ich entgegnete: „Woher wisst ihr das? Wo habt ihr das gelesen? Hat er selbst euch das gesagt? Und wenn nein: Gebt euch nicht damit zufrieden!"

Im Laufe der Jahre durfte ich immer wieder Erfahrungen wie jene in der Wüste machen: Gott erleuchtet meine Augen für eine bestimmte Bibelstelle, er lässt mich plötzlich etwas erkennen, was ich bei den fünfzig vorigen Malen nicht erkennen konnte. Folgende Kennzeichen echter Bibel-Epignosis konnte ich dabei ausmachen:

1. Bibel-Epignosis ist nicht übertragbar. So wie die törichten Jungfrauen im Gleichnis das Öl für ihre Lampen selbst kaufen müssen und nicht von den Gefährtinnen leihen können, so kann man sich nur selbst auf die Reise nach seiner eigenen Epignosis machen. Ich erlebe es immer wieder. Am Telefon erzählt mir ein Bekannter begeistert von dem, was er Neues in der Bibel entdeckt hat. „Verstehst du? Ich lebe nicht mehr, sondern Christus lebt in mir!", erläutert die enthusiastische Stimme am anderen Ende der Leitung zu Galater 2,20. Nun, ich kenne diese Stelle auch, doch die Begeisterung mag noch nicht überspringen. Denn das ist seine Epignosis – ich muss meine eigene haben!

2. **Bibel-Epignosis ist ansteckend.** Nichts ist so ansteckend wie ein Mensch, der Gott begegnet ist. Es gibt ein geheimnisvolles Sinnesorgan im Menschen. Und dieses Sinnesorgan nimmt wahr, ob man Authentisches berichtet oder Angelesenes. Ich habe immer wieder die Erfahrung gemacht: Zuhörer, gerade auch Jugendliche, haben ein exzellentes Gespür dafür, ob ein Leiter, ein Prediger oder Elternteil wirklich lebt und wirklich glaubt, was er/sie sagt, oder nicht. Einer der Gründe, warum so viele Menschen nicht mehr in die Kirche gehen, ist, dass sie spüren, dass hier viel Kopfwissen und wenig echtes Herzwissen gepredigt wird. Das Gegenteil ist der Fall, wenn jemand erzählt, was ihm selbst aufgestrahlt ist. Die Augen beginnen zu leuchten, und der Zuhörer spürt, dass da mehr ist als ein paar gut abgeschriebene Ideen.

3. **Bibel-Epignosis ist nicht machbar.** Ein persönliches Erlebnis mit der Bibel ist nicht produzierbar. Und doch gibt es Dinge, die mich in eine Position bringen, in der ich offen für Gottes Küsse bin. Die wesentlichsten Faktoren sind:

- **Zeit:** In den seltensten Fällen begegnet mir Gott sofort in den ersten Minuten, die ich mit dem Wort Gottes verbringe. Es bedarf einer gewissen Zeit am Stück (normalerweise mindestens zehn Minuten), um abzuschalten und bei Gottes Wort anzukommen.
- **Fasten:** Die Bibel kennt Fasten und Beten als Grunddisziplinen des geistlichen Lebens. Bei einem von Fasten und Beten geprägten Lebensstil geht es nicht darum, Gott zu beweisen, dass man es ernst meint, sondern er verändert dadurch mein Herz und macht es aufnahmebereit für seine Küsse. Ich kann nicht genau sagen, woran es liegt. Doch wer fastet, verspürt nach und nach mehr Hunger nach dem Wort Gottes. Und Gott liebt es, ihn mit seinen Küssen zu stillen.
- **Gebet:** Die Schrift ist nicht dafür gemacht, uns nur Informationen über Gott zu vermitteln. Die ganze Heilsgeschich-

te ist vielmehr eine Einladung in die Beziehung. Ganz konkret bedeutet das, dass man mehr von der Schrift versteht, wenn man anfängt, mit dem zu sprechen, der sie inspiriert hat. Deshalb sollte man das Lesen der Bibel und das Reden mit Gott nicht als zwei getrennte Bereiche betrachten, sondern das eine mit dem anderen verbinden!

FEUERSTELLE

Sehr viele Menschen kommen nie in den Genuss, Gott in seinem Wort zu begegnen, schlicht weil sie nicht wissen, wo und wie sie beginnen sollen. Deshalb hier eine ganz simple Methode, die aus zwei täglichen Schritten besteht:

1. Bibellesen. Beginnen Sie mit dem Matthäusevangelium und lesen Sie jeden Tag eine bestimmte Anzahl von Kapiteln. Vielleicht zwei. Die können Sie relativ schnell oder auch ganz langsam lesen. Aber lesen Sie!
2. Wann immer Sie zu einer Aussage kommen, die Ihnen etwas über Gott sagt, die Sie dazu einlädt, etwas zu glauben, oder die Sie dazu auffordert, etwas zu tun, dann machen Sie eine Pause. Halten Sie inne und sprechen Sie mit Gott über diese Aussage. Ist es eine Aussage über Gott, dann danken Sie ihm für diese Wahrheit. Machen Sie das ruhig eine oder zwei Minuten lang. Dann bitten Sie ihn, diese Wahrheit in Ihnen zu vertiefen – ein oder zwei Minuten. Und wenn es eine Aussage ist, die Sie auffordert, etwas zu tun, dann entscheiden Sie sich vor Gott, es zu tun, und bitten Sie ihn, Ihnen dabei zu helfen – ein oder zwei Minuten.

Sie werden merken, wie Ihnen diese simple Methode hilft, das Wort Gottes in Ihr Herz einzuschreiben. Es passiert unglaublich viel mehr, als wenn man nur biblische Informationen konsumiert. Sehr hilfreich ist es auch, wenn Sie Ihre Ideen und Gebete in ein Heft oder Buch schreiben. Schriftlichkeit fokussiert die Gedanken und hilft gegen Ablenkungen. Sie werden begeistert sein, wenn Sie nach drei Monaten überprüfen, was mit Ihrem Herzen passiert ist. Denn Sie werden auf dem Weg zur eigenen Epignosis sein. Am Ende der Welt oder bei Ihnen daheim.

DIE EXPLOSION
GEBET UND KRAFT

POWER

Atlanta, Januar 2013

In meiner Hand kühles Metall. Das glatte Holz des Kolbens. Der Rückstoß einer Thompson-1921-Maschinenpistole ist ein wuchtiges Erlebnis für den, der sie zum ersten Mal schießt. Adrenalin in meinen Adern und das faszinierte Erschrecken vor dieser geballten Kraft, die sich Feuer speiend aus dem Lauf entlädt, sobald sich der Finger am Abzug beugt. Nach so vielen mystischen Geschichten kann ich es wagen, dieses Kapitel mit einem etwas martialischen Ereignis zu beginnen. Obgleich der Traum vieler kleiner Jungen (sicherlich auch meiner!), mutet es doch eigenartig an, einfach mit automatischen Waffen schießen zu können. Doch in Amerika ist alles anders – und ich bin in Atlanta, Georgia. Das gehört natürlich dazu, zu der echten Erfahrung des „American Way of Life". Ebenso wie das Steakhouse, allgegenwärtiges Fast Food, die Weite des Landes und die „Easiness", mit der in den Südstaaten alles zu gehen scheint.

Wie große Jungs sehen sie aus, die dicken Familienväter mit ihren Baseballkappen, die hier samstags ihre Gewehre ausprobieren. Markig republikanische Sprüche zieren die Aufkleber auf ihren übergroßen Geländewagen, die vor dem kleinen Laden in der Vorstadt parken. Aus den Boxen klingt Country und mit der Geste vollkommener Nonchalance reicht der junge Verkäufer uns die Waffe über den Tresen und die 80 Schuss Munition. Ja, wir schießen besagte historische Maschinenpistole, danach eine Uzi und zwei Sturmgewehre. Nein, an dieser Stelle folgt keine Abhandlung über die Waffengesetze, und auch keine Rechtfertigung der männlichen Faszination für Waffen. Vielmehr eine Reflexion über das schiere Erschrecken desjenigen, der entdeckt, dass ein Auslöser ungeheurer Energie in seine Hand gegeben ist. Darum geht es. Durch enge Gänge schieben wir uns zum Schießstand, nach einigen unbeholfenen Handgriffen ist die „Tommygun" geladen und entsichert. Aufregung.

Die explosive Kraft einer solchen Waffe vergisst man nicht mehr. Das Zucken am Abzug. Und innerhalb einer Millisekunde: den plötzlichen Schlag gegen die eigene Brust, das ohrenbetäubende Stakkato, die ringsum klirrend auf den Boden des Schießstandes fallenden Projektile. Die Winzigkeit der auslösenden Bewegung – und die massive Auswirkung. Schrecklich und zerstörerisch, wenn es um Waffen geht. Und doch ein (vielleicht etwas roher) Vergleich, ein Bild, das sich mir aufdrängt, wenn ich an den Sommer 1999 denke, als ich zum ersten Mal die Kraft einer anderen Waffe spürte. Keiner zerstörerischen, brutalen. Doch einer, deren urplötzlich explodierende Kraft mich ebenso erschreckte und überwältigte: die Kraft des Fastens und Betens. Bitte lesen Sie jetzt nicht weiter, wenn Sie leicht zu erschrecken sind …

SEHNSUCHT NACH MEHR

Verschwörerische Blicke zwischen meinen Freunden und mir, einmal mehr. Jahre zuvor. Meine mystischen Mittagessen und klösterlichen Erfahrungen hätten mich eigentlich zum Mönch oder Eremiten machen können. Tatsächlich habe ich davon oft geträumt und einige Jugendjahre geplant, ehelos zu bleiben. Doch es war nicht erst eine wunderschöne junge Frau, in die ich mich 1997 verliebt habe (und zwar wo? ja: in Betanien, Israel); schon vorher hat etwas meinen einsiedlerischen Plänen einen Strich durch die Rechnung gemacht. Wie das Leben so spielt.

Gott, der auf krummen Zeilen gerade schreibt, hat es gefallen, zuzulassen, dass die erste christliche Jugendgruppe, der ich mich nach meinem Bekehrungserlebnis anschloss, zerbrach. Und das auf sehr unschöne Weise. Doch zuvor hatte man mich ohnehin hinausgeworfen. Es hatte Vorfälle gegeben, die man heute vielleicht als „geistlichen Missbrauch" bezeichnen würde – jedenfalls galt ich als zu umtriebig, zu penetrant und zu begeistert. Vielleicht war ich das auch. Und so war ich 17, voller Leidenschaft und voller Ideen, doch ohne Gruppe. Eher zufällig trafen sich ein paar „Ehemalige" besagter Jugendgemeinschaft einige Zeit später und überlegten mit mir, wie es weitergehen könnte – Django, Ursula und Franz-Josef. Beim Kaffee kam die Idee, sich öfter zu treffen. Ein ganzes Wochenende lang. Und so entstand spontan und keineswegs von mir so beabsichtigt unter meiner Leitung eine Jugendgruppe, die sich den skurrilen Namen „FCKW" gab („Fröhlich, charismatisch, katholisch sind wir": Wir hörten nie auf, uns für diesen Namen zu schämen, und doch blieb er). Wir trafen uns am Wochenende, hatten eine gute Zeit zusammen, machten Lobpreis. Und von Anfang an waren „Neue" dabei, also befreundete Jugendliche, die dem Glauben noch fernstanden. Viele bekehrten sich und alles war ein großes Abenteuer. Unsere Veranstaltungen wuchsen, wir hatten viel Spaß zusammen und alles trug sich wie von selbst durch die Teenager – eigentlich der Traum vieler Jugendmitarbeiter. Doch irgendwann im Frühjahr 1999 saßen ein paar Freunde und ich bei mir zu Hause im Kerzenlicht. Und tauschten verschwörerische Blicke. Der Beginn einer kleinen, verrückten Idee. Ich liebe sie bis heute, diese Verbrüderungen der Unzufriedenen. Und unzufrieden waren wir.

Ich hatte wilde Sachen gelesen. Yonggi Chos Buch *Gebet – Schlüssel für Erweckung* mit seinen Berichten über die Gebetsberge in Korea. Und von Gebetshelden wie John Hyde und Daniel Nash, die allesamt Gottes überwältigendes Wirken als Frucht von Gebet erlebt hatten. Unsere Jugendgruppe lief gut, doch da gab es ganz offensichtlich so viel mehr! Unzufrieden waren wir auch mit unserem eigenen geistlichen Leben. Wir bekannten einander spontan, wie es wirklich damit aussah und was sich dringend ändern musste. Plötzlich stand eine frische Begeisterung im Raum: Es musste etwas geschehen! Doch was?

Ich holte mir all die Geschichten in Erinnerung, die ich gelesen hatte. In allen hatten anhaltendes Gebet und meistens auch Fasten eine Rolle gespielt. Sollten wir einmal etwas ganz anderes versuchen? Mit abenteuerlustigem Blinzeln in den Augen verabredeten wir uns: Wir würden uns für ein Wochenende gemeinsam zurückziehen und nur fasten und beten.

Gesagt, getan. Das Ereignis selbst war wenig eindrucksvoll. Das Haus, in dem wir uns trafen, war schlecht geheizt. Wer fastet, friert besonders leicht. Das führte dazu, dass wir die meiste Zeit des Tages im einzig warmen Raum zusammensaßen: in dem Gruppenraum, den wir als „Gebetsraum" eingerichtet hatten. Und so beteten wir tatsächlich das ganze Wochenende, mit neun Leuten. Es fühlte sich alles andere als besonders an. Dennoch hat dieser erste kleine Versuch mit dem dauerhaften Gebet etwas mit uns gemacht. Wir verspürten den Wunsch, so etwas noch einmal zu machen. Und so kam es, doch auch diesmal passierte nichts spürbar Besonderes. All das war äußerlich so unscheinbar wie die Beugung des Fingers am Abzug.

HEILIGES CHAOS
Otzing, Juni 1999
Im Juni schließlich steht das nächste reguläre Jugendwochenende an. Es kommen etwa 35 Teenager. Bestimmt zehn davon sind zum ersten Mal dabei. Sie trotten die Treppe hoch, legen ihre Schlafsäcke auf die Betten und albern bis spät in die Nacht. Zum Essen gibt es Schinkennudeln und in kurzen Impulsen erzählen ihnen andere Teenager von Gott. So wie jedes Mal. Und dann kommt der Samstagabend. Und mit ihm der Schock. Mit ihm der Knall.

Der Ablauf eines solchen Abends bei FCKW ist ziemlich simpel: sehr langer Lobpreis, mindestens zwei Stunden. Also eine Gitarre, rockige Lieder und viel Begeisterung. Und dann immer die Möglichkeit, eine persönliche Entscheidung für Jesus zu treffen und segnendes Gebet zu empfangen. Ich bin der Lobpreisleiter und habe alle meine Lieder und den geplanten Ablauf auf einen Zettel geschrieben. Doch plötzlich kommt es sehr, sehr anders.

Nicht selten beten oder singen wir Dinge wie „Komm, Herr!" oder „Herrsche unter uns, brich herein ..." – all das sind schöne Gebete. Doch ich musste lernen, dass es etwas ganz anderes ist, wenn Gott das dann *tatsächlich tut* ... Es fühlt sich an, wie versehentlich den Abzug einer Maschinenpistole erwischt zu haben.

Hier stehe ich mit meiner Gitarre inmitten all der singenden Jugendlichen. Und wenn ich nicht selbst dabei gewesen wäre, würde ich es vielleicht nicht glauben. Doch während des zweiten Liedes kommt er. Kommt *er*. Und übernimmt die Kontrolle. Und das sieht so aus: Ohne, dass jemand sie berührt, beginnen Einzelne, umzufallen. Bum! Nein, niemand hat einen Schwächeanfall, niemand wird ohnmächtig. Und niemand wird geschubst. Die Betroffenen berichten, sie seien von der Kraft Gottes überwältigt worden. Es passiert ohne Vorwarnung und natürlich ohne Absprache: Im ganzen Raum fallen Jugendliche um und bleiben liegen.

Nun ist es ein bisschen schwierig, einen Abend sinnvoll zu leiten, wenn die Beteiligten alle plötzlich umfallen. Ein gewisses Befremden packt mich. Es wird nicht besser, denn ... *alle* fallen um. Auch Teilnehmer, die zum ersten Mal dabei sind, und viele, die absolut nicht wissen, dass es so etwas gibt (die charismatische Szene nennt das „Ruhen im Geist"): Niemand von uns hat das auf diese Weise schon einmal erlebt. Und was passiert dann? Zunächst bricht einfach heiliges Chaos aus. Und ich befinde mich mittendrin und spiele Gitarre ...

Einige liegen ganz ruhig am Boden und berichten hinterher, den Frieden und die Liebe Gottes auf tiefe Weise erfahren zu haben. Andere beginnen laut zu weinen, weil Gott Bereiche intensiven Schmerzes in ihnen berührt. Andere lachen, weil sie Gottes Freude in sich spüren, andere haben Visionen der geistlichen Realität, einige sogar über lange Zeit hinweg. Der Abend geht bis Mitternacht und nur eines wird mir klar: Jemand hat mir die Leitung aus der Hand genommen! In alledem jedoch die überwältigende Präsenz von etwas Heiligem. Von jemand Heiligem.

FCKW ist danach nicht mehr wie zuvor. Wir erleben solche Kraftbezeugungen Gottes nun bei allen Treffen. Jugendliche werden geheilt, bei Einzelnen werden Verstrickungen und dämonische Ketten gesprengt, prophetische Eindrücke, Visionen und Bilder sind ganz normal. Während man vermuten könnte, dass viele Teenager mit solchen Erfahrungen völlig überfordert wären, erleben wir das Gegenteil. Auch solche, die zum ersten Mal da sind, werden nicht nur nicht abgeschreckt, sondern sind absolut fasziniert. Tatsächlich verdoppelt sich die Größe unserer Gruppe innerhalb der folgenden Monate. Schon bald bin ich Leiter von fast hundert Jugendlichen. Ich selbst habe keinerlei Training oder Ausbildung darin und fühle mich ziemlich überfordert. Ich beginne sogar zu beten, diese intensive Ausgießung des Heiligen Geistes möge aufhören, weil ich als Leiter nicht weiß, wie ich damit umgehen soll. Doch eine Lektion lerne ich ein für alle Mal: Fasten und Gebet setzt eine Kraft frei, die schier unglaublich ist. Man kann sie mit der einer scharfen Handfeuerwaffe vergleichen. Der Rückstoß ist gewaltig. Noch habe ich nicht gelernt, damit gut umzugehen. Doch die Sehnsucht wächst, einen Ort zu haben, an dem diese geistliche Power dauerhaft kultiviert werden kann ...

DIE KRAFT VON FASTEN UND BETEN

Von „Effektivität" im Gebet zu sprechen, ist für viele befremdlich. Ja, geht es im Gebet nicht eben genau darum, dass Effektivität und Produktivität nicht in allem herrschen sollen? Tatsächlich ist das wahr. Und viele Kapitel dieses Buches sind dem Wert jenes Gebets gewidmet, dessen Schönheit gerade darin aufstrahlt, dass es sich „nicht lohnt", sondern Ausdruck freier Liebe ist.

Ja, Gott ist kein Automat. Ja, es ist naiv, auf jedes Gebet sofort ein Wunder zu erwarten. Man hört und liest das oft. Und dennoch werden wir sie nicht los, diese Stellen in der Bibel, in denen Gott ganz ausdrücklich auffordert, zu bitten, damit wir etwas erhalten! Selbst für ganze Nationen birgt die Bibel Segensverheißungen, wenn sie umkehren und Gott im Gebet suchen (2. Chronik 7,14). Und dieses Gebet wird in der biblischen Überlieferung immer wieder mit dem Fasten verbunden (Joel 2,15). Gott fordert ganz ausdrücklich dazu auf, ihn zu bitten (Jeremia 33,3), und sowohl Jesus (Johannes 16,24) als auch die Apostel (Epheser 6,18) ermutigen beständig dazu. Ja, im Jakobusbrief ist sogar davon die Rede, dass wir nichts empfangen, weil wir nicht bitten (Jakobus 4,2). Dieses Wort muss man sich einmal auf der Zunge zergehen lassen: Da gibt es offenbar Dinge, die Gott uns geben möchte, die wir jedoch nicht empfangen, weil wir nicht bitten. Nun ist Gott natürlich allmächtig, er könnte uns alles auch einfach so geben. Irgendetwas Bedeutsames scheint aber dadurch zu passieren, dass wir konkret um etwas bitten. Scheinbar ist es Gott wichtig, dass es uns auch wichtig ist. Er sehnt sich nach Kooperation mit uns. Seine Pläne mit der Welt bauen auf unsere Übereinstimmung mit seinen Absichten. Und genau darum geht es in der Fürbitte. Gott möchte retten und befreien – doch findet er Beter, die mit ihm darin übereinstimmen?

Auf den ersten Blick erscheint das fürbittende Gebet wie etwas unendlich Schwaches. Sich in einen Raum zu setzen und Gott zu sagen, was er bitte tun soll, klingt wie das Gegenteil von Effektivität. Und es ist tatsächlich beschämend für die Weisheit der Welt – dass Gott sein Reich baut durch die schwachen Gebete schwacher Menschen. Es erscheint wie völlige Torheit, dass der allmächtige Gott handelt, weil sterbliche Menschen ihn bitten. Doch exakt das lehrt die gesamte Schrift. Wir werden diese Stellen nicht los. Und wir werden auch die Glaubenshelden aus der Geschichte nicht los, die ebendies erlebt haben. Die eine Fruchtbarkeit und Vollmacht in ihrem Dienst erfahren haben, die alles in den Schatten stellen, was wir in unseren Gruppen und Gemeinden zumeist erleben.

Nur einen Bruchteil davon habe ich selbst schon gesehen. Doch dieser Bruchteil hat mich davon überzeugt: Die Kraft des Gebets ist vergleichbar mit der Wucht einer Schnellfeuerwaffe. Auch wenn das Beten selbst so unscheinbar aussieht wie der kleine Abzug am Schaft des Gewehrs.

FEUERSTELLE
Haben Sie schon einmal mit anderen zusammen beständig gebetet? Alleine zu beten ist sehr wertvoll. Doch obwohl ich nicht genau erklären kann, warum das so ist, liegt eine besondere Kraft im anhaltenden Gebet einer Gruppe.

Ein Vorschlag: Suchen Sie nach ein paar Gleichgesinnten und veranstalten Sie einen Gebetstag, eine Gebetsnacht, ein Wochenende oder eine 24/7-Woche, in der das Gebet nicht abreißt! Die Form ist dabei zweitrangig. Entweder kann eine Person immer allein eine Stunde übernehmen oder mehrere Beter beten zusammen (beides hat Vor- und Nachteile). Doch versuchen Sie gemeinsam etwas „Radikales". Vielleicht verbinden Sie es wirklich sogar mit dem Fasten. Sie werden merken: Es kann durchaus herausfordernd sein, doch lässt es etwas von der immensen Kraft erahnen, die entsteht, wenn schwache menschliche Worte mit den Absichten Gottes übereinstimmen. Wo wir „Dein Reich komme, dein Wille geschehe" beten, wird ein Stück mehr von seinem Reich und seinem Willen sichtbar. Und das manchmal mit echter Power.

AUSBRUCH AUS DEM NORMALEN

GEBET UND DAS WAGNIS DES NEUEN

VIELE KLEINE ABENTEUER

Meine persönliche Geschichte mit dem Gebet ist untrennbar mit der Geschichte des Gebetshauses Augsburg verbunden. Sie klang an verschiedenen Stellen dieses Buches schon an und ihr Anfang soll in diesem und dem folgenden Kapitel erzählt werden. Die Frage danach, wie Menschen wie meine Frau und ich dazu kommen, zu glauben, dass auch heute junge Menschen dazu berufen sein können, das Gebet zu ihrer Hauptberufung zu machen, ist vielleicht nicht für viele Menschen aktuell. Im Letzten geht es bei der Frage und diesen Geschichten jedoch darum, was das Gebet wirklich wert ist. Wie weit man gehen kann, darf und manchmal auch soll, um es in den Mittelpunkt zu stellen. Und weiter geht es um die Frage, wie Gott einen solchen Weg ermöglicht und auf welche Weise er auch heute Menschen zum Gebet ruft. Von alledem erzählen unsere kleinen Abenteuer rund um den Beginn des Gebetshauses.

JOY, AFRICAN STYLE

Katikamu, Uganda, 5.57 Uhr, August 2003
Viel zu laut. Und vor allem: viel zu früh! Ganz benommen wühle ich mich unter dem Moskitonetz hervor. Eigentlich ist es eine ruhige Nacht gewesen. Jedenfalls haben wir unbeschwerter geschlafen als die Nächte zuvor. Einmal mehr auf einer Reise habe ich die Lage etwas zu optimistisch eingeschätzt. Stundenlang sind wir Richtung Norden gefahren, die letzten zwei Stunden nur noch auf einer ungeteerten Schlammstraße. Ich wollte unbedingt den „Murchison Falls National Park", den wilden, großen Waldabschnitt rings um die Nilfälle, besuchen. Zwar war die Gegend zuvor wiederholt von den Rebellen der

„Lord's Resistance Army" überfallen worden, doch irgendwie rechnete ich damit, dass wir Glück haben würden. Als die einzige Weiße, die wir unterwegs trafen und die schon viele Jahre in der Nähe lebte, dringend vor dem Besuch im Park warnte, wir unseren Trip im Jeep aber schon gebucht hatten, wurde mir dann doch etwas mulmig zumute. Jutta war nicht gerade glücklich ...

Die Nächte in der einfachen Strohhütte mit Lehmboden (die man wegen der Löwen nachts besser nicht verlassen sollte) waren so laut, wie Nächte im Busch nun einmal sind, und so unruhig, wie man eben schläft, wenn die Chance, von Rebellen entführt zu werden, jedenfalls nicht bei 0 Prozent liegt. Doch irgendwie ging es auch diesmal wieder gut. Abenteuerliche Tage in der berückend schönen Wildnis Ostafrikas waren uns beschieden. Und nach den Tagen zwischen den Stromschnellen des Nils, hohem Savannengras, Krokodilen, Flusspferden und vielen Antilopen konnten wir unsere holprige Rückreise in das Missionszentrum antreten, von dem wir gestartet waren.

Zurück im „Emmaus Centre" in Katikamu. Die erste Nacht in einem Bett! Doch sie endet laut – früh von dem unterbrochen, was man Lobpreis nennt. Doch was Lobpreis eigentlich ist, habe ich tatsächlich erst in Afrika gelernt. Und seither nie mehr unterschätzt, welche Bedeutung er für das Gebet allgemein hat.

Wie gesagt, es beginnt laut. Und das bleibt es auch: Einige Minuten vor dem geplanten Start um 6 Uhr startet die Band. Ein Schlagzeuger, Bass, E-Gitarre, diverse andere Trommeln und Sänger. Zunächst fällt mir auf, dass die E-Gitarre grob verstimmt ist. Dafür ist sie so laut, dass man keinen Verstärker mehr braucht, ein vielleicht Zehnjähriger spielt sie. Der Schlagzeuger scheint grundsätzlich jeden Taktschlag mit einer maximalen Anzahl von geschlagenen Trommeln und Becken zu bedenken. Und dazu singen, grölen, johlen Jung und Alt begeistert und aus voller Kehle. Doch davon nicht genug: Es wird getanzt. Und zwar richtig getanzt: maximale Bewegung von einer maximalen Anzahl von Körpergliedern, so scheint mir, trotz der Hitze. Und dabei: Lachen, Strahlen und begeistertes Klatschen.

Die Freude von afrikanischem Lobpreis ist ansteckend. Sie wirkt weder aufgesetzt noch bedarf sie einer langen Aufwärmphase: Sie ist bereits morgens um 6 Uhr da und hält auch über eine Stunde lang an. Ausgelassener Lobpreis steht in Deutschland schnell unter Verdacht: Werden hier nicht Gefühle manipuliert? Ist das nicht oberflächlich und sogar gefährlich? Wir vergessen dabei schnell, dass wir uns solche ausgelassene Freude nur im Gottesdienst verbieten. Im Fußballstadion oder auch in der Disco ist sie erstaunlich normal. Doch sollte Gott wirklich ein Problem mit unserem Enthusiasmus haben?

Wieder zurück in Deutschland fühlt sich mein Herz an, als hätte es eine Erkältung bekommen: So viel verschlossener und trübsinniger ist das Klima hier. Ich vermisse das breite Lächeln unserer afrikanischen Freunde, das die weißen Zähne wie helle Blitze im dunklen Gesicht aufstrahlen lässt. Ich vermisse die Begeisterung. Ich vermisse Afrika.

Und obwohl wir in unserer letzten Nacht in Mbarara von einer Unzahl großer Waldameisen in unserem Bett heimgesucht wurden und um Haaresbreite zunächst in Entebbe und dann noch einmal in Dubai unsere Flüge verpasst haben – ja, ich hatte einmal mehr etwas zu optimistisch geplant –, kommen wir aus Afrika mit einer Sehnsucht nach solcher Freude im Lobpreis zurück.

LRA, AIDS UND GEBET

Doch wer in Afrika nur die Freude wahrnimmt, hat ein verklärtes Bild. Wer ein wenig an der Oberfläche kratzt, kann an vielen Orten die klaffenden Wunden der Geschichte sehen. Überall erzählten Menschen uns von den Gräueltaten der Rebellenarmee LRA und ihrem dämonischen Führer, Joseph Kony. Überall konnte man Geschichten der grauenvollen Ereignisse in den Nachbarländern hören: Sudan, Kongo, Rwanda. Und Uganda selbst hat in den 70er- und 80er-Jahren eine Serie von Diktaturen erlebt, die Hunderttausende von Toten gefordert hat. So wunderschön und herzlich Afrika in seiner Natur und seinen Menschen sein kann, so unvorstellbar blutig ist es in seinen Konflikten. Kindersoldaten, Vergewaltigungen, Massenexekutionen ...

Die Christen hier hatten jedoch auch eine andere Geschichte zu erzählen: die von Fasten und Gebet. Inmitten der totalen Krise sei es plötzlich zu einer Bewegung der Umkehr gekommen. Überall hätten sich Christen versammelt, auch über Konfessionsgrenzen hinweg, und hätten begonnen, Gott um eine Veränderung ihres Landes anzuflehen. Man kam in Kirchen zusammen, man kam im Dschungel zusammen – um zu beten. Beständig. Und scheinbar hat Gott geantwortet. Tatsächlich erlebte Uganda ab den späteren 90er-Jahren zunehmende wirtschaftliche Konsolidierung und politische Stabilität. Die Kirchen wuchsen überall. Doch die erstaunlichste Entwicklung: Es gab immer weniger AIDS-Kranke, und das, nachdem Uganda einer der am schlimmsten betroffenen Staaten gewesen war.

Überall erzählte man uns von Zeichen und Wundern Gottes: Ein freikirchlicher Christ aus der Hauptstadt Kampala berichtete uns von mehreren Hundert ärztlich bestätigten Heilungen von AIDS. Ein Taxifahrer sagte, er sei zwar Analphabet, aber verantwortlich für siebzehn Gebetskreise, und überall wusste man reichlich Erfahrungen mit dem Kampf gegen das Böse und die Dämonen weiterzugeben. Tatsächlich schienen in Afrika das Licht und das Dunkel besonders sichtbar zu sein: die Wunder und die Massaker. In beidem aber erwies sich wieder und wieder auf außerordentliche Weise das, was mich zunehmend faszinierte: die Macht des beständigen Gebets. In Uganda auch über die Konfessionsgrenzen hinweg. Noch im Herbst 2003 kritzelte ich auf ein Papier, wovon ich träumte: ein Haus mit einem Herzen darin, das brennt. Und zwar immer, bei Tag und bei Nacht.

ZWISCHEN DEN WELTEN
München, Mai 2004
Die Suche nach dem Neuen und dem „Mehr" geht weiter. Seit 1999 studiere ich Gymnasiallehramt für Deutsch und Religion an der Ludwig-Maximilians-Universität in München. Anfangs zusätzlich viel Hebräisch, danach zunehmend Philosophie. Dass ich dann doch im Doppelstudium noch mit Diplomtheologie anfange, ist eher ein Zufall. Das meiste daran langweilt mich, leider. Meine große Liebe gilt mehr und mehr der Literaturwissenschaft, der Linguistik und der Philosophie. Die ansteckende Forscherfreude und Radikalität des Hinterfragens, denen ich in diesen Fächern begegne, stehen in solch schmerzvollem

Kontrast zu der dumpfen kirchlichen Nabelschau, die mir aus den theologischen Fakultäten entgegenschlägt (natürlich gibt es auch Ausnahmen). Ich fühle mich wie zwischen zwei Welten. Wissenschaftlich begeistert mich die analytische und die postmoderne Philosophie mit ihrer alles infrage stellenden seziermesserscharfen Kritik. Vormittags jedoch verbringe ich täglich mindestens eine Stunde im persönlichen Gebet und lese die Werke von Teresa von Avila. Außerdem engagiere ich mich mittlerweile deutschlandweit in der „Jugendarbeit der Charismatischen Erneuerung", wo regelmäßig an vielen Orten Jugendwochenenden mit Dutzenden und Hunderten von Teenagern stattfinden. Und dann ist da die Theologie ... In mir ist ein Schrei nach etwas anderem. Natürlich liebe ich Jesus, ich liebe auch seine Kirche, in der ich so viel Wunderbares empfangen habe. Und doch ist da diese denkerische Unzufriedenheit, die mich vieles hinterfragen lässt und die später zu meiner Dissertation „Metaphorische Theologie" führt. Und diese Unzufriedenheit mit der Starrheit der Formen. Alles in dieser bunten Stadt und alles in unseren pulsierenden Jugendtreffen schreit danach, das Evangelium auf andere, neue Weise in all seiner Schärfe und Schönheit zu leben und zu feiern. Doch wie? Ich spüre, dass ich zwischen zwei Welten stehe und etwas Neues beginnen muss ...

Es sind bunte, wilde und schöne Jahre in München. Frisch verheiratet in einer kleinen Wohnung in einem schlechten Viertel. Meine Haare sind blau. Tagsüber studiere ich mit minimalem Aufwand, was mein Engagement für die Jugendarbeit und mein Gebetsleben ermöglicht. Abends höre ich mich auf Stehplätzen in der Oper durch Wagners Werke. Wagner und Derrida. Richard Rorty und Johannes vom Kreuz. Ich frage mich, ob sich so vielleicht die Postmoderne anfühlt ...

DIE ERSTEN WUNDER

Nachts durchziehe ich mit Freunden die alternativen Clubs der Elektroszene. Und dabei sprechen wir über Jesus. Uns interessiert das Neue, Gefährliche, Radikale. Die zuvor geschilderte Erfahrung aus dem Jahr 1999 habe ich nie wieder vergessen. Sie hat ein bleibendes Sehnen in mir zurückgelassen. Und nun haben wir von Heidi Baker in

Mosambik gehört, von absolut unwahrscheinlich klingenden Zeichen und Wundern. Im Lichte glaubhafter Berichte (schließlich lerne ich die Berichterstatter auch persönlich kennen!) von Totenerweckungen im Namen Jesu – verlieren manche Aussagen der historisch-kritischen Exegese ihre Ernsthaftigkeit für mich. Natürlich beginnen wir auch selbst für Heilungen, Befreiungen und prophetische Worte zu beten. Wir fangen an, Menschen auf der Straße spontan anzusprechen, uns auf prophetische Eindrücke hin auf den Weg zu machen und Gottes Wirken hautnah zu erleben. Vormittags im Seminar zu lernen, dass die Heilungsberichte des Neuen Testaments nur symbolisch zu verstehen seien, wenn man nachmittags und abends Wunder sieht, bringt mich in eine gewisse Distanz zur Fachtheologie, die ich nie ganz überwinden werde.

Wir wollen Gottes Wirken live sehen. Vor einem Jugendcamp beginnen wir ein 21-tägiges Fasten, beten eine ganze Nacht durch. Unvergessen sind mir die unglaublichen Mengen an Espresso, die müden, aber doch so strahlenden Augen der in diese heilige Verschwörung Eingeweihten und vor allem: der Zauber des Neuen, als es endlich Morgen wird.

Mit unserem Gebetskreis machen wir Einsätze am Hauptbahnhof, wo wir für Menschen beten, Tee und Kekse an Obdachlose ausgeben und mit ihnen über Jesus sprechen. Wunderbare Erlebnisse mit einem Gott, der unsere unbeholfenen Schritte wieder und wieder segnet. Doch die witzigsten, wenn auch nicht einfachsten Aktionen bekommen bei uns den Namen „Face Your Fears". Das bedeutet einfach: Tu etwas, obwohl du Angst davor hast ... Nicht unbedingt der Gipfel der Reife und Weisheit, waren diese verrückten Missionen doch wichtige Lektionen eines Wegs in eine neue Freiheit.

DER MENSCHENFURCHT INS ANGESICHT SPUCKEN
Irgendwo im Zug, Juli 2004
Ich nehme im Zugabteil Platz und plane, zu beten. Denn meine Gebetszeit habe ich heute noch nicht gehalten. Also schließe ich die Augen und versuche, an Gott zu denken. Plötzlich dieser Gedanke in

mir: „Eigenartig, zu Hause kniest du beim Beten!" Ich verscheuche diese Ablenkung und versuche abermals, mich zu konzentrieren. Doch der Gedanke geht nicht fort. Zunächst kommt die Vernunft und sagt: „In diesem Abteil sitzen vier Personen, darunter ein Soldat, ein junges hübsches Mädchen, ein gestandener Herr im besten Alter ... Was würden die denken, wenn du vor ihnen am Boden knietest? Und was wäre dadurch gewonnen?" Es gibt so viele gute Gründe, es *nicht* zu tun. Und doch: Haben Resi und ich nicht einen Pakt geschlossen, uns in solchen Situationen nicht mehr einschüchtern zu lassen, sondern der Menschenfurcht ins Angesicht zu spucken? Ich grüble hin und her. Schließlich wird die Anspannung fast unerträglich, ich stehe auf und gehe auf die Toilette. Als ich aus dem Abteil trete, sehe ich, dass wir uns ganz an der Spitze des Zuges befinden. Aus der Klotür kommt mir mit entspanntem Gesicht ein junger Mann entgegen. Ein junger Mann, dessen schwarzes T-Shirt ein kleiner roter Teufel mitsamt Dreizack ziert. „Aber hallo!", denke ich mir. Und nun erst wird mir die skurrile Situation bewusst! Hier sitzen wir an der Spitze des Zuges, und ein Fan des größten Versagers aller Zeiten schämt sich nicht, mit einem Bild ebendieses Versagers auf dem T-Shirt herumzulaufen. Und der Freund Gottes, des absoluten Gewinners, schämt sich, Farbe zu bekennen, dass er zu dem größten Gewinner aller Zeiten gehört!

An dieser Stelle schalte ich mein Denken einfach ab (ist manchmal hilfreich) und tue das, was ich eigentlich schon längst tun wollte. Ich öffne die Abteiltür, knie mich auf den Boden (mein Kopf ist nur noch ca. 30 Zentimeter vom Knie des mir gegenübersitzenden gestandenen Herren entfernt) und schließe die Augen. Ich kann die Blicke der sicherlich entrüsteten Mitreisenden förmlich auf mir spüren. Um ehrlich zu sein: Mein Gebet ist in diesen vielleicht fünf Minuten nicht das andächtigste. Doch als ich mich erhebe, lebt in mir das freudige Bewusstsein, der Menschenfurcht ins Angesicht gespuckt zu haben. Ich blicke freundlich lächelnd in die Runde und bemerke, dass jeder der Mitreisenden aus dem Fenster, in eine Zeitschrift oder auf den Boden sieht, doch keiner meinen Blick erwidert. Egal! Nach und nach steigen die Passagiere an ihren Haltestellen aus, und als ich schließlich alleine zurückbleibe, jubele ich innerlich: Es war so viel leichter als gedacht. Ja, eigentlich ist gar nichts passiert. „Menschenfurcht stellt eine Falle" (Sprüche 29,25), und es befreit mein Herz, ihr zu widerstehen. Viele ähnliche Situationen folgen.

Irgendwann wird es unter einigen meiner Freunde richtig „in", einander zu erzählen, in welchen Momenten man der Menschenfurcht ein Schnippchen geschlagen hat. In einem Hexenladen von Jesus erzählen, betrunkene Punks ansprechen, in einem Flugzeug für eine kranke Muslimin mit Handauflegung beten ... All das wird nicht unbedingt zu einem Sport (Überwindung kostet es allerdings schon!), aber zu dem natürlichen Ausdruck einer selbstverständlichen Wahrheit: Ich bin ein Kind Gottes und als solches frei. Oder wie Jesus sagte: „Ich nehme meine Ehre nicht von Menschen" (Johannes 5,41). Ein befreiender und herrlicher Lebensstil. Ein Lebensstil, der prägend wird für die weiteren Schritte hin zum Gebetshaus, wo wir aus dem Vertrauen leben, dass auch die ungewöhnlichst wirkenden Entscheidungen Sinn machen, selbst wenn sie dem normalen Menschenverstand absolut widersprechen.

Die ersten Siege über die Menschenfurcht ... Die Erinnerung an diese ersten kleinen erfolgreichen Übungen stärkt mich auch noch Jahre später, wo die Menschenfurcht mir noch immer einzureden versucht, wahre Sicherheit läge in der guten Meinung der Menschen. Dabei ist die Wahrheit: Am Ende meines Lebens werde ich vor einem Thron stehen. Und an diesem Tag wird nur eine einzige Meinung über mich relevant sein. Nicht die meiner Nachbarn, nicht die meiner Kollegen – nur die des einen, der auf dem Thron sitzt und dessen Augen wie Feuerflammen sind (vgl. Offenbarung 1,14).

Eine Haltung, um die es Tag für Tag wieder im Gebet geht: Ich stelle mich konkret unter seinen Blick, um nicht unter dem Blick der Menschen zu stehen.

FEUERSTELLE
Eine kleine Übung: Zu fast jedem Zeitpunkt unseres Tages stehen wir unter dem Blick von Menschen. Das können tatsächlich gegenwärtige

Menschen sein: Blicke in der U-Bahn treffen mich. Was die wohl denken? Sehe ich gut aus? Blicke des Chefs oder der Kollegen: Bin ich gut genug? Es können aber auch Blicke von Menschen sein, die körperlich gar nicht anwesend sind. Was würde meine Mutter denken, wenn sie mein Zimmer in solcher Unordnung sähe? Die Blicke meiner „inneren Richter" können mitunter sogar schwerer zu ertragen sein als die real anwesender Personen.

Im Gebet treten wir aus dem Blick der Menschen heraus und unter den Blick Gottes. Das ist nicht einfach, denn wir sind ein Leben in Menschenfurcht gewohnt. Wir wollen Menschen gefallen. Der Weg Jesu jedoch ist ein radikal anderer. Es führt in ein Leben, das völlig unter dem Blick Gottes steht. Im Gebet können wir diese Grundhaltung einüben, die dann nach und nach unser ganzes Leben durchsäuert.

Setzen Sie sich an einen ruhigen Ort. Schließen Sie die Augen, und versuchen Sie, wahrzunehmen, unter welchen Blicken Sie stehen. Wessen Erwartungen, wessen Meinungen, wessen Verurteilungen spüren Sie? Nehmen Sie sich Zeit für diese Fragen und schauen Sie dann genau hin: Wollen Sie weiter unter diesen Blicken leben? Es wartet eine Einladung auf Sie. Und die ist die des liebenden Vaters. Er fragt: „Möchtest du ganz unter meinem Blick leben? Dieser Blick setzt dich frei, in ihm findest du deine Würde und Schönheit."

Treffen Sie eine Entscheidung und treten Sie innerlich aus dem Blick der anderen und stellen Sie sich unter den Blick des Vaters. Diesen können Sie sich vorstellen wie einen Lichtkegel oder die warme Sonne, die an einem Strandtag auf Ihre Haut fällt. Wichtiger als eine bestimmte Empfindung, die damit verbunden sein kann, aber nicht muss, ist der innere Akt Ihres Herzens. „Herr, ich will unter deinem Blick leben. Herr, ich will dir diese Gebetszeit schenken und nur vor deinen Augen da sein." Solche kleinen Entscheidungen werden nach und nach auch Auswirkungen auf Ihren Alltag haben.

DER RUF

100 PROZENT GEBET

IM INTERNATIONAL HOUSE OF PRAYER
Kansas City, USA, Juni 2005
Das Abenteuer hin zum Gebetshaus geht weiter. Wenige Tage, nachdem ich im Herbst 2003 das erste Mal das kleine Symbol eines Hauses mit einem brennenden Herzen auf ein Papier gemalt habe, treffe ich auf jemanden, der mir vom „International House of Prayer" erzählt, einem überkonfessionellen Gebetszentrum in den USA unter der Leitung von Mike Bickle.

Der Name ist mir nicht ganz neu. Das erste geistliche Buch, das ich mir als 15-Jähriger gekauft habe, war *Leidenschaft für Jesus*, das eben er geschrieben hat. Es hat mich nachhaltig gepackt. Nun höre ich von diesem erstaunlichen Ort, an dem der Lobpreis bei Tag und bei Nacht nicht verstummt. Nach einigem Hin und Her steht fest: Wir reisen nach Kansas! Glückliche Umstände führen sogar dazu, dass ich auch die Leiterschaft des IHOP kennenlernen kann, zu der mich bis heute freundschaftlicher Kontakt verbindet. Doch was sollen wir drei Wochen dort machen? Besonders Jutta ist von dem Gedanken, stundenlang nur von lauter Musik umgeben zu sein, ziemlich abgeschreckt. Und wir sind nicht frei von Vorurteilen: Schreien diese Freikirchler nicht immer so rum beim Beten? Überhaupt: Ist all dieses evangelikale Gedöns nicht nur oberflächliche, amerikanische Show?

Und ja, irgendwie müssen wir die Zeit überstehen. Die Entscheidung ist schnell getroffen: Unbedingt muss eine Woche New York mit auf das Programm. Also nur noch zwei Wochen Kansas.

Schon New York ist unvergesslich. Ankunft spätabends. Ein gutes Jahr alt, hat Samuel den Flug über geschlafen. Warten am Gepäckschalter: Juttas Gepäck verloren. Völlig erschöpfte Ankunft in unserer Jugendherberge in Manhattan. Schwülheiß. Dann wacht Samuel auf. Ich tigere mit ihm durch das nächtliche Midtown. Ein Tuna-Salad-Sandwich und ein Bier im 24/7-Deli. Die Tage darauf das Museum of Modern Art,

Ground Zero und das Metropolitan Museum of Art. Und dann schon Vorfreude auf Kansas. Dort gibt es bestimmt auch viel zu sehen. Der Schock steckt uns tief in den Knochen, als wir dorthin kommen. Denn es gibt in Kansas City wirklich *gar nichts* Interessantes zu sehen. Und in der ganzen Umgebung auch nur flaches Land, ewige Vorstadtstraßen ... Nichts wirklich Interessantes. Nur einen Raum, in dem gebetet wird. Zu diesem Zeitpunkt nonstop seit fast sechs Jahren ...

Die ersten Erfahrungen im IHOP sind unspektakulärer, als ich erwartet habe. An den Vormittagen sind wir viel im Gebetsraum, nachmittags spiele ich mit unserem kleinen Samuel und tausche mich am Swimmingpool mit Jutta über das Erlebte aus. Irgendwie wirken die Eindrücke in uns tief nach. Die Hingabe der etlichen Hundert (!) Mitarbeiter, die das Gebet bei Tag und bei Nacht am Laufen halten, beeindruckt uns. Nichts daran erscheint übertrieben, aufgesetzt, manipuliert. Es wirkt wie der natürliche Ausdruck ihrer Liebe zu Jesus. Überwältigt bin ich von dem Sortiment im Bücherladen: Hier finde ich Bernhard von Clairvaux, Hans Urs von Balthasar und alle Klassiker des geistlichen Lebens. Als Katholik hat mich nicht selten die theologische und spirituelle „Flachheit" mancher Freikirchen und charismatischer Gruppen abgeschreckt. Doch hier sehe ich einen Respekt für die großen Traditionen und dennoch so viel Mut zu ganz Neuem.

Mir wird (gerade von der Leiterschaft) große Wertschätzung entgegengebracht, nicht eben selbstverständlich, wenn man meinen katholischen Hintergrund bedenkt. Auch die Verbindung von Gebet und geistlich-theologischer Ausbildung (IHOP hat eine eigene Bibelschule) macht einen tiefen Eindruck auf mich. Mehr jedoch zunächst nicht.

Jutta und ich beten jeden Tag. Und tatsächlich ist Jutta die Erste von uns, die eines Tages sagt: „Johannes, ich habe den Eindruck, wir sollten etwas Ähnliches in Deutschland machen. Und zwar solltest du das Vollzeit machen." Als der stärker Visionäre von uns beiden fühle ich mich beinahe rechts von meiner sonst eher realitätsnahen Frau überholt. Ich hadere einige Tage, so radikal scheint mir auf einmal der Gedanke, auf den hin ich doch eigentlich schon seit Jahren halb bewusst hingelebt habe. Der eigentliche Knall kommt dann jedoch durch Andy und das Kanu.

SCHERBEN UND TOTENERWECKUNG

Ich habe mich für ein Seminar angemeldet, in dem es um Prophetie gehen soll. Darüber lerne ich an diesem Samstag zwar ziemlich wenig, dafür verändert sich mein Leben für immer. Auch nicht schlecht für 10 Dollar Seminargebühr ...

Da ist er: Andy, 31. Er kommt aus Neuseeland und ist der Aushilfslehrer für den, der das Seminar eigentlich halten sollte. Zunächst geht es ganz allgemein um biblische Prophetie. Ganz nett. In Gedanken gehe ich Dostojewskis *Die Brüder Karamasow* durch, meine Reiselektüre. Im zweiten Teil jedoch erzählt Andy aus seinem Leben. Von seiner absolut radikalen Bekehrung, die die Bekehrung seiner ganzen Familie zur Folge hatte. Sein Vater sei jetzt Missionar. Und von der Art und Weise, wie Gott angefangen habe, zu ihm zu sprechen. Damals hatte er eine kleine Firma für Glasreparaturen: zerbrochene Fenster und Türen. Irgendwann begann er, nicht mehr zu warten, bis er angerufen wurde, sondern Gott zu fragen: „Herr, wohin soll ich heute fahren?", und sich auf den Weg zu machen. Irgendwann später ein Anruf: „Könnten Sie bitte zu mir kommen, mein Fenster ist kaputt, ich wohne in dieser und jener Straße." Darauf Andy: „Kein Problem, Madam, ich stehe schon vor Ihrem Haus!" Und dann nahm er die Unwahrscheinlichkeit seiner spontanen Ankunft und die umherliegenden Scherben des Fensters zum Anlass, der Frau des Hauses von Jesus zu erzählen, der auch heute noch spricht und der Zerbrochenes ganz macht, auch im Herzen.

Klingt unglaublich? Für mich auch. Doch Andy hört nicht auf mit solchen Geschichten. Eine nach der anderen. Der Höhepunkt ist sein Bericht darüber, von Gott bei einer Totenerweckung gebraucht worden zu sein. Ja, richtig: einer Totenerweckung. Nun trägt Jesus seinen Jüngern ja tatsächlich solches auf (Markus 10,8) und auch aus der Kirchengeschichte wissen wir von solchen Vorkommnissen. Doch so konkret?

Seine Erzählung selbst ist absolut glaubwürdig: Andy wurde Zeuge eines schrecklichen Motorradunfalls. Der Schädel des jungen Mannes schrecklich entstellt, Verbrennungen, kein Puls. Der Arzt sagte, er könne nichts mehr tun. Andy betete, wie er sagt, das „schwächste Gebet seines Lebens" ohne jegliches Gefühl einer besonderen Vollmacht: „Live in Jesus' name!", und berührte ihn an der Schulter. In diesem Moment nahm der junge Mann einen tiefen Atemzug und lebte wieder. Er wurde vom Helikopter weggeflogen und konnte zum kompletten Erstaunen der Ärzte schon nach wenigen Tagen als geheilt aus dem Krankenhaus entlassen werden.

Spätestens jetzt interessiert er mich wirklich brennend, dieser Andy. Und meine Frage ist: Was ist sein Geheimnis? Und was bedeutet das für mich?

TIEFER ALS LANG

Das geschriebene Wort Gottes und das gehörte, prophetische Wort Gottes hängen eng zusammen, so Andy. Denn schließlich sei es der gleiche Gott, der spricht. Das geschriebene Wort Gottes müsse immer der Maßstab jedes prophetischen Eindrucks sein. Doch er habe herausgefunden, dass er mehr und klarer von Gott hört, wenn er sein geschriebenes Wort liebt und „verdaut". Deshalb verabredeten sich einige Freunde und er, um täglich vier Stunden lang einen Psalmvers zu meditieren. Wie bitte?! Vier Stunden?! Er sagt das mit der Selbstverständlichkeit eines Kochrezeptes: einfach vier Stunden in den Ofen oder so. Jedenfalls erklärt er uns, wie er vorgeht. Nur ein Vers. Diesen betend langsam durchkauen. Ihn zu Gott zurückbeten, also als persönliches Gebet umformulieren. Und singen. Und aufschreiben. Und immer wieder neu kauen. Vier Stunden lang. Ja, er habe herausgefunden, dass das Wort viel tiefer sei als lang. Also auch kurze Verse hätten wahre Tiefendimensionen und verborgene Stockwerke von geistlicher Wahrheit.

Okay, bislang habe *ich* gedacht, die Bibel gut zu kennen und ein brennendes geistliches Leben zu führen. Doch von so etwas habe ich noch nie gehört. Der Schock sitzt mir noch tief in den Knochen, als mich der ultimative Vorschlaghammer trifft. „Ja, und alle drei Wochen nehmen wir einen neuen Vers." Herunterklappender Unterkiefer und starrende Augen. Drei Wochen täglich vier Stunden *einen* Vers?! Hier zeigt sich eine Liebe zum Wort Gottes, eine Tiefe der Erkenntnis und eine Entschiedenheit der Umsetzung, die mich einfach sprachlos machen. Und kein Wunder, dass es hier auch Früchte gibt, von denen ich noch nie zuvor gehört habe!

DAS KANU

Am Ende des Seminars soll jeder prophetische Worte von anderen bekommen. Jeder bekommt etwas Nettes. Nur ich nicht, das war ja klar. Nachdem ich als einziger noch übrig bin, betet also Andy für mich und hat prompt ein Bild. Dieses kleine Bild vom 17.6.2005 ändert alles. Es zeigt Samuel, Jutta und mich, wie wir auf einer Brücke stehen. Die Brücke führt über einen langen, geraden Fluss, der links und rechts von Bäumen gesäumt ist. Unter uns fährt ein Kanu hindurch, und der Herr spricht, es sei jetzt an der Zeit, in das Kanu hineinzuspringen. Von oben sieht das Ganze wie eine Kreuzung aus. So weit das Bild.

Zunächst kann ich gar nichts damit anfangen. Doch als Jutta und ich das Bild wieder und wieder im Gebet erwägen, spüren wir, dass sich wohl wirklich so etwas wie eine Lebenskreuzung anbahnt. Bestätigt sich hier Juttas Eindruck und ist die Gründung des Gebetshauses das Kanu, in das wir springen sollen? Ja, etwas wackelig, unsicher, aber schnell und wendig: So könnte ein gewagtes, neues Projekt sich schon anfühlen – wie ein Kanu.

Das ganze Gewicht dieses Bildes wird uns erst knappe zwei Jahre später bewusst. Zunächst ist das Kanu-Bild unser „göttliches Go", die Sache mit dem Gebetshaus, von dem wir schon so lange geträumt haben, wirklich anzugehen. Und monatelang bleibt das Wort „Kanu" auch das Synonym für das Gebetshaus: Wir wollen unser Kanu starten. Mit Veronika, Sebastian, Tom, Raphael, Theresa, Bas und Julia sind gleich einige Männer und Frauen mit von der Partie, die allesamt bis heute zu den Säulen des Gebetshauses gehören. Viele davon kenne ich schon seit Jahren aus der Jugendarbeit.

Zunächst jedoch verraten wir niemandem, dass Jutta und ich den klaren Entschluss gefasst haben, ein Gebetshaus zu gründen. Wir erzählen nur von dem, was wir im IHOP erlebt haben. Und wir beschließen: All jene, die spontan mit „So etwas will ich auch machen!" antworten, sammeln wir. Denn wir wollen keinen Hype erzeugen, sondern nur die mit dabeihaben, deren Herz ohnehin schon für etwas Ähnliches brennt. An einem Wochenende im August 2005 lassen wir dann die Bombe platzen und berichteten von unseren Kanu-Plänen.

AUF DER BRÜCKE

Zunächst ist noch völlig unklar, wo das Gebetshaus entstehen soll. Eineinhalb Jahre lang treffen wir uns als größer werdende Initiativgruppe an verschiedenen Orten Süddeutschlands und beten um Wegweisung, wo es hingehen soll. Bei ersten „Experience Prayer Summits" versuchen wir mit viel Elan und wenig Schlaf, erstmals für einige Tage am Stück zu beten und Lobpreis zu machen. Glorreiche erste Schritte! Bereits im Dezember 2005 haben mehrere im Gebet den Eindruck, Augsburg sei die richtige Stadt für das Gebetshaus. Mich bewegt besonders ihre ökumenische Bedeutung. Hier hatte Luther sich vor Kardinal Cajetan zu verantworten, hier geschah der eigentliche Bruch zwischen der lutherischen Bewegung und Rom. Doch wurden hier auch die ersten Religionsfrieden geschlossen und 1999 sogar die gemeinsame Erklärung zur Rechtfertigung unterschrieben. Augsburg scheint also ein bedeutsames geistliches Erbe – im Schmerzvollen und im Herrlichen – zu haben. Dass Augsburg zuvor auch schon die Weltfinanzmetropole war, erfahre ich erst später.

Zunächst nehme ich mit dem Bistum Kontakt auf und frage an, ob wir erwünscht seien. Die Pfarrgemeinde „Zwölf Apostel" in Augsburg-Hochzoll wird uns als idealer Punkt des Anschlusses genannt, und es wird uns signalisiert, dass wir willkommen sind. Als meine Doktorarbeit fertig und unsere Tochter Anna geboren ist, beginnen Jutta und ich, uns nach Wohnungen in Augsburg umzusehen. Das Budget ist nicht groß, leben wir ja bereits jetzt ausschließlich von Spenden. Die zweite Wohnung, die wir ansehen, ist günstig und für uns perfekt geeignet. Zu unserem Erstaunen – wir haben stadtweit gesucht – liegt sie nur wenige Meter von der Kirche „Zwölf Apostel" entfernt. Doch die richtig große Überraschung erleben wir, als wir wenige Tage später einen Spaziergang machen. In unmittelbarer Nachbarschaft befindet sich der Lech. Und dort auch die Kanu-Rennstrecke, die für die Münchner Olympiade erbaut worden ist. Bis heute finden dort Kanu-Weltcups statt. Und hier stehen wir. Als kleine Familie gemeinsam auf der Brücke. Vor uns die lange Kanustrecke, links und rechts Bäume. Und unter uns fährt ein Kanu hindurch. *Wir befinden uns im Bild von Andy!* Gott hätte uns den Ort nicht klarer angeben können. Voll Staunen über die Weisheit der Führung Gottes blicken wir uns an. Es dauert noch ein bisschen, bis ich herausfinde, dass es schon drei verschiedene Gruppen in Augsburg gibt, die für ein Gebetshaus in Augsburg beten und seit Jahren das 24-Stunden-Gebet auf dem Herzen haben. Manche verwundert es etwas, dass ausgerechnet ein katholisches Ehepaar damit beginnt, doch die Wege des Herrn sind manchmal so windungsreich und voller Überraschungen wie – eine Fahrt im Kanu.

Danach geht alles ziemlich schnell. Mit unseren ersten Freunden und Weggefährten machen wir immer öfter Versuche mit dem 24-Stunden-Gebet. So wie an einigen Tagen während einer Konferenz der Charismatischen Erneuerung. Mit großem Eifer richten wir einen Gebetsraum ein, organisieren sich abwechselnde Teams mit Lobpreisleitern, hören auf Gott, stapeln Energydrinks und fühlen uns wie eine geistliche Spezialeinheit.

Am ersten Abend gehe ich in Fulda spazieren. Fulda, Heimat meiner Frau. Fulda, im Herzen Deutschlands. Und Fulda, der Ort, wo Bonifatius begraben liegt, der erste große Missionar Deutschlands. In mir brennt die Frage, was passieren muss, damit in Deutschland Erweckung passiert.

Dort am Domplatz öffnet sich mir auch ein inneres Bild. Es ist wie eine Vision, ein innerer Film, durch den mir bewusst wird, wie bedeutsam diese kleinen Anfänge sind, die hier begonnen haben.

Überall nur Schwarz. Ruinen. Zerfetzte Mauern ragen in den Himmel. Eine zerbombte Stadt. Rauchende Trümmer, verbrannte Erde. Darüber ein schwarzer, wolkenverhangener Himmel. Schwarze Vögel kreisen. Der Geruch von Verwesung und Leichen in der Luft. Ein verzweifeltes Bild voll Hoffnungslosigkeit. Ein Bild des Todes.

Plötzlich sehe ich eine kleine Gruppe von jungen Menschen. Es sind nicht viele. Vielleicht sieben oder zwölf. Sie stehen im Kreis. Inmitten der qualmenden Trümmer, inmitten der Verwüstung. Schwach sehen sie aus und naiv. Jung, unerfahren und unbedeutend. Doch sie beginnen zu singen. Sie stehen im Schutt dieser kaputten Stadt und singen. Es ist ein leises Lied ... Und zunächst scheint sich nichts zu bewegen. Doch zum Klang dieses leisen Liedes beginnt der Wind zu drehen. Ein milder Luftstrom hebt an und treibt den Leichengeruch fort. Die Geier ziehen ab und die Atmosphäre scheint sich zu ändern. Noch ist alles in Trümmern und doch ändert sich die Szene. Ganz langsam, aber stetig ... Und ganz hinten, in der Ferne, reißt der Himmel auf und ein Streifen hellen, orangenen Lichts durchbricht die dunkle, bleierne Wolkendecke. Und mitten in der Nacht: ein Lied. Ein kleines, beständiges Lied, das so unbedeutend erscheint und doch alles verändert.

SCHRITTE AUF DEM WASSER
Bankautomat, Schellingstraße, München, September 2006
Ich drucke meine Kontoauszüge aus und frage mich, was Gott sich einfallen lässt, um meine Familie und mich in diesem Monat durchzubringen. Viel ist geschehen: Die Gebetshaus-Vision nimmt immer mehr Gestalt an und meine Dissertation steht vor dem Abschluss. Im August ist mein kleiner Vertrag an der Uni ausgelaufen und ab jetzt leben wir – noch ohne Spenderkreis! – offiziell „von der Vorsehung". Wir erwarten unser zweites (drittes) Kind und leben in einer kleinen Wohnung mit schlechter Gasheizung, die monatlich über 800 Euro kostet. Wir sind abhängig von Gott. Doch dass ich ihm trauen kann, hat er schon sehr eindrucksvoll unter Beweis gestellt.

Mein erstes kleines Buch ist bereits erschienen und für manche Referententätigkeit erhalte ich Geld. Durch diese Einkünfte meine vollzeitliche Tätigkeit als Beter mit zu ermöglichen, scheint mir eine sehr begründete Hoffnung. Und dann kommt da einmal mehr dieser plötzliche, nagende Gedanke: Wie wäre es, wenn ich all dieses Geld nicht behielte, sondern wirklich nur von dem lebte, was man mir schenkte?

Allein der Gedanke daran scheint mir absurd: Kein Gehalt haben und dann das, was man bekommt, auch noch weggeben – das ist wohl kein zukunftsträchtiger Plan für meine junge Familie! Und doch verlässt mich der Gedanke nicht, sodass ich ihn im Gebet zumindest weiter bewege.

In der gleichen Woche spricht mich jemand an der Uni an und sagt mir, dass gerade ich – von all den vielen Mitarbeitern – vom am Lehrstuhlhaushalt überschüssigen Geld eine Prämie erhalten solle. Die Rede ist von ca. 500 Euro! Abends bin ich bei Freunden eingeladen, denen ich ein paar Tipps für ihre Homepage gebe. Als sie mir am Ende unserer gemeinsamen Zeit 100 Euro zuschieben, bin ich wirklich erstaunt. Doch am Freitag wird mein Erstaunen vollkommen. Ich soll die Lasagne abholen, die eine befreundete Wirtin für unser Jugendwochenende zubereitet hat. Immer wieder ist es schon vorgekommen, dass man mir kleine Spenden für die Jugendarbeit gegeben hat. So bin ich noch nicht aus dem Konzept gebracht, als die Wirtin ihre dicke Geldbörse öffnet und sagt: „Ich will dir was geben!" Doch dann ergreifen ihre Finger plötzlich das ganze dicke Bündel Geldscheine und sie reicht es mir mit den Worten: „Gott hat mir gesagt, ich soll dir das geben. Und zwar nicht für die Jugendarbeit, sondern für dich und deine Familie!"

Mir bleibt fast der Mund offen stehen. Natürlich weiß sie genauso wenig wie mein Kollege an der Uni und die Freunde von Mittwochabend davon, dass ich vorhabe, „von der Vorsehung" zu leben. Und erst recht kann keiner wissen, dass ich in genau diesen Tagen darüber nachdenke, ob Gott imstande ist, uns auch dann zu versorgen, wenn ich alles durch Bücher, CDs und Vorträge verdiente Geld weggeben würde … Die Wirtin gibt mir etwa 600 Euro – und ich habe innerhalb von 48 Stunden erlebt, wie Gott ein Monatsgehalt hereinbringen kann. Und das, noch bevor ich eigentlich vollständig in diesen Lebensstil eingewilligt habe. Es ist wie ein goldener Ring und ein Rosenstrauß, noch bevor man Ja zum Heiratsantrag gesagt hat.

Dieses Angebot kann ich nicht ablehnen. Und Gott ist seither immer treu. Alle meine Einkünfte durch Lehre, Lieder und Medien fließen zu 100 Prozent wieder in das Reich Gottes und den Dienst, während Gott meine wachsende Familie und mich bis zum heutigen Tag treu und beständig (auch mithilfe vieler lieber Unterstützer) versorgt, sodass wir nie Mangel hatten. Immer wieder trägt das Wasser die im Glauben gesetzten Schritte.

Tatsächlich ist das Leben des Gebets immer auch ein Leben des Vertrauens auf Gottes Vorsehung. „Sorgt euch nicht" und „Bittet voll Vertrauen" kommen bei Jesus in einem Atemzug. Ja, das Gebet lebt eigentlich untrennbar von dem vertrauensvollen Wissen, dass es eine Vorsehung Gottes gibt. In unserem eigenen Leben als Familie konnten und können wir das immer wieder neu erfahren. Auch jetzt, mit vier Kindern und ganz normalen Ausgaben, leben wir und das ganze Gebetshaus noch immer ausschließlich von Spenden. Doch Gott versorgt uns so treu, dass wir nicht einmal besonders eindrucksvolle Geschichten von heroischen Glaubensakten erzählen könnten. Gebet lehrt Vertrauen. Auch ganz konkret in Finanzen. Das konnte ich schon oft erfahren.

DER SKANDAL DES GEBETS

Im Frühjahr 2007 beginnt schließlich das Abenteuer: ein Leben ganz für das Gebet. Mit brennendem Herzen schreibe ich damals, unmittelbar nachdem wir unsere schöne Studentenwohnung in der Schellingstraße in München gegen eine in einem Wohnblock am Stadtrand von Augsburg getauscht haben, diese feurigen Zeilen, die ich hier unverändert wiedergebe:

In der letzten Zeit werde ich sehr oft gefragt, was ich beruflich mache. Irgendwie hat es sich herumgesprochen, dass mein Studium zu Ende ist. Und dann ist die Frage unausweichlich: „Und welchen Beruf hast du jetzt?" An dieser Stelle stehe ich immer vor der schwierigen Alternative, einen angenehmen und einen weniger angenehmem Weg zu wählen. Denn es gibt zwei Möglichkeiten, unsere Vision von einem Gebetshaus darzustellen:

>   1. Variante: Das Gebetshaus soll ein Ort sein, an dem rund um die Uhr gebetet wird. Dadurch können Leute dort hinkommen, um aufzutanken – eine geistliche Oase sozusagen. Außerdem wer-

den dort vor allem junge Leute geschult werden, um in ihrem geistlichen Leben und ihrer Persönlichkeit zu wachsen.

2. Variante: Das Gebetshaus soll ein Ort sein, an dem rund um die Uhr gebetet wird. Das bedeutet: Fähige junge Leute wie ich selbst verbringen einen Großteil ihrer Zeit damit, in einem Raum zu sitzen und mit Gott zu sprechen. Das dient in erster Linie nur Gott, denn meistens werden keine Besucher da sein. Und es kostet sehr viel Geld.

Welche Variante ist näher an der Wahrheit? Variante 1 hat viel Wahres an sich: Tatsächlich werden alle möglichen guten Dinge passieren, wenn wir beten. Menschen werden bei uns auftanken, werden geheilt und ausgebildet werden. Erweckung wird kommen (das glaube ich ganz fest). Doch all das trifft nicht den eigentlichen Kern unserer Berufung. Unsere eigentliche Berufung ist es, nur für Gott da zu sein. Und so etwas ist anstößig. Christentum ist gesellschaftlich völlig okay, wenn es um soziales Engagement geht. Wenn es darum geht, bestimmte Werte und eine bestimmte Ethik zu vertreten. Auch, wenn es der persönlichen spirituellen Suche dient. All das ist in Ordnung. Doch „nur für Gott" da sein zu wollen, ist anstößig.

Folgende Aussagen sind wahr: „Ich bin 28, habe eine Familie zu ernähren, einen Doktortitel und verbringe einen Großteil meiner Zeit damit, mit Gott zu reden." „Ich habe mich bewusst dagegen entschieden, einen normalen Beruf zu ergreifen, weil ich stattdessen beten möchte." „Ich habe eine Vision dafür, dass viele Menschen genau das Gleiche tun und ihr Leben durch Spenden bestreiten." Und wozu das alles? Ich glaube, dass es es wert ist, ein solches Leben zu führen, weil Jesus es wert ist. Und auch wenn keine Erweckung geschieht, niemand zu Besuch kommt und es niemand sieht und hört, glaube ich, dass es es wert ist, dafür sein Leben zu verschwenden.

An dieser Stelle wird es wirklich anstößig. Warum? Weil uns die Tatsache, dass es Menschen gibt, deren primäres Ziel es im Leben ist, mit Gott zu reden, mit dem verborgenen Atheismus in unserem Herzen konfrontiert. Verborgener Atheismus in unserem Herzen, unserer Kultur – und unserer Kirche. Was meine ich damit?

- Beten ist wichtig. Aber muss es die Hauptbeschäftigung eines Lebens sein?
- Beten ist wichtig. Aber wem dient es, wenn es nicht in Aktion mündet oder Menschen davon inspiriert werden?
- Beten ist wichtig. Aber darf es Geld kosten, dass Menschen nichts anderes tun?
- Beten ist wichtig. Aber bei der Veranstaltung, die wir planen, wird jeder Mitarbeiter gebraucht. Wir beten kurz vor Beginn, können aber keinen Mitarbeiter dafür freistellen oder gar ganze Stunden oder Tage dafür investieren.
- Beten ist wichtig. Aber wenn es darum geht, die Probleme unserer Gesellschaft, unserer Kirche oder meiner Firma zu lösen, verlasse ich mich lieber auf meinen gesunden Menschenverstand.

Beten ist so anstößig, weil es einer Kapitulation gleichkommt. Wer betet, bekennt, dass er am Ende ist. „Not lehrt beten", sagt man. Und tatsächlich betet oft nur der, der in Not ist.

Unsere Welt ist durchdrungen von einer Lüge. Und diese Lüge besagt, dass wir Herr unseres Geschicks sind. Man kann in Büchern Sätze lesen wie: „Als die Menschen früherer Zeiten noch nicht die Möglichkeit hatten, Krankheiten durch die Medizin zu bekämpfen, glaubten sie an übersinnliche Kräfte." Der Erfinder der modernen Exegese, Rudolf Bultmann, sagte: „Man kann kein moderner Mensch sein, der zum Lichtmachen den Lichtschalter betätigt, und gleichzeitig an Engel und Dämonen glauben."

Wenn man krank ist, geht man zum Arzt. Wenn es Erdbeben gibt, baut man Frühmeldesysteme. Wenn in einem Land Armut herrscht, hilft die UNO. Wenn eine Familie kaputt ist, gibt es soziale Hilfsangebote des Staates. Wenn die Kirche kein Geld mehr hat, werden Pfarreien zusammengelegt. Wenn das Klima sich wandelt, treffen sich Politiker, um das zu ändern. Wenn der Rechtsradikalismus zunimmt, werden Programme an den Schulen gestartet. Hinter alldem steht ein Denken, das die westliche Welt so fest umklammert hält, dass wir es schon nicht mehr wahrnehmen: „Für den Menschen ist alles möglich." Wir haben uns daran gewöhnt, dass wir unser Leben in der Hand haben, dass wir die Probleme mit einem bisschen gutem Willen und Ausdauer lösen können. Doch diese Denkweise verschleiert sehr viel von der Realität:

- Nur die Jungen, Gesunden sind Herr ihres Lebens. Doch es gibt viele Alte, Kranke, Behinderte. Die sind ständig damit konfrontiert, dass sie nicht Gestalter ihres Lebens sind, sondern abhängig. Und selbst die Jungen, Gesunden werden einmal alt und krank.
- Wir sind nur Herr über einen ganz kleinen Teil unseres Lebens. Unseren Körper können wir uns nicht aussuchen. Unsere Mitmenschen können wir uns nicht aussuchen. Zufällige Ereignisse, das Wetter und die Konjunktur können wir uns nicht aussuchen. Und doch bestimmen sie unser Leben.
- Wir sind nur zu einem gewissen Teil Herr über uns selbst. Wer garantiert, dass ich morgen nicht depressiv oder ausgebrannt bin? Wer garantiert das für meinen Ehepartner, meine Kinder?
- Wir sind absolut nicht Herr über alle gesellschaftlichen Entwicklungen. Die beiden Weltkriege wurden von Millionen von Menschen geahnt und befürchtet – und doch wurden sie nicht verhindert.
- Wir sind nicht Herr über unseren Tod. Der Moment des Todes ist die totalste und vollkommenste Verneinung allen Denkens von der menschlichen Selbstständigkeit. Jeder wird sterben, und keiner weiß, wann. Und keiner hat Einfluss darauf.

Wer betet, erkennt an, dass er hilflos ist. Nur wer hilflos ist, bittet um Hilfe. Und die Wahrheit ist: Wir sind hilflos. Wir haben nur über einen relativ kleinen Teil unseres Lebens die Kontrolle. Über einen relativ kleinen Teil unserer Gesellschaft, unserer Kirche, unserer Familie. Und in Bezug auf die drängendsten menschlichen Probleme hat kein Mensch die wirklich schlagenden Lösungen. Folgende Fragen betreffen Millionen von Deutschen, und doch gibt es keine wirklich überzeugenden menschlichen Antworten:

- Wodurch kann sich ein Mensch von Grund auf verändern (wenn er ein Egoist, ewiger Nörgler, Lügner, Ehebrecher oder Vergewaltiger ist)?
- Wie findet ein Mensch Frieden mit seiner Vergangenheit und Heilung seiner inneren Wunden?
- Was rettet Familien und Ehen wirklich und nachhaltig?
- Was verleiht wirklichen Sinn und Erfüllung im Leben?
- Wodurch kann eine Nation oder eine Jugendkultur zum Besseren verändert werden?

Wer betet, erkennt an, dass er keine Lösungen für die Probleme der Menschen anzubieten hat. Natürlich geht es dabei nicht um eine Flucht vor der Verantwortung. Im Gegenteil: Wer betet, fühlt sich mehr verantwortlich als jeder andere. Es geht auch nicht darum, Aktionen und treues Arbeiten gering zu schätzen. Doch unsere Welt ist verhext von der Lüge, sie könnte *alles* durch Arbeit, gute Ideen und Geld verändern. Doch dem ist nicht so. Das menschliche Herz kann im Letzten nur durch Gott verändert werden. Und wer betet, bekennt, dass er an Gott glaubt. Er bekennt, dass er *nur* an Gott glaubt.

Die kontemplativen Orden waren immer der Stachel im Fleisch der Welt. Denn sich in ein Kloster in der Wüste zurückzuziehen, um Psalmen zu singen, ergibt nach menschlichen Maßstäben keinen Sinn. Genauso wenig ergibt es einen Sinn, Menschen rund um die Uhr dazu zu bringen, Lieder zu singen und Fürbitte zu tun. *In der Tat ist das abso-*

lut sinnlos, wenn es Gott nicht gibt. Es dennoch zu tun, schreit es förmlich heraus: Es *gibt* einen Gott. Und er ist es wert, um seiner selbst willen geliebt zu werden. Sein Leben für das Gebet zu verschwenden – bei den Karmeliten im 13. Jahrhundert wie heute im Gebetshaus in Augsburg – gibt Zeugnis mit jedem Atemzug, mit jeder Stunde: „Wer sein Leben um Jesu willen verliert, gewinnt es", und: „Wer es retten will, verliert es" (Lukas 9,24). Er bekennt, was auch das Zweite Vatikanische Konzil bekennt, dass „der Mensch, der auf Erden die einzige von Gott um ihrer selbst willen gewollte Kreatur ist, sich selbst nur durch die aufrichtige Hingabe seiner selbst vollkommen finden kann" (Gaudium et spes 25).

Natürlich sind zu einem solchen Lebensstil nicht alle berufen. Sogar nur recht wenige. Dennoch gilt, wenn wieder jemand fragt: „Es ist also dein Beruf, mit Gott zu reden?"

„Ja!"

„Und du willst, dass andere Menschen das Gleiche tun?"

„Genau!"

„Und was bringt das?"

„Na, gar nichts! Es bringt gar nichts und gar niemandem etwas. Deshalb bringt es alles. Für alle."

FEUERSTELLE

Häufig werde ich gefragt, was man tun kann, um eine Gebetsgruppe, ein Gebetshaus oder ein Lobpreisteam zu finden. Oder wie man eine bestehende Gemeinde oder Gruppe verändern könne. Meine Erfahrung ist, dass es schwierig ist, den „Hund zum Jagen zu tragen". Mit Leuten, die eigentlich gar nicht „mehr" oder nichts anderes wollen, wirklich voranzukommen, ermüdet meistens beide Seiten. In einer bestehenden Gruppe würde ich also immer nach Gleichgesinnten suchen, deren Hunger bereits geweckt ist. Nicht, um die große Gruppe zu spalten, sondern um unterschiedlichen Schwerpunkten unterschiedlich Raum zu geben, würde ich mit einer kleinen Gruppe von Leuten, deren Herz sich nach demselben sehnt, mit regelmäßigem Gebet beginnen. Wird das Feuer in einer kleinen Gruppe erst einmal beständig kultiviert (die sich aber vor Kritiksucht und Hochmut gegen die anderen dringend hüten möge!), besteht die Chance, dass mehr und mehr davon angezogen werden und die ganze Gemeinde oder Gemeinschaft angesteckt wird. Grundsätzlich ist es gerade in den Anfängen nicht wichtig, ob viele kommen. Lieber nur zu zweit oder zu dritt anfangen, doch Klarheit in der gemeinsamen Vision! Was im Kleinen über eine längere Zeit hinweg wirklich brennt, wird von Gott auch mit sichtbarem Wachstum gesegnet werden. Das ist meine feste Überzeugung.

Also: Suchen Sie sich einen oder zwei Mitstreiter und fangen Sie klein an. Ist bei Ihnen vor Ort niemand, dann suchen Sie weiter. Auch über Skype oder Telefon kann man beten und sich hin und wieder – vielleicht für einen ganzen Samstag – treffen. Fangen Sie mutig an!

DIE DISSONANZ
GEBET UND DAS LEID

VIEL LICHT UND VIEL LEID
Maistraße, München, November 2005
Hier sitze ich in einem grauen Gang und starre auf den schneebedeckten Hinterhof. Betten werden vorbeigeschoben, die Stunden verstreichen zäh. Hier sitze ich und kann es nicht wirklich fassen.

Das Jahr 2005 ist für mich untrennbar verbunden mit der kaum erträglichen Dissonanz von großem Wirken Gottes und großem Leid. Einer Dissonanz, der viele Menschen, unter ihnen auch große Namen, immer wieder begegnen mussten.

Im Sommer 2004 war unser erstes Kind Samuel zur Welt gekommen. Unsere Nächte waren kürzer, doch unser Leben so viel reicher geworden. So war unsere Freude riesig, als Jutta mir ein Jahr darauf verkündigte, dass wir erneut Eltern würden. An ebenjenem Abend, als wir unseren Freunden offenbarten, dass wir ein Gebetshaus gründen wollten, erzählten wir ihnen auch von unserem zweiten Kind. Die Ereignisse um die kleine Gebetshaus-Pflanze wurden immer spannender und ich schrieb weiter an meiner Doktorarbeit, für die Professor Neuner mir dankenswerterweise eine kleine Stelle an seinem Lehrstuhl ermöglicht hatte.

Es sind einzelne Minuten, die alles im Leben für immer verändern können. Eine solche Minute hat für mich am 25.11.2005 geschlagen. Mein Handy klingelt. Eine verängstigte Jutta bittet mich, nach Hause zu kommen. Sie habe Blutungen bekommen und müsse sofort ins Krankenhaus. Ein Babysitter wird für Samuel gefunden und kurz darauf befinde ich mich in der Frauenklinik in der Maistraße. Die Diagnose: aufsteigende Infektion, akute Gefahr für unser Kind. Unser Kind, das ist unser Sohn Simon, den wir von Ultraschallbildern und den ersten Bewegungen im Bauch kennen und liebevoll „Simsim" nennen. Um dessen Leben ich nun bange, als ich auf jenem grauen Gang sitze und warte.

Die Ereignisse überstürzen sich. Durch die Infektion sei auch Jutta selbst in Gefahr, wir sollen eine Abtreibung erwägen. Innerhalb weniger Stunden verändert sich mein Leben völlig. Aus der Sicherheit eines geregelten Alltags heraus sind wir plötzlich mit Optionen konfrontiert, die unsere Pläne allesamt völlig umwerfen. Strenge Bettruhe bis zur Entbindung würde mich für Monate an unser Zuhause binden und alle Aktivitäten stilllegen. Unser Kind vielleicht ein Leben lang behindert. Oder Jutta durch die Infektion in Gefahr gebracht: vielleicht niemals mehr ein Kind, vielleicht sogar ihr Leben bedroht? Wir können nur noch beten, doch entscheiden uns sofort gegen einen Schwangerschaftsabbruch. Hohe Dosis Antibiotikum, alle medizinischen Möglichkeiten ausschöpfen. Tage zwischen Bangen und Hoffen folgen, Tage voller Ungewissheit. Als trotz aller Versuche am Donnerstagabend Wehen einsetzen, spüre ich im Gebet dennoch Frieden. Mir ist, als stünde das Krankenhauszimmer voller Engel. Doch sind sie gekommen, um Simon zu beschützen oder um ihn in den Himmel zu begleiten?

FREITAG

Als sich am nächsten Morgen noch immer nichts getan hat, drängen die Ärzte auf schnelles Handeln. Das Kind müsse nun dringend geholt werden, es bestünde sonst ernsthafte Gefahr. Als Jutta für den Eingriff bereit gemacht wird und die Medikamente schon ihr Bewusstsein trüben, geht es auf einmal los. Simon kommt vor meinen Augen auf die Welt. Ein schönes, voll ausgebildetes Baby. Doch mit 20 Wochen noch nicht lebensfähig. Ich weiß nicht, ob er noch lebt, doch ich spende ihm die Nottaufe auf den Namen des Vaters, des Sohnes und des Heiligen Geistes – die Taufe, die nach katholischem Verständnis in Notfällen auch von Laien durchgeführt werden darf. Hier liegt mein kleiner zweiter Sohn tot in meinen Händen, die Augen fest geschlossen. Ich werde ihn niemals ins Bett bringen können, doch lege ich ihn auf ein weißes Tuch, umgeben von schnell welkenden Blüten. Einen Tag später tragen wir ihn zu Grab.

Eine wichtige Lektion lernen wir noch am gleichen Tag. Eine der Krankenschwestern ist gläubig und weiß auch um unsere Vision von einem Gebetshaus. Sie meint, dass eine so große Vision wie unsere eben auch von Satan angefochten sei und der geistliche Kampf stets um die schwächsten Glieder der Kette tobe. Simon sei in diesem Kampf gestorben. Und obwohl diese Erklärung möglicherweise zumindest teilweise zutreffend ist, tröstet sie uns nicht. Im Letzten spüren wir: Ein leidender Mensch braucht niemanden, der ihm das Leiden erklärt, Begründungen und rationale Zusammenhänge sucht. Er braucht schlicht Frieden mit Gott und Freunde, die verstehen, vielleicht auch schweigend verstehen. Eigentlich kann das Leiden niemals ganz erklärt werden. Wir leben in einer Welt, in der nicht alles, was passiert, Gottes Wille ist. Wir leben in einer Welt, in der unschuldige Kinder sterben. Inmitten all dessen Frieden mit Gott zu finden, auch da, wo einfach jede Erklärung zu kurz greift, ist nicht einfach, doch die einzige Hoffnung gegen die Verzweiflung. Auch wenn der Schmerz bleibt.

LASS EINFACH LOS, GOTT LIEBT DICH SO SEHR
Seedorf, Schweiz, August 2012
Sie geht gebückt auf ihren Stock gestützt und spricht langsam. Und ihre ganze Freude ist es, unseren Kindern beim Spielen zuzusehen. Koseworte für die Kleinen gehen ihr nur im tiefsten Schwyzerdütsch über die Lippen, während sie mit uns das Alemannische weitgehend ausschalten kann. Schwester Josefa war einst Oberin dieses Benediktinerinnenklosters. Und nur zögerlich spricht sie über ihr inneres Leben. Man habe gelernt, über seine mystischen Erfahrungen nicht zu viel zu sprechen. Doch sie wisse es schon noch. Damals an diesem und jenem Sonntag im Jahr 1972 sei es gewesen. Direkt nach dem Chorgebet am Nachmittag, ja, da sei es passiert.

In ihren schwarzen Habit gehüllt sitzt da eine kleine, zusammengesunkene Frau. Eine Frau, die ihr Leben lang einfach und entbehrungsreich in einem kleinen Kloster hier am Vierwaldstätter See gelebt hat. Und eine Frau, die von Gott so viel mehr erlebt hat, als die meisten Menschen, die ich sonst getroffen habe. Ihre abgründigen Augen und ihr scharfer Blick hinter den Falten verraten mehr von den Tiefen Gottes als jedes theologische Buch.

Ja, an jenem Sonntag in der Kirche sei es passiert. Da sei sie ganz mit hineingenommen worden in die Dreifaltigkeit. Eingesenkt in und vereinigt mit dem Liebesgeschehen zwischen Vater, Sohn und Heiligem Geist. Sie habe noch nie viel darüber gesprochen. Doch meine beständigen Nachfragen entlocken ihr schließlich immer mehr. Ja, danach sei sie tagelang nur in einem Meer von Liebe geschwebt. Um eine klosterinterne Entscheidung sei es damals auch gegangen. Wer Priorin würde. Doch all das habe für sie keine Bedeutung gehabt. Ihre Realität sei nun gewesen: in der Liebe Gottes sein. An diesem Ort habe sie gelernt, worum es im Gebet immer nur gehe: loslassen. Ihr ganzes Leben sei danach nur noch ein einziges Gebet gewesen: „Ja, Herr." Immer wieder neu das Ja. Immer wieder neu das Loslassen.

Das bleibt in all unseren Gesprächen und Telefonaten ihr Hauptthema. Das Loslassen. Gebrechlich und krank wird Schwester Josefa später. Nur noch mit Mühe kann sie schreiben und sprechen. An einem Tag, als sie wieder nur im Bett liegen kann, findet eine jüngere Schwester sie singend vor. Und was singt Josefa? Eine einfache Melodie: „Lass einfach los, Gott liebt dich so sehr!"

Tränen stehen mir in den Augen, als ebenjene jüngere Schwester den jungen Mitarbeitern unseres Gebetshauses davon bei einem gemeinsamen Besuch erzählt. Welch kondensierte Weisheit eines Lebens im Gebet! „Lass einfach los!" Eine Weisheit, die durch Leiden geläutert und im Leiden bewährt ist. Ja, jedes Leiden kommt mit der Versuchung, bitterer zu werden. Härter. Desillusionierter. Und jedes Leiden kommt mit der Einladung, loszulassen. Eigene Erwartungen loszulassen. Das Recht, Antworten auf die Fragen bekommen zu wollen, loszulassen. Im Letzten: das Leben immer mehr loszulassen. Und sich selbst loszulassen hinein in die Hände eines Gottes, den wir nicht immer verstehen.

Solches Loslassen bringt immer Frucht. Das Leiden wird nie ganz aus unserem Leben verschwinden. Doch das liebende Loslassen im Gebet kann dieses Leiden fruchtbar machen. Vom Loslassen habe ich durch Schwester Josefa erfahren und über die Fruchtbarkeit konnte ich im Schatten des Vesuv lernen ...

DIE SCHÖNHEIT UND DER SCHMERZ
Caserta, Italien, Juni 2013
Mit Jutta und unserer jüngsten Tochter Pauline diene ich im „Italia House of Prayer". Prostituierte säumen über Hunderte von Metern die Straße im Industriegebiet hier im Großraum Neapel, direkt an der Autobahn. Dahinter leuchtet der riesige, weiße Vulkan in seinen Abendfarben, als wir mit dem Auto den Parkplatz des Shoppingcenters erreichen, in dem die kleine Gebetshausinitiative ihre nicht unstattlichen Räumlichkeiten gefunden hat. Ich habe Giuseppe Conte ein Jahr zuvor auf unserer MEHR-Konferenz kennengelernt, bei der sich Leiter von Gebetshäusern aus ganz Europa getroffen haben. Er hat am Klavier Lobpreis geleitet: die unnachahmliche Mischung von musikalisch sehr professionellem Lobpreis im Italopop-Stil und der Salbung eines Menschen, der Gott persönlich kennt. Betroffenheit und Tränen überall im Raum, als Giuseppe von der Entstehung des Gebetshauses in Caserta erzählte, die erst Wochen zurücklag. Bei der Geburt seiner kleinen Tochter gab es plötzlich Komplikationen. Innerhalb weniger Stunden war seine Frau gestorben, das Kind überlebte. In einer Aufwallung von Mitgefühl und Glauben für ein Wunder versammelten sich Beter und Lobpreiser aus ganz Italien um das Bett der gerade Verstorbenen. Würde Gott sie von den Toten erwecken?

Bei Tag und Nacht wurde gebetet. Dieses Wunder blieb aus ... Doch ein anderes ereignete sich in der Dissonanz von Herrlichkeit und Leiden. Zu keiner Stunde des Tages war das Gebet verstummt – als die Frau im Sterben lag und als sie dann tot war. Und schließlich stand bei allen die Frage im Raum: Weshalb sollten wir aufhören? So entstand die Vision, im Herzen Italiens bei Tag und bei Nacht das Lob Gottes erschallen zu lassen.

Als ich als Katholik in einem katholischen Land diesen aufrichtigen freikirchlichen Christen dienen darf, die sich danach sehnen, dass Christen aller Konfessionen dazukommen, um inmitten der Korruption und Prostitution Neapels das Gebet nicht mehr abbrechen zu lassen, werden Jutta und ich von tiefer Ehrfurcht erfüllt. Die Wunden bleiben und die Tränen bleiben. Doch er singt sein schönes Lied inmitten des Moll und Dur unseres Lebens.

FEUERSTELLE

Welche leidvollen Erfahrungen haben Sie bisher in Ihrem Leben gemacht? Schreiben Sie sie auf und laden Sie Gott dorthinein ein. Bitte nehmen Sie sich Zeit für einen solchen Schritt, denn wenn er ehrlich vollzogen wird, werden dabei wahrscheinlich auch Schmerz und Tränen frei. Das ist gut so.

Fragen Sie sich nun im Gebet: Haben Sie diese Situation schon losgelassen? Bitte bedenken Sie, dass Loslassen nicht bedeutet, keinen Schmerz mehr zu empfinden. Es bedeutet auch nicht, das Geschehene als gerecht oder gar gut zu bezeichnen. Doch es bedeutet, Gott die Chance zu geben, sich als jemand zu erweisen, der auch aus den tiefsten Miseren des menschlichen Lebens noch etwas Schönes machen kann.

Sind Sie zu diesem Schritt noch nicht bereit, dann ist es wichtig, das anzuerkennen. Bedrängen Sie sich in diesem Fall nicht selbst. Die Zeit wird kommen, wo Sie spüren, dass im Loslassen Freiheit und Frieden liegen. Wenn Sie dafür bereit sind, können Sie das schriftlich Gott gegenüber ausdrücken. Und vielleicht hilft Ihnen auch eine äußere Geste wie das Besuchen eines Grabes, das Zurückgeben eines Gegenstandes, das Ablegen eines symbolischen Steines vor einem Wegkreuz, das Anzünden einer Kerze in einer Kirche ...

DIE GROSSE REISE
GEBET UND DIE EWIGKEIT

NICHT VON DIESER WELT
Karyes, Berg Athos, Griechenland, August 2001
Er spricht perfektes Englisch, auch wenn er aussieht, als stamme er direkt aus dem Mittelalter oder einem historischen Film. Und er ist einer der ersten Mönche, die wir auf dem Berg Athos treffen. Auf dem Rücken nur Rucksäcke, in den Taschen das kostbare Diamonitirion – das für maximal zehn Nichtorthodoxe pro Tag vorbehaltene Pilgervisum für diesen ungewöhnlichsten Staat der Welt. Nur per Schiff und nur für Männer erreichbar ist der östlichste Finger Chalkidikis, eine eigene Nation inmitten Griechenlands. Und sie besteht nur aus orthodoxen Mönchen. Etwa 2000 davon. Die dicht bewaldete, geradezu urtümliche Berg-Halbinsel gleicht keinem anderen Flecken in Europa. Es gibt nicht nur keine Frauen. Es gibt auch kein Straßennetz, keine Werbung, keinen Fernseher, nicht einmal säkulare Musik. Ein Ort wie nicht von dieser Welt, der ganz anderen Gesetzen folgt.

Keine Hotels, keine Restaurants, kein Fleisch. Dafür gibt es Klöster. An Klippen klebende, von blauen Kuppeln gekrönte, windschiefe, mittelalterlichen Burgen ähnelnde, von schwarzen Pinien gesäumte, mit Holzbalkonen verzierte, baufällige oder auch liebevoll restaurierte Klöster. Hunderte von Mönche leben in ihnen und in den vielen Skiti (Einsiedeleien) der Insel ein Leben der Entsagung und des Gebets wie andere vor ihnen schon vor Hunderten von Jahren. Mehrmals habe ich den Athos besucht und erwandert. Pilgernd von Kloster zu Kloster. Schwitzend und betend.

Niemals werde ich die Klänge des Athos vergessen. Das Summen der Insekten. Das Rauschen des Meeres. Und ansonsten: Stille in den vielen Stunden auf den kleinen, uralten Pfaden, die uns von Kloster zu Kloster führen.

Die Gesänge. Das Schellen der Glöckchen an den Rauchfässern. Das morgendliche Klopfen an der Tür, das die Pilger zum Gebet weckt. Das Klopfen des Klangholzes, das anstelle von Glocken in die Kirche ruft.

Und niemals werde ich die Gerüche des Athos vergessen. Allem voran: Weihrauch. Viel Weihrauch. Kerzen, die in dunklen Kapellen flackernde Lichtschatten auf die Ikonen werfen. Öllampen. Die Gerüche des athonitischen Essens schließlich: Oliven, fettiger Auberginenauflauf, grobes Brot und starker Weißwein. Außerdem: die unnachahmliche Kombination aus byzantinischem Mokka (keinesfalls „türkischem", obwohl es dasselbe ist), dem scharfen Tresterschnaps Tsipouro, dem Loukoumi (einer nach Rosenwasser schmeckenden Geleesüßigkeit) und Wasser. In jedem Kloster werden dem Ankommenden diese traditionellen Gaben der Gastlichkeit zuteil.

ALLEM GESTORBEN

Er ist also der erste Mönch, den wir in Kayres treffen. Nur ein kurzes Gespräch entspannt sich, denn wir wollen noch vor Einbruch der Nacht bis nach Philotheou gewandert sein. Woher wir kommen. Und wie wir heißen. Wir erwidern die Frage: woher er komme. In perfektem Englisch antwortet er: „I am from Athos." Nun, da dies ja sehr offensichtlich ist, haken wir nach: wo er geboren sei und früher gelebt habe. USA? Noch einmal wiederholt er: „from Athos", und fügt erklärend hinzu: „Wir haben mit dem früheren Leben abgeschlossen, sind ihm gestorben und führen ein neues Leben hier. Wir wollen uns nicht einmal an das frühere erinnern, damit der Teufel uns nicht durch diese Gedanken verlocken kann."

Wie vom Donner gerührt hören wir diese Aussage unglaublicher Radikalität. Hier leben Hunderte von jungen und alten Männern, die ihre frühere Heimat und ihre Mutter niemals wieder gesehen haben. Ja, die größtenteils überhaupt nie wieder Frauen gesehen haben! Und die stattdessen morgens um 2 oder 3 Uhr aufstehen, um das Jesusgebet zu beten und danach mehrere Stunden in der Kirche an der Liturgie teilzunehmen. Die an etwa 200 Tagen des Jahres fasten. Und deren Leben mehr in der Ewigkeit stattfindet als auf Erden.

Die schwarzen Kutten tragen sie in Erinnerung daran, dass sie dieser Welt gestorben sind. Wie befremdlich und zugleich lehrreich! Sind wir Christen nicht ebenso Bürger einer anderen Welt, dem rein Irdischen gestorben? Doch wie wenig prägt diese geistliche Wahrheit unser normales Leben ...

Die Entschiedenheit des Athos hat auf mich nicht einschüchternd gewirkt, sondern anspornend. Wo sind heute Menschen, für die die Nachfolge Jesu nicht nur eine Hilfe bei der Bewältigung ihres Alltags darstellt, sondern ein Alles-auf-eine-Karte-Setzen? Wo sind heute Menschen, die sich ganz in Gott verlieren? Und was heißt das eigentlich? Das wiederum ist mir einige Jahre zuvor schon klar geworden ...

AUF ÜBERWUCHERTEN PFADEN
Qadishatal, Libanon, Oktober 1999

Frühmorgens bin ich aufgebrochen. Die Nacht habe ich in einer Abstellkammer voller Gerümpel zugebracht, die mir der Ortspfarrer großzügig als Bleibe zur Verfügung gestellt hat. Von Bcharreh, hoch im Libanongebirge, führt eine sich windende Straße hinab in das Qadisha-Tal. Das heilige Tal. Allein bis hierher zu kommen, trampend und in Sammeltaxis, ist ein Abenteuer gewesen. In Syrien habe ich mir eine Darminfektion geholt, und deshalb kümmert es mich wenig, dass ich nur trockenes Fladenbrot und zwei Bananen als Proviant dabeihabe.

Ich will das Tal durchwandern. Qadisha ist ein etwa 40 Kilometer langer Canyon, dessen Ränder an den steilsten Stellen bis zu 200 Meter in die Höhe ragen. Darüber: die kahlen Gebirgszüge des Libanon, dort, wo es bis heute die majestätischen Zedern gibt. Ich gehe stundenlang, ganz allein. Immer tiefer in das Tal. Eine Karte habe ich nicht, doch irgendwo habe ich erfahren, dass es einen Weg aus dem Tal zurück in Richtung Ehden gebe. Verlassene Klöster und Einsiedeleien säumen den Weg. Es scheint ein schöner Wandertag zu werden. Noch ahne ich nicht, dass ich in eine durchaus brenzlige Lage spaziere. Etliche Stunden lang bin ich schon gegangen. Habe ich die Einsamkeit anfangs nur genossen, ergreift mich die totale Verlassenheit dieses Ortes nach und nach jedoch auch ein wenig von ihrer unheimlichen Seite. Irgendwann beginne ich mich nach einem Zeichen von Zivilisation oder einem anderen Menschen zu sehen. Stattdessen: wilde, urtümliche Natur und ein immer tieferes Tal.

Am Nachmittag ziehen Wolken auf. Die Temperatur beginnt zu fallen und das kluftreiche Tal hüllte sich nach und nach in Nebel. Es wird richtig kühl und auch nach 6-stündigem Fußmarsch ist ein Ausweg aus dem Canyon nirgends in Sicht. Nicht nur sind alle Klöster ruinös und verlassen, ich bin auch sonst seit Stunden keinem Zeichen aktiver menschlicher Besiedlung mehr begegnet. Kälte zieht durch meine leichte Baumwollkleidung, und mit Bangen rechne ich aus, dass das Tageslicht bei Weitem nicht mehr für den Rückweg reichen wird. Doch wie soll ich im Dunkeln und in der Kälte den Weg zurück finden? Ich bin tief in das immer tiefer werdende Tal geraten, umgeben von ungezähmter Natur.

Da plötzlich Hoffnung: hoch oben in den Felsen ein Kloster! Es sieht intakt aus. Vielleicht wohnt dort noch jemand? Eine Wegweisung oder vielleicht sogar eine Unterkunft? Der steile Weg, dem ich folge, windet sich höher und höher bis zur Pforte. Aufflammende Hoffnung. Ich klopfe gegen die Tür. Die Schläge verhallen. Durch eine Ritze spähe ich ins Innere: Das Kloster ist verlassen und verschlossen. Panische Angst ergreift mich: Schwere Wolken liegen über dem oberen Rand des Tals, sein Ende kann ich schon nicht mehr sehen und es wird langsam dunkel. Nachts wird es bitterkalt, wenn es Oktober ist und man auf beinahe 2000 Höhenmetern ist ... Ich schreie zu Gott. Ich bete Psalm 23: „Muss ich auch wandeln in finsterer Schlucht ...", und stürze kopflos den Weg zurück. Doch wohin nun? Die Talsohle liegt tief unter mir.

Plötzlich, nur wenige Schritte vom Klostertor entfernt, erblicke ich einen roten Pfeil, der auf die Steinwand gemalt ist. Nur ein kleiner Farbklecks, direkt neben dem Weg. Ein steiler Pfad scheint direkt in die Felswand zu führen: Wie habe ich ihn vorher übersehen können? Und ja, da ist eine Stufe und hier eine Felszacke, auf die man treten kann ...

Ich muss auf allen vieren klettern. Hinter mir die klaffende Tiefe steige ich höher und höher ... Doch endlich ein Weg, endlich Hoffnung. Felsabsatz nach Felsabsatz komme ich dem nebligen Rand der Klippen näher. Ich atme schwer. Eine letzte steile Passage und plötzlich … Wellen der Erleichterung: ebene Erde, weiter hinten sogar ein Haus, dahinter eine Straße. Die große Freude, flaches Land unter den Sandalen zu spüren. Erschöpft schleppe ich mich die letzten Meter zu einer schmalen Teerstraße. Dem ersten Fahrzeug, das vorbeikommt, winke ich verzweifelt zu. Es ist ein Militärjeep, der mich hinten auf seiner Ladefläche Platz nehmen lässt. Er bringt mich nach Bcharreh, das ich erreiche, als die Nacht gerade hereinbricht. Gerettet.

Erst als ich später am Abend bei einer Portion libanesischer Mezze (gemischter Vorspeisen) sitze, finde ich die Zeit, zu reflektieren. Noch sitzt mir der Schreck ein wenig in den Knochen, doch auch die Dankbarkeit. Und nun beginnt das Staunen: Dieses heute verlassene Tal war im 4. und 5. Jahrhundert eines der Hauptzentren des östlichen Einsiedlertums. Bis hierhin – in diese unwirtlichen Gebirgsregionen – zogen sich die Beter zurück, um Gott in der Einsamkeit zu suchen. Und zwar zu Hunderten! Sie gaben diesem Tal den Namen „Qadisha": „das Heilige". Und haben sich die abgelegenste Region ausgesucht, die man sich vorstellen kann. Sie haben sich buchstäblich in Gott verloren. Ich selbst bin heute fast verloren gegangen in der Wildnis des heiligen Tales …

Ich tauche ein Stück Fladenbrot in die Tahina und frage mich: Wo sind heute Menschen, die so verloren in Gott sind, dass sie einen Lebensweg wählen wie jene alten, nun verstorbenen Bewohner von Qadisha? Wird es auch heute Menschen geben, die sich auf überwucherten, mitunter gefährlichen Pfaden auf die große Suche nach Gott begeben?

GEMISCHTES

Einige Stunden weiter westlich. So oft sind wir im Morgengrauen aufgebrochen und haben den Tag schweigend und betend in der urwüchsigen Landschaft des Athos wandernd verbracht. Immer wieder fanden wir freundliche Aufnahme in einem Skiti oder Kloster. Ein einfaches Nachtlager erwartete uns stets irgendwo. Genau wie ein starker, nach Kardamom schmeckender Kaffee nach einer langen Liturgie. Und auch wenn der Pilger bisweilen nur ein Mahl aus Wassermelone und trockenem Brot vorfand, weil wieder einmal ein Fastentag war, blieb stets der Geschmack von einem Leben in mir zurück, das meine eigenen westlichen Gewohnheiten ganz grundlegend infrage stellte.

Ja, die Klöster der Ostkirchen! Ich habe auf dem Athos viel Eindrucksvolles und viel Seltsames erlebt. Viel Lebendiges und Schönes, doch auch Verstocktes und Enges. Abendfüllende Diskussionen mit von orthodoxem Missionseifer beseelten Mönchen, die potenzielle Konvertiten in uns witterten, im Gebet durchwachte Nächte, Furcht und Schrecken, als wir wegen eines Sturmes auf der Insel festhingen und den Rückflug verpassten ...

Doch die Berührung mit einer Lebensform, die in Gott verloren ist, in der sich alles nur um Gott dreht, hat eine so tiefe Spur in mir hinterlassen, dass sie Teil meiner persönlichen Definition von radikalem Christsein wurde.

DIE ERSTEN ZEILEN

Wieder einmal erreichen wir ein Kloster. Diesmal im Spätherbst. Wir sind mit einem kleinen Boot von Ierissos gekommen. Am Nachmittag sind wir den kurvigen Wanderwegen an der Küste entlang von Esphigmenou nach Vatopedi gefolgt. Unter uns das azurblau glitzernde Meer und die majestätische Stille des heiligen Berges. Und nun stehen wir nach der Vesper am gepflasterten Platz vor der Kirche neben den schwarzen Zypressen und sprechen mit einem bärtigen (das ist kein besonderes Kennzeichen, alle haben dort Bärte) Mönch über das Leben im Kloster. Es ergebe keinen Sinn auf der Welt. Es ergebe keinen Sinn, wenn man nur das Irdische im Sinn habe. Er deutet auf sein dickes, schwarzes Gebetbuch. Das hier sei das Leben auf der Erde, sagt er und schlägt die erste Seite auf. Seine Finger fahren über die erste Zeile. Nur das hier. Und der Rest, die anderen Zeilen der ersten Seite und die weiteren Hunderten Seiten – ja, das sei das Leben in der Ewigkeit. Und nur um dieses ginge es. Der Mönch sei ein Heimatloser, der für die Ewigkeit lebe. Wie radikal ist das, was er da sagt. Und wie wahr.

Wie sähe ein Leben aus, das wirklich nach solchen Grundsätzen lebt? Wie sähe mein Tag aus, wenn ich nach vollkommen anderen Gesetzen leben würde? Es wäre das Leben, das in der Bergpredigt beschrieben wird. Alles, worüber Jesus in diesem Grundsatzprogramm seiner Nachfolge spricht (Matthäus 5–7), handelt von einem Lebensstil, der nur im Licht der Ewigkeit einen Sinn ergibt! Welchen Sinn macht es, Böses mit Gutem zu vergelten, wenn es keine Gerechtigkeit über den Tod hinaus gibt? Welchen Sinn macht es, Treue und Reinheit in der Sexualität – bis hinein in Blicke und Gedanken – zu bewahren, wenn das Leben doch kurz ist und genossen werden will? Welchen Sinn macht es, Zeit mit Beten und Studium des Wortes Gottes zu verschwenden, wenn das Leben nur Fressen und Gefressenwerden ist? Ja, das christliche Leben auf der Erde ist gut zusammengefasst in dem Bildwort von der ersten Zeile des Buches. Alle Großartigkeit, doch auch alles Leid des irdischen Lebens verlieren ihr Gewicht im Blick auf die Ewigkeit. *Ewigkeit*. Ein Ozean ohne Küste. Ein Raum ohne Wände und Boden. Ein Zeitstrahl, der nach rechts nicht mehr aufhört ... 10 000 Jahre ... 1 000 000 000 000 Jahre ... 10 000 000 000 000 000 000 Jahre ...

Tatsächlich kann das die Lektion des Athos sein: ein Ort, der nur für die Ewigkeit lebt, der an die Ewigkeit erinnert und den Gesetzen dieses Zeitlaufs entzogen ist. Sehnsucht nach dieser Ewigkeit haben sie in mir geweckt, meine Besuche auf dem heiligen Berg der Orthodoxie und jene verlassenen Klöster im Libanon. Doch nicht nur danach: Sehnsucht auch nach einem *Ort*, an dem das Gestalt annimmt. So viele gute Bücher und Ideen gibt es schon. In mir wuchs die Frage: Wo sind Orte, an denen genau ein solches allen irdischen Plausibilitäten widersprechendes Leben greifbar wird? Und wo sind Orte, die der Jugendkultur des 21. Jahrhunderts leichter zugänglich sind als die klippenbewehrte Halbinsel Chalkidikis, wo wir nachts die Wölfe heulen hörten, uns tagsüber im bergigen Dickicht verirrten und ängstlich beteten, weil der Sturm die dünnen Fenster des halb verfallenen russischen Klosters eindrückte, in dem wir übernachteten?

 **FEUERSTELLE**

Inwieweit prägt der Gedanke an die Ewigkeit Ihre Lebensentscheidungen? Nehmen Sie sich etwas Zeit im Gebet, und stellen Sie sich vor, Sie stünden vor dem Richterstuhl Jesu. Dies soll keine bedrohliche Szene sein, sondern eine realistische. Der Moment wird kommen, an dem unser Leben in seinem ganzen Ausmaß der liebenden, aber zutiefst wahrhaftigen Evaluation durch die Augen Jesu unterzogen wird. Alles, was Stroh, Heu und Lehm war, wird dann verbrennen. Und nur das Echte wird bleiben (1. Korinther 3,11-13). Wie beurteilen Sie aus der Vorstellung dieser Perspektive heraus Ihre jetzigen Lebensentscheidungen? Was würden Sie anders machen wollen? Sicherlich werden Sie vor dem Richterstuhl Christi nicht wünschen, Sie hätten mehr ferngesehen. Sie sind für die Ewigkeit erschaffen. Welche Entscheidungen wollen Sie heute im Gebet treffen?

DIE UNERGRÜNDLICHE ZWIEBEL
GEBET UND DER CHARAKTER

SCHALE UM SCHALE

Chora Sfakion, Kreta, August 2007
Sie hört nie auf, mich in ihren Bann zu ziehen. Diese mediterrane Farbkombination schlechthin. Das dunkeltürkis glitzernde Meer und dieses explosive Knallgrün der frischen Pinienzweige. Ich liebe Pinien. Nichts kommt ihrem Geruch gleich, wenn er sich mit jenem der dunkel rauschenden Eukalyptusblätter mischt, irgendwo am südlichen Meer.

Der Blick ist atemberaubend: Die weißen Würfel des kleinen Dorfes schmiegen sich tief unter mir in die runde Bucht. Erst jetzt kommt ein angenehmer Wind auf. Der stundenlange Marsch ganz allein durch die Imbrosschlucht ist mühsam gewesen. Steine und die stechende Hitze. Schafe. Sich verengende, schlängelnde Felswände. Einsamkeit die meiste Zeit über. Dann öffnet sich der Steingang und geht in das Hügelland zum Meer hin über. Und nun der Blick auf die Südküste Kretas. Hier machte die letzte Schiffsreise des Paulus Station, bevor der Sturm ihr ein beinahe tödliches Ende bescherte. Weite, kurvige Küste tief unter mir. Der eiskalte Strom aus dem Wasserhahn bringt mein Leben zurück. In der schattigen Laube eines Cafés setze ich mich verschwitzt zur Rast. Der starke griechische Kaffee und die Teigtaschen mit Honig und Schafskäse, die hier „Tiropita Sfakiana" heißen. Vor mir aufgeschlagen: meine kleine schwarze Bibel, Begleiterin schon so vieler Reisen. Und das Grün, das Blau und das Ocker des Nachmittags. Eine Stunde lang scheint die Zeit stillzustehen. Schließlich gehe ich hinunter zum Hafen.

KAMPFBOMBER IM PARADIES

„Café Paradise", steht mit blauen Pinselstrichen auf eine grobe weiße Hauswand gemalt. Ein bisschen heruntergekommen, dieses Paradies, doch auch anmutig zwischen den Feigenblättern. Es ist so ruhig hier.

So schön und so friedlich. Das Dorf scheint zu schlummern. Alte Männer unter einem Kastanienbaum. Ruhig wiegen sich vertäute Boote im Hafen. Es hat immer etwas Beklemmendes, an wunderschönen Orten wie diesem jäh auf die Wunden der Vergangenheit zu stoßen. Kreta war im Zweiten Weltkrieg von Deutschen besetzt. Und ebenjener Hafen, der so friedlich in der Sonne glitzert, wurde von deutschen Fliegern beschossen. Viele Tote aufseiten der Alliierten. Schreckliche Bilder im Andenkenladen unten am Kai. Ich sinne nach. Über die Grausamkeit der Menschen. Über die Unbegreiflichkeit, wie ganz normale Leute in bestimmten Situationen so schreckliche Dinge tun können. Und was Gott darüber denkt. Ich grüble noch, als ich an der kleinen Busstation ankomme, die mich am späten Nachmittag wieder zurück auf die andere Seite der Insel und zu Frau und Kindern bringen soll.

An der Haltestelle warten schon einige Rucksacktouristen. Auch sie sind hier zu Fuß oder mit dem Schiff angekommen und warten nun auf den Bus in die Stadt. Den letzten Bus des Tages. Ringsum nichts als Einöde, nur eine einzige Straße führt über das Gebirge in dieses kleine Nest. Immer mehr Wanderer kommen an. Junge Australier mit bunten Rucksäcken. Zwei Franzosen. Nette Worte werden getauscht, von wo man komme und wohin man unterwegs sei. Doch wir werden immer mehr. Verstohlene Blicke verraten mir: Ich bin nicht der Einzige, der sich die Frage stellt, ob wohl noch alle in den Bus passen. Und was, wenn nicht alle reinpassen?

Der Strom an Touristen reißt nicht ab. Es werden 60, 70, 80. Und nun beginnt das Pokern. An welcher Stelle genau wird der Bus halten? Und wo werden sich die beiden Türen befinden? Schon beginnen die einen, ihre Rucksäcke dezent nach vorne zu schieben, um einen besseren Platz zu ergattern. Die anderen positionieren sich elegant auf der Seite, um gegebenenfalls noch schnell dazwischenspringen zu können. Tausend Gedanken schießen mir durch den Kopf. Was geschieht, wenn ich keinen Platz mehr im Bus bekomme? Ich habe kein Telefon. Jutta und die Kinder werden sich Sorgen machen. Ich habe kaum Geld, wo soll ich übernachten? Sollte ich nicht auch versuchen, mir einen besseren Platz zu sichern?

Mittlerweile beginnen einige Spätgekommene ganz ungeniert, sich nach vorne zu drängen. Keiner will seinen Flug verpassen, seine Nacht im Freien verbringen oder auch nur umplanen müssen. Ich auch nicht! Alles in mir schreit. Und obwohl ich innerlich dagegen rebelliere, spüre ich: Es wäre nicht richtig, mich vorzudrängen. Es wäre nicht richtig, in dieser Situation nicht auf Gott zu vertrauen. Es wäre richtig, den letzten Platz einzunehmen und einfach still zu beten …

Der Bus fährt ein. Es ist nur einer. Ein Schieben, Stoßen, Rennen und Drücken beginnt unter den Wartenden. Die eben noch so netten, zivilisierten Menschen werden zu richtigen Raufbolden. Der Bus hält etwa zehn Meter weiter rechts. Die Menge packt ihre Siebensachen und rennt los. Der eine überholt den anderen, schiebt sich nach vorne, rudert mit den Armen. Und ich bleibe stehen, innerlich voller Sorgen, aber auch voller Gewissheit, dass ich bei diesem Geringe nicht mitmachen darf. Der Bus kommt zum Stehen. Doch plötzlich das Unerwartete. Die Türen öffnen sich nicht, sondern der Fahrer legt den Rückwärtsgang ein. Der Bus wendet, fährt zurück und öffnet sich – *genau vor meinen Füßen*. Die Menge hastet panisch zurück, während ich ruhig einsteige und freie Platzwahl habe. Ich blicke mich in dem leeren Bus um. Ich staune …

Freilich geht die Geschichte ohnehin gut aus. Denn schon bald kommt ein zweiter Bus und alle können einsteigen. Auf der kurvenreichen Fahrt zurück durch das karste Bergland knüpfe ich an die Gedanken vom Hafen an. Was ist alles im Menschen und wie geht Gott damit um?

DER WEG DER ZWIEBEL

Die kleine Geschichte in Kreta hat mich viel gelehrt. Sie hat mich die Sache mit den Zwiebelschalen gelehrt. Eine Zwiebel besteht ja aus vielen Schichten. Und diese können ganz unterschiedlich aussehen! Auch der Mensch besteht aus vielen Schichten. Außen kann alles ganz schön erscheinen. Doch auf einer tieferen Ebene kann sich Fäulnis verbergen. Tatsächlich hat jeder von uns ein Problem mit dieser Fäulnis. Unter der äußeren Fassade von Zivilisation und Freundlichkeit verbirgt sich bei jedem von uns der blanke Egoismus. Der Egoismus, der sagt: Dräng dich vor! Der Egoismus, der sagt: Soll doch der andere zurückbleiben. Diese böse Grundhaltung freilich tritt nicht so schnell zutage. Es sind nur extreme Situationen, in denen sie sichtbar wird. Situationen von Panik, Angst und Leid sind wie das Häuten der Zwiebel: Die tieferen Schichten kommen zum Vorschein.

Authentisches geistliches Leben bedeutet nun nicht, die wahren Probleme zu kaschieren. Gott in seiner Güte erlaubt vielmehr, dass wir immer tiefer erkennen, dass das Problem nicht die anderen sind. In uns selbst sind Neid, Ehrsucht, Bitterkeit, Gier ... Und Gott lässt dies in seinem perfekten Zeitplan zum Vorschein kommen. Dabei helfen ihm die Erschütterungen des Lebens, die unvermeidbar sind. Und wenn es nur ein überfüllter Bus ist ...

Das Gebet ist wie ein Zeitraffer des sonstigen Lebens. Bin ich gehetzt, traurig oder eifersüchtig, kann ich das im Getriebe des Alltags leicht kaschieren. Doch in der Stille des Gebets kommt all das nach und nach zum Vorschein. Da ist Entmutigung eine naheliegende Versuchung. Entmutigung über so viel Ablenkung im Gebet. Empörung über so abartige Gedanken, über so böse Neigungen in meinem Herzen. Wo ich doch Gott und die Menschen lieben möchte, bin ich auf einmal mit so viel Negativem konfrontiert. Als ich an der Bushaltestelle betete, konnte ich sofort klar und deutlich die Tendenz meines Herzens erkennen, genauso um einen Platz zu kämpfen wie alle anderen, meinen eigenen Willen gegen den der Mitreisenden durchzusetzen. In mir war all das auch. Und handelte es sich nicht um einen Bus, sondern um Flucht, Bombardierung und Hungersnot – wer weiß, wozu auch ich in der Lage wäre!

Die Mutlosigkeit ist jedoch nicht die einzige Möglichkeit. Zunächst konfrontiert mich das Gebet – wie jedes Häuten einer Zwiebel – mit Dimensionen meiner eigenen Realität, die ich gerne verdrängen würde. Doch durch das Verdrängen gewinnt all das nur eine noch subtilere Macht. Das Erkennen der eigenen Schwäche im Gebet ist daher eine große Chance. Die Chance, in Demut seiner eigenen Verführbarkeit und Schwäche in die Augen zu sehen. Doch die Chance auch, zu erkennen, dass Gott mich ohnehin nicht aufgrund meiner Gutheit liebt. Denn er wusste all das schon zuvor. Er weiß schon jetzt, was sich in meiner Zwiebel noch alles verbirgt. Das geduldige Aushalten der eigenen Schwäche, ja, ein barmherziger Umgang mit mir selbst schützen vor der Verzweiflung im Gebet. Das ist natürlich keine Erlaubnis, Sünde nicht ernst zu nehmen. Wir müssen ihr den Krieg erklären und jeden Kompromiss mit ihr ablehnen. Es wird in diesem Bereich nie einen Waffenstillstand geben. Doch das, was mich im Letzten und bleibend und von innen heraus verändert, ist die liebende Annahme durch Gott. Und diese liebende Annahme lebt auch davon, dass ich mich in meiner eigenen Schwäche liebend annehme. Im Wissen, dass ich zwar Schritte der Nachfolge tun kann und soll, doch im Tiefsten nur die Berührung Gottes mein Herz verändern kann.

Der Mensch ist eine Zwiebel. Und Gott geht Schicht für Schicht tiefer. Denn es geht ihm um unser Herz. Und beim Gebet geht es Gott nicht um frommes Theater. Es geht ihm nur um unser Herz. Deshalb ist dieser Weg so schwierig. Und so schön. Und so reich.

ECHTE TRANSFORMATION

Langfristig geht es Gott nicht darum, dass wir einfach ein bisschen frömmer werden. Er führt nicht weniger im Schilde als eine komplette Veränderung unseres Herzens. Er möchte, dass aus unserem Herzen jene Frucht des Geistes fließt, von der Paulus in Galater 5,22 schreibt. Ich habe diese Stelle einmal neu und etwas frei übersetzt, damit vielleicht deutlicher wird, was sich unter staubigen Begriffen wie „Güte" und „Langmut" so alles verbirgt:

> *„Die Frucht des Geistes aber ist*
> *Liebe: spontane Zuneigung zu immer mehr Menschen,*
> *Freude: übersprudelnde Energie im einfach Dasein,*
> *Friede: innere Gelassenheit bei äußerem Stress,*
> *Langmut: die Fähigkeit, Unangenehmes beständig auszuhalten,*
> *Freundlichkeit: waches Interesse am anderen,*
> *Güte: In jeder Begegnung strahlt durch, dass ich den Wert der Menschen heilig achte,*

*Treue: zu meinem Wort stehen, auch wenn keiner es sieht,
Sanftmut: nichts erzwingen müssen,
Selbstbeherrschung: meine Gefühle ernst nehmen, aber ihnen nicht immer gehorchen."*

Die Frucht des Geistes muss ich mir nicht allein durch mühsame Vernunftentscheidungen herauspressen, sondern wird mehr und mehr zur verinnerlichten Grundhaltung in meinem Herzen. Das geht nur über eine Transformation meiner Gefühle. Und für diese brauche ich meine Mitmenschen. Denn niemand kann meine eigene Herzenshaltung so schlecht beurteilen wie ich selbst. Zu tief reichen die unbewussten Strategien unserer Selbsttäuschung. Zu sehr hindert mein eigener blinder Fleck mich daran, mein eigener Arzt zu sein. Ich brauche die anderen. Andere, denen ich von meinem eigenen Schatten angstfrei erzählen und die mir etwas objektiver Wahrheit zusprechen können. Das rettende Wort kann ich mir im Letzten nie selbst zusprechen.

Diese Erkenntnis ist die eigentliche hinter der uralten Praxis der Beichte, die in der katholischen und auch (auf etwas andere Weise) in der lutherischen Tradition gelebt wird. Ich stelle mich ins Licht, indem ich dem dafür beauftragten Diener des Leibes Jesu stellvertretend für die ganze Kirche meine dunklen Seiten offenlege. „Wenn wir im Licht leben, reinigt uns das Blut Jesu", schreibt Johannes (1. Johannes 1,7). In der Beichte wird das ganz konkret erfahrbar. Und auch die Vergebung (die mir natürlich nicht der Beichtvater spendet, sondern die er mir von Jesus her zuspricht) kann ich mir nicht selbst erleisten, sie wird mir geschenkt und objektiv gültig über mir erklärt.

Doch auch wem die Form der sakramentalen Beichte fremd ist, steht das grundsätzliche Prinzip offen. Ich brauche das Feedback meiner Brüder und Schwestern, die mich auf meine eigenen faulen Zwiebelschalen hinweisen. Und nicht selten brauche ich auch den Rat eines geistlichen Begleiters, Seelsorgers oder Therapeuten, um den Balken in meinem eigenen Auge zu erkennen.

Es ist ganz normal, dass sich die Zwiebelschalen schneller häuten, wenn man betet. Intensive geistliche Gemeinschaft, Beichte und Begleitung sind deshalb wichtige Bestandteile eines reifenden Gebetslebens, in dem es nicht nur um spirituelle Neugierde geht, sondern um eine Transformation auf Herzensebene.

FEUERSTELLE

Das Dumme an unseren charakterlichen Schwächen ist, dass wir sie selbst nicht sehen. Oder besser gesagt: Das, was ich selbst sehe, ist meistens nicht das Problem. Das Problem beginnt mit den Dingen, die ich einfach deshalb nicht sehe, weil mein eigener blinder Fleck sie mir verdeckt. Hier hilft nur eins: das Feedback von anderen.

Normalerweise reagieren Menschen nicht gerade erfreut, wenn ihnen jemand sagt, was er an ihm oder ihr nicht gut findet. Doch wenn ich die Haltung ausstrahle, Kritik als Beleidigung zu empfinden, werden Mitmenschen ihre Irritation einfach nur nicht äußern. Sie werden trotzdem Dinge an mir wahrnehmen, die nicht gut sind. Sie werden aber nicht mit mir darüber reden, sondern sich im besten Falle nur ihren Teil denken, im wahrscheinlichsten Falle aber mit anderen darüber reden.

Nun meine Frage an Sie: Gibt es Menschen in Ihrem Umfeld, bei denen Sie wissen, dass sie Ihnen tatsächlich die Wahrheit sagen? Auch die unangenehme Wahrheit, dass Sie etwas verändern müssen? Stellen Sie sich vor, Sie verbrächten einen ganzen Tag im Büro und würden erst am Abend entdecken, dass Sie Schnittlauch zwischen den Schneidezähnen hatten. Niemand Ihrer zahlreichen Gesprächspartner hat Sie im Laufe des Tages darauf hingewiesen ... Nicht gerade ein erfreulicher Gedanke! Doch genauso werden Menschen sich Ihnen gegenüber verhalten, wenn Sie ihnen nicht (ausgesprochen oder einfach nur atmosphärisch) die Erlaubnis geben, Ihnen offen ihre Wahrnehmungen zu spiegeln.

Eine Praxisidee: Ermutigen Sie zwei bis drei Personen in Ihrer Umgebung, Ihnen wirklich und aufrichtig zu sagen, was ihnen an Ihrem Verhalten auffällt. Solche Wahrheit zu akzeptieren, ist nicht gerade einfach. Um genau zu sein, ist es tatsächlich ein schwieriger Weg der Demut. Doch es ist der Weg der Transformation.

Ein weiterer Praxistipp: in der Beichte oder einem seelsorgerlichen Gespräch einmal wirklich die „dunklen Schalen der Zwiebel" ins Licht zu bringen. Sie werden sehen, dass die Wahrheit frei macht (Johannes 8,32). Es gibt kein Wachstum im Gebet ohne Wahrheit – auf allen Schichten der Zwiebel.

DIE ÜBERWÄLTIGUNG
GEBET UND FASZINATION

GETROFFEN VON DER DEMUT JESU
Wald bei Augsburg, Herbst 2007
Gelbes Licht fällt durch das bunte Laub. Noch summen die Insekten, noch ist der Boden trocken genug, dass ich einen Sitzplatz finde und meinen Laptop auf meinen Knien aufklappen kann. Hier sitze ich nun und bereite mich vor.

Das Gebetshaus-Abenteuer hat begonnen. Woche für Woche lehre ich nun für unsere Mitarbeiter in einer kleinen Kapelle. Doch es kommen nicht nur die Mitarbeiter, sondern immer mehr Besucher aus der ganzen Stadt.

Und ich halte meine erste Lehrserie. Sie trägt den Titel „Die Herrlichkeit Christi" und handelt von – Jesus. Die meisten Tage außer Donnerstag verwende ich dafür, die Predigt für Donnerstagabend vorzubereiten. Immer wieder mit dem Rad durch den Siebentischwald in den Lesesaal der Unibibliothek. Und dort stundenlang studieren und schreiben. Oder an den See, in den Wald, versunken in das schönste aller Themen. Gerade beschäftige ich mich mit der Präexistenz Christi. Was hat der Sohn Gottes eigentlich so getan, bevor er Mensch wurde? Dieses Thema zieht mich in seinen Bann. Wie muss es für Gott gewesen sein, sich in die Begrenzungen menschlicher Existenz hinabzugeben? Und weshalb tat er es? Was war sein Plan? Plötzlich entsteht eine kleine Geschichte auf meinem Laptop.

Jeden Tag sitzt das Bettelmädchen an der Straßenecke. Ihre Kleider haben braune Ränder, sie hat keine Schuhe an ihren schmutzigen Füßen. Passanten trotten vorbei und würdigen sie kaum eines Blickes. Doch heute ist alles anders. Heute hat sie all das vergessen.

Begonnen hat es am späten Vormittag. Da kam dieser junge Bettler. Sie kannte ihn nicht, er war weder von diesem noch von jenem Clan, um den sie wusste.

Zunächst etwas schüchtern, dann von bestimmter Freundlichkeit begann er, mit ihr zu sprechen. Wer bist du? Woher kommst du? Wo wohnst du? Komm und sieh!
Er setzt sich neben sie in den Staub der Straße. Er ist freundlich, liebevoll, bescheiden und seine feinen Gesichtszüge tragen trotz der Armseligkeit seiner Erscheinung eine gewisse Eleganz. Er begegnet ihr mit einer Ehrerbietung und Zärtlichkeit, die das an das raue Straßenleben gewöhnte Bettlermädchen nicht kennt. In seiner Gegenwart fühlt sie sich geliebt, wertvoll und voll Bestimmung – wie noch nie zuvor in ihrem Leben. Er spricht zu ihr von einem anderen Leben, von wunderbaren Orten, an die sie gemeinsam gehen können, von einer großen Zukunft. Kann sie ihm glauben?
Alles an diesem Bettler zieht das Mädchen an. Schon bald erwachen zarte Gefühle in ihr. Nun teilen sie ihr Bettelleben, Tag für Tag. Nach glücklichen Wochen der Kameradschaft jedoch ein befremdliches Ereignis. Der Freund schläft. Hat er vielleicht noch den Rest des Brotes, der von gestern übrig ist? Sie nähert sich seinem Umhängesack und beginnt, in seinen ausgebeulten Seitentaschen zu kramen. Doch da, was ist das? Zwischen den kümmerlichen Habseligkeiten ihres Freundes alte Fotografien. Eigenartige Bilder, die ihn zeigen. Doch befremdlich gekleidet ... Er trägt eine Paradeuniform. Er steht umgeben von prächtig gekleideten Generälen, Herren und Damen. Ein Foto zeigt ihn vor einem Schloss, eines hoch zu Ross. Eines auf einer Tribüne, von einer ihm huldigenden Volksmenge umgeben. Eines zeigt ihn nach siegreicher Schlacht heimkehrend, umgeben von seinen jubelnden Truppen. Ein anderes vor einer reich gedeckten Tafel voll der erlesensten Köstlichkeiten.
Während er schläft, blickt das Mädchen verstohlen auf seinen Freund. Seine feinen Gesichtszüge gleichen exakt jenen auf den Bildern. Und doch ist seine Kleidung die eines Bettlers. Trotzdem ... könnte es sein?
Erinnerungen dämmern herauf. Damals, als die königliche Armee durch das kleine Städtchen zog und der Thronfolger an der Seite des Königs ritt und ihr Blick für einen Augenblick auf den noch jugendlichen Prinzen fiel ... Könnte es sein, dass es jenes Gesicht war, in das sie auch jetzt blickt? Unglauben durchzuckt sie. Das ist doch ihr Freund,

der Tag für Tag neben ihr bettelte. Mit dem sie das angeschimmelte Brot teilte, der nachts fror wie sie und dessen Kleider nur wenig zerlumpter waren als ihre. Er, der von den Passanten mit ebenjenen verächtlichen Blicken bedacht wurde, die auch sie trafen. Er, den die gleichen Schimpfwörter an den Kopf geworfen wurden wie ihr. Er, der neben ihr im Kot der Straße saß. Doch was hatte den Königssohn bewogen, die Pracht seines Thrones zu verlassen und zu einem Bettler zu werden? War er in Ungnade gefallen?

Da durchzuckt plötzlich ein Lächeln das Gesicht des Schlafenden. Träumt er? Nicht erwachend, im Halbschlaf, hört sie ihren Freund murmeln: „Vater, ich zog aus, eine Braut heimzuführen."

GETROFFEN VON DER MAJESTÄT DES LÖWEN

Jahre später. Ich sitze im Gebetsraum und bereite mich auf die Vorträge unserer MEHR-Konferenz im Januar 2013 vor, zu der wir 3000 Besucher erwarten. Seit Wochen studiere ich das Gespräch Jesu am Jakobsbrunnen: Johannes 4. Und wie schon so oft empfinde ich diese alles einnehmende Faszination für die Gestalt Jesu. Sie ist es, die mich wieder und wieder und immer tiefer ins Gebet zieht. Doch heute ist es nicht die zarte Demut des Menschgewordenen. Heute ist es nicht die Barmherzigkeit dessen, der sich der Ehebrecherin an der Wasserstelle mit solcher Freundlichkeit nähert. Meine Blicke bleiben haften an dem einfachen Ausspruch: „Wenn du wüsstest, wer es ist, der mit dir spricht, dann hättest du ihn gebeten ..." (vgl. Johannes 4,10).

Mit unüberwindbarem Gewicht steht diese Frage im Raum: Weiß *ich*, mit wem ich da spreche? Weiß ich um seine Macht? Oder unterschätze ich ihn auch? Freilich: Er ist der gute Freund. Er ist der Lehrer und der Erlöser. Doch er ist auch der Herr. Er ist der Richter. Er ist das Lamm, doch er ist auch der Löwe. Große Ehrfurcht packt mich. Er ist der Löwe. Ich beginne innerlich und schließlich auch äußerlich zu beben. Mir scheint, als könne ich den Atem des Löwen auf meiner Haut spüren, bedrohlich und liebevoll zugleich. Mir ist, als könnte ich in seine stechenden Augen blicken, die mich durchschauen. In wenigen Minuten schreibe ich nieder:

Wenn du ihn kenntest ...
Wenn du wüsstest, wer es ist, der mit dir spricht.
Weißt du, mit wem du sprichst?
Erkennst du, wer da vor dir steht?
Wenn du wüsstest, wer es ist, an den du glaubst ...
Wenn du wüsstest, wer es ist, mit dem du sprichst ...
Weißt du, wer das ist, den du als Herrn bekennst?
Mit wem du es zu tun hast?
Er ist der Unzähmbare. Der Unkontrollierbare. Der Unberechenbare.
Er wurde nicht kontrolliert durch seine Feinde.
Selbst die, die ihn zu verhaften gesandt waren, konnten sich der Macht seiner Worte zunächst nicht entziehen und kehrten unverrichteter Dinge wieder heim (Johannes 7,30).
Kennst du ihn?
Seine Feinde konnten ihn nicht zähmen.
Die Machthaber hatten so viel Angst vor ihm, dass sie ihn beseitigen mussten.
Wer ihn sah, begann zu weinen oder hob Steine auf vor Schrecken.
Er ist das Erdbeben.
Er war der Schrecken der Mächtigen seiner Zeit.
Er ist der Unbezwingbare.
Er lacht und sein Mund spottet ob der Pläne der Herrschenden.
Du kennst das Lamm Gottes, das die Sünde der Welt trägt?
Kennst du auch den Löwen von Juda, der am dritten Tag siegreich auferstand?
Weißt du, dass er heute lebt?
Das Feuer in seinen Augen ist seither nicht erloschen.
Seine Jünger spotteten der Todesdrohungen ihrer Richter, hatten sie ihn doch lebend gesehen.
Du kennst den gebrochenen Gottesknecht am Kreuz?
Weißt du, dass er lebt und gekrönt auf einem weißen Pferd wiederkommen wird?
Du hast vom Lamm gehört?
Doch weißt du, dass er ein Löwe ist?
Er hat das Herz eines Löwen.
Er hat den Blick eines Löwen.

Johannes fiel wie tot zu Boden, als er in seine Augen aus Feuer blickte (Offenbarung 1,17).
Er hat die Stimme eines Löwen.
Er hat die Entschiedenheit eines Löwen.
Wenn du ihn kenntest, mit dem du sprichst ...
Was traust du ihm zu?
Er ist der Unzähmbare. Der Unkontrollierbare. Der Unberechenbare.
Er wohnte in keinem Haus, gehörte zu keiner Partei und zu keinem Lager.
Das Einzige, von dem die Schrift explizit sagt, dass seine Hände es herstellten, war eine Peitsche für den Tempel (Johannes 2,15).
Er wird nicht begrenzt und nicht kontrolliert, nicht einmal durch seine Freunde. Nicht einmal durch seine Kirche. Er ist der Unberechenbare. Er ist die Sturmflut.
Kennst du ihn? Weißt du, mit wem du sprichst? Mit wem du es zu tun hast?
Er ist der radikal Glückliche. Sein erstes Wunder waren 600 Liter edler Wein für eine angetrunkene Partygesellschaft.
Du musst ihn nicht glücklich machen. Du musst ihn nicht trösten.
Er ist der radikal Gnädige. Auf der Suche nach einer Anbeterin in Geist und Wahrheit fädelt er ein Gespräch mit einer Ehebrecherin ein.
Du musst und kannst dir seine Gnade nicht verdienen, du musst ihm nicht imponieren.
Du meinst, deine Sünde könnte ihn stoppen? Du meinst, deine Schwäche sei zu groß für ihn? Er ist der Überwinder. Der siegreiche Löwe. Seine Entschiedenheit, dich zu lieben, ist größer als deine Lauheit.
Er ist so anders.
Es hatte einen Grund, dass er seine Hand auf Johannes' Schulter legte und „Fürchte dich nicht!" sagte.
Wer ihn sieht, erbebt.
Wer seine Hand auf seiner Schulter spürt, die durchbohrte, betet an. Ihn, der uns geliebt und mit seinem Blut erlöst hat.

DIE QUELLE MEINER MOTIVATION

Die intensive Beschäftigung mit dem Leben Jesu wurde die entscheidende Quelle, die mich zum Gebet motivierte. Unser Start in Augsburg war ziemlich nüchtern: ein kleiner Raum in unserer kleinen Wohnung war unser erster Gebetsraum. Mit Blick auf Wohnblocks aus Beton. Wir begannen, fünf Stunden pro Tag zu beten. Die ersten drei Stunden ich, dann meine Frau, dann Julia. Erst nach und nach erfuhren andere davon und kamen dazu. Was mich in diesen Monaten also am Laufen hielt, war nicht die Aussicht auf irgendetwas Spektakuläres. Es war vielmehr die intensive Beschäftigung mit dem Leben und der Person Jesu. „Das Feuer der Leidenschaft wird zumeist aus dem Holz der Erkenntnis geschlagen" – dieser Satz von Hans Urs von Balthasar wurde zu meinem neuen Motto. Ich verschlang Bücher über Jesus. Studierte alles über ihn. Seine Präexistenz: dass er alles hatte und Gott war, doch Niedrigkeit und Erbärmlichkeit eines Menschenlebens wählte, um uns nahe zu sein. Die Radikalität der Menschwerdung: wahrer Gott, doch von einer menschlichen Mutter gestillt, weinend, schwitzend, lachend, essend und glaubend wie wir. Die Großzügigkeit seines Wesens. Und schließlich sein Leiden, sein Sterben, seine Auferstehung und seine sichere Wiederkunft. Wieder und wieder lernte ich diese Lektion: Es ist nicht unser Elan, sondern der Blick auf Jesus, der das Feuer fürs Gebet am Brennen hält. Es ist nicht unser guter Wille, sondern die Faszination für eine Person, in deren Augen Feuer brennt.

Tatsächlich motiviert nichts so nachhaltig wie eine echte Faszination. Wenn ich von einem Hobby, einem neuen Gerät oder einem Reiseziel fasziniert bin, dann verstreichen die Stunden wie im Flug. Ich verschlinge Bücher, gebe Geld aus, meine Augen leuchten, wenn ich darüber spreche, und ich kann es kaum erwarten, morgens zu erwachen, um das tun zu können, was mich begeistert. Jeder kennt das. Jeder Mensch ist fasziniert von etwas und kann sich begeistern. Diese Fähigkeit, sich für etwas leidenschaftlich entflammen zu lassen, hat Gott allein den Menschen eingebaut. Tiere haben nichts Vergleichbares. Sie tun das, was nötig ist, damit sie leben können. Doch nur Menschen begeistern sich für etwas, einfach nur weil es faszinierend ist, einfach nur weil es schön ist.

Was auch immer uns fasziniert – nichts ist vergleichbar mit der Faszination für eine Person. Das beginnt schon bei der schlichten Tatsache, dass Werbung, die Titelblätter von Zeitschriften und das Fernsehen mit den Gesichtern von Menschen arbeiten. Selbst Produkte und Ideen gewinnen ihre Faszination besonders dann, wenn wir einen Menschen sehen, der schön, interessant und begeistert aussieht. Am deutlichsten lernen wir, was Faszination ist, natürlich im Zauberreich der Liebe. Wer verliebt ist, zählt Zeit, Geld und Kraft nicht mehr. Jeder Gedanke gilt ihm oder ihr. Alles an ihm oder ihr wird erstrebenswert, Gegenstand der verträumten Betrachtung und kostbarster Schatz.

Leider erleben die meisten Christen zwar Faszination für alles mögliche Erschaffene, doch versäumen den größten Schatz, der ihnen gegeben ist. Denn das christliche Leben ist genau dies: die Faszination für eine Person. Es war genau das, was die ersten Jünger in den Bann schlug. Es war genau das, was die Menschen in Massen zu Jesus strömen ließ. Es war genau das, was die Märtyrer aller Zeiten bewog, nicht einmal den Tod zu fürchten: die Faszination der Person Jesu.

Wenn Johannes davon spricht, die Herrlichkeit Jesu gesehen zu haben (Johannes 1,14), dann ist das kein leblos-frommer Ausdruck, sondern bedeutet nichts anderes als eine Begegnung mit der Quelle aller Faszination. Denn der gleiche Gott, der die Fähigkeit, sich faszinieren zu lassen, in den Menschen gelegt hat, ist selbst Mensch geworden. Nichts fasziniert einen Menschen so sehr wie ein Mensch. Und nichts ist so faszinierend, so fesselnd, so abgrundtief überwältigend wie die Person Jesu Christi.

Wer Jesus kennenlernt, der wird von ihm fasziniert. Und wer von Jesus fasziniert ist, der will mehr von ihm. Der stellt nicht mehr die Frage, was er tun *muss*, um gut zu leben, und was er alles nicht *darf*. Sondern er fragt, was seine Liebe zu Jesus fördert und was sie behindert. Er fragt nicht, was das Minimum ist, das er geben muss (zum Beispiel an Zeit und Geld), um als guter Christ durchzugehen. Er fragt, was das Maximum ist, wie er dieser unendlichen Schönheit noch mehr Raum in seinem Leben geben kann. Das ist nichts Verwunderliches: Faszination funktioniert genau so. Die Quelle des christlichen Lebens ist die Faszination für Jesus.

LERNEN, ZU STAUNEN

Und nicht nur das christliche Leben allgemein nährt sich aus der Quelle der Faszination, sondern auch alles christliche Nachdenken und Lehren über Gott. Das Staunen ist der Anfang des Philosophierens. Etwas als nicht selbstverständlich zu erachten und sich die Zeit zu nehmen, sich wundernd stehen zu bleiben, anerkennend, dass man eigentlich noch nichts verstanden hat: Damit beginnt die Philosophie. Diesen Satz aus der Metaphysik des Aristoteles könnte man mit einiger Berechtigung auch auf die Theologie anwenden. Aller Anfang der Theologie nämlich ist ein Ereignis. Und das staunende, es nicht fassen könnende Betrachten der Ereignisse der Heilsgeschichte und der Versuch, sie rational irgendwie einzuholen, ist die zentrale Triebfeder der frühen theologischen Reflexion. Als die ersten Konzilien in ihren Bekenntnissen die bis heute entscheidenden Lehraussagen über Jesus Christus formulierten, waren diesen schon Jahrhunderte vorausgegangen, in denen diese Geheimnisse erahnt, angebetet und mit dem Blut bezeugt worden waren. Das Staunen war der Anfang der Theologie.

Doch wie geht es uns heute mit diesen Lehraussagen über Jesus? Wie geht es uns mit der Lehre über die Person Jesu Christi? Zum Beispiel dem urchristlichen Dogma, dass er wahrer Mensch und wahrer Gott ist? Diese Aussage ist Grundlage des christlichen Bekenntnisses. Doch wer glaubt sie eigentlich noch?

Manch ein gut meinender Durchschnittschrist, der keinem etwas Böses will, stimmt mit dem religiös Indifferenten überein: Sicherlich ist Jesus ein großer Lehrer gewesen. Seine Botschaft handelte vom Weltfrieden und der Mitmenschlichkeit. Ein toleranter Gutmensch. Ein antiker Dalai Lama vielleicht. Die Aussage, dass Jesus wirklich menschgewordener Gott (der einzige dieser Art!) und der (einzige!) Weg, die Wahrheit (und nicht nur eine unter Vielen) und das Leben selbst sei, klingt geradezu politisch inkorrekt in den Ohren mancher „aufgeklärter" Christen des 21. Jahrhunderts. Sie stimmen darin mit der allgegenwärtigen Mainstreamreligion unserer Gesellschaft überein: dem dogmatischen Säkularismus, der jeden Anspruch, im Zusammenhang mit religiösen Einstellungen über „objektiv wahr oder falsch" zu sprechen, als faschistoide Unanständigkeit von sich weist.

Gott greift nicht in die Welt ein. Denn entweder gibt es ihn gar nicht oder er ist so etwas wie ein universales Prinzip. Und am Ende hat, ganz treu nach Lessings berühmter Ringparabel, irgendwie jeder in gleichem Maße dann doch unrecht. Etwas anderes zu behaupten fühlt sich beinahe an wie Bombenlegen.

Von der kirchlichen Szene nur am Rande bemerkt, überschwemmt eine Sicht von Jesus als bloßem Menschen die Marktplätze des Internets. Islamische Apologeten, missionarisch beseelt, argumentieren beredt und auf Deutsch, weshalb schon die Bibel (und erst recht der gesunde Menschenverstand) zwingend deutlich macht, dass Jesus unmöglich Gott sein könne. Tatsächlich ist der Versuch, die Aussage zu widerlegen, Jesus sei menschgewordener Gott, eine der zentralen Strategien der muslimischen Mission auf deutschem Boden. Etwas verschlafen und hausbacken wirken dagegen die erbaulichen Weihnachtspredigten, die allerorten die Menschenfreundlichkeit eines Gottes besingen, die sich in Jesus, unserem kleinen Bruder in der Krippe, zeigt. Gleichsam ein Symbol der Nächstenliebe. Der gute Mensch von nebenan, einer von uns. Natürlich ist er das. Doch ist er auch ... Gott?

Das Staunen ist der Anfang der Theologie. Und ein Theologe wie Paulus unterbricht seinen Gedankengang nicht selten, um in staunenden Lobpreis auszubrechen. „Wahrhaftig, das Geheimnis unseres Glaubens ist groß: Er wurde offenbart im Fleisch, gerechtfertigt durch den Geist, geschaut von den Engeln ..." (1. Timotheus 3,16). Er scheint es förmlich nicht zurückhalten zu können! Ein wahrhaft großes Geheimnis. Eine staunenswerte, verblüffende Tatsache, über die nachzusinnen er nicht müde wird. Ein Gott, der in menschlicher Gestalt kommt und dabei doch Gott bleibt. Eine Energie wie von tausend Sonnen, brennend in einer einzigen Glühbirne. Und doch birst sie nicht. Gott, geoffenbart im Fleisch. Thema kaum enden wollenden Staunens bei Paulus.

Dieses Staunen durchzieht die ganze Schrift. Es krönt den tiefsinnigen Diskurs über das Verhältnis von Israel und Kirche in Römer 11,32-36. Bevor im Kolosserbrief alle möglichen weiteren Ermahnungen folgen, scheint es Paulus beinahe die Sprache zu verschlagen: „Er ist das Ebenbild des unsichtbaren Gottes, der Erstgeborene der ganzen Schöpfung. Denn in ihm wurde alles erschaffen im Himmel und auf Erden, das Sichtbare und das Unsichtbare, Throne und Herrschaften, Mächte und Gewalten; alles ist durch ihn und auf ihn hin geschaffen. (...) Denn Gott wollte mit seiner ganzen Fülle in ihm wohnen ..." (Kolosser 1,15-19). Und in seinem Brief an die Epheser füllen die Danksagung und die preisende Betrachtung der in Jesus aufgipfelnden Heilsgeschichte die ganzen ersten zwei Kapitel.

AM ANFANG STEHT DAS STAUNEN

Können wir heute noch staunen? Können wir – über Jesus staunen? Betrachtet man die kirchliche Szene in Deutschland, so kann man sich des Eindrucks kaum erwehren, sie sei mit sich selbst beschäftigt. Welche neue Gemeindemethode kann helfen, wie können neue Strukturen geschaffen und wie den Erwartungen der „Besucher" besser entsprochen werden? Doch worum geht es bei alledem denn eigentlich? Was ist das Ziel, die letzte Mitte und das tiefere Dahinter? Worum geht es in der Kirche? Um uns? Ist Religion so etwas wie eine besondere Form kultureller Lebensgestaltung? Ein Set von regulierten sozialen Abläufen und Vollzügen? Eine erbauliche Versammlung um gewisse Werte, ohne die es der Gesellschaft schlechter ginge?

Das Staunen ist der Anfang des Christentums. Am Anfang stand noch keine Institution. Standen noch keine Regeln und noch nicht einmal eine fixierte Lehre. Am Anfang stand eine Begegnung. Eine so erschütternde Begegnung, dass die neugeborene Kirche Jahrhunderte brauchte, um, sich die verwunderten Augen reibend, wirklich zu realisieren, was ihr da eigentlich widerfahren war.

Hier war ein Mensch aufgetreten. Geboren von einer Frau. Einem bestimmten Stamm, einer bestimmten Ortschaft entstammend und eine bestimmte Sprache sprechend. Ein Mensch, der aß, schlief, schwitzte und sich anfassen ließ. Ein Mensch schließlich, der litt, der blutete und nackt an einem Kreuz starb.

Ein Mensch zugleich, der den Rahmen all dessen sprengte, was menschenmöglich war. Die eine oder andere Heilung, ja, so etwas kannte man auch von Propheten oder gar heidnischen Kultstätten.

Doch die souveräne Vollmacht über alle Krankheiten, über alle Dämonen, auch Tausende davon, die Vollmacht über Wind, Wellen, Sturm und Materie wie Wein und Wasser ... Ließe sich auch das noch als besonders eindrucksvolles Wirken Gottes durch einen Gesandten deuten, lagen die größte Provokation und das unversöhnliche Ende jedes Versuches, ihn als bloßen Boten zu deuten, in seinen Worten: „Mose sagte euch, ich aber sage euch ..." (Matthäus 5). Wer spricht hier? Wer stellt seine Rede auf eine Ebene mit der Gottes? „Noch ehe Abraham wurde, bin ich" (Johannes 8,58). Ein ewiges Ich? Ein Mensch, der sich überzeitlich wähnt? Wer ist dieser, und für wen hält er sich, der sogar Sünden vergeben zu können beansprucht, was doch allein Gott kann?! „Noch nie hat ein Mensch so gesprochen" (Johannes 7,46), bekennen selbst die, die ihn zu verhaften gesandt sind.

Welch unerträgliche Provokation! Jesus von Nazareth hat existiert. Alle Versuche, die Entstehung der christlichen Gemeinden und des Neuen Testaments irgendwie sonst plausibel zu erklären, scheitern seit Jahrhunderten. Jesus ist gestorben. Alle Versuche, den frühen Christen die Erfindung eines für Juden und Heiden gleichermaßen skandalösen Symbols als ihr Markenzeichen anzudichten, führt in Widersprüche. Doch nun – wo liegt er denn begraben, er, der nachweislich lebte, litt und starb? Wie konnte das bewachte Grab eines Staatsfeindes plötzlich leer sein? Und wie konnte die Botschaft von seiner Auferstehung in der Stadt der Augenzeugen seines Todes so erfolgreich gepredigt werden? Alle Versuche, den ersten Jüngern, die fast ausnahmslos mit ihrem Blut bezeugten, die Erfindung einer solch gotteslästerlichen Lüge über den ganz offensichtlich falschen Messias unterzujubeln, scheitern heute genauso wie damals.

Und so bleibt die christliche Kirche staunend zurück. „Was ist das für ein Mensch, dass ihm sogar der Wind und der See gehorchen?" (Markus 4,41), fragten die Jünger. Wer ist dieser, der da starb und doch nun lebt? Und die Kirche fragte: Wahrer Mensch und wahrer Gott – wie kann das geschehen? Zwei Naturen in einem Wesen? Ein menschlicher Wille ... und ein göttlicher Wille: in einer Person?! Das Staunen war der Anfang der Theologie.

Und heute? Können wir das Staunen wieder lernen? Fest steht: Es ist uns abhandengekommen. Jesus kommt in unseren Kirchen vor. Er kommt in unseren Leben irgendwie auch vor. Er spielt eine Rolle in unserem Leben. Der Regisseur freilich ist er nicht. Jesus ist Teil unseres Glaubensguts. Ein Vorbild, gewiss. Doch wir staunen selten über ihn. Unser Blick ist nicht von ihm gefesselt. Wir sind mit uns selbst beschäftigt ... Wann haben Sie zum letzten Mal eine Predigt gehört, in der Faszination von und ergriffenes Staunen über Jesus Christus nicht nur die erklärte Absicht des Predigers, sondern wirklich spürbar die Mitte und der Inhalt waren? Wann auf ähnliche Weise zwei Christen miteinander ebendarüber sprechen hören? Wann hat Sie selbst zum letzten Mal das Staunen über ihn gepackt? Wir haben das Staunen über den verlernt, von dem jene den Blick ihres Geistes nicht abwenden konnten, die ihm begegnet waren.

Und doch wäre genau das unsere Rettung. Indem wir seine Herrlichkeit betrachten, werden wir verwandelt und ihm ähnlich, das jedenfalls scheint Paulus im 2. Korintherbrief anzudeuten (2. Korinther 3,18). Das Staunen verwandelt, das faszinierte Betrachten prägt und heilt das menschliche Herz. Das Staunen neu zu lernen, Jesus wirklich kennenzulernen und sich von ihm faszinieren zu lassen, das wäre tatsächlich unsere Rettung und unsere Verwandlung.

FEUERSTELLE

Nicht die Bibel ist das Wort Gottes, sondern im Letzten ist die Person Jesu Christi das Wort Gottes, von dem alle biblischen Bücher zeugen. So oft jedoch ist unsere Beschäftigung mit der Bibel ermüdend oder wirft mehr Fragen auf, als sie beantwortet. Wenn Jesus aber das Wort Gottes schlechthin ist, dann erzählt die ganze große Geschichte Gottes letztlich von ihm. Auf dem Weg nach Emmaus erklärte Jesus den beiden Jüngern alles, was in der Schrift über ihn geschrieben steht. Und damit war nur das Alte Testament gemeint. Es gibt also unzählig viel über Jesus zu entdecken – auch im Alten Testament!

Ich ermutige Sie: Lesen Sie die Bibel nicht wie ein Telefonbuch oder ein Orakel. Studieren Sie die einzelnen biblischen Bücher und sprechen Sie mit Jesus darüber. Reden Sie mit ihm darüber wie mit einem guten Freund, der im Stuhl gegenüber sitzt. Bleiben Sie nicht bei der bloßen Lektüre stehen, sondern lassen Sie die Lektüre zum Gespräch werden. Wenn Sie etwas nicht verstehen, bitten Sie ihn um Klarheit. Und wenn Sie etwas verstehen, sprechen Sie mit ihm darüber. Danken Sie ihm dafür. Bitten Sie ihn, Ihnen mehr davon zu zeigen. „Kauen" und betrachten Sie die Bilder, die sich Ihnen auftun.

Was im Wald um Augsburg herum begann, wurde mir mehr und mehr zur Gewohnheit: das Wort Gottes liebend lesen. Es lesen wie einen Liebesbrief. Es lesen wie die Herzensoffenbarung von jemandem, der mich ganz persönlich kennt und liebt. Verstehe ich einmal etwas nicht, so weiß ich, dass in der Person Jesu die Fülle aller Erkenntnis Gottes ist. Alle Schrift lese ich also auf Jesus hin, der der Schlüssel zum Verständnis der Schrift ist.

Doch in einer echten Freundschaft dürfen auch Geheimnisse bleiben. Wie langweilig wäre ein Gott, an dem ich immer alles verstehe. Es hat einen Charme, auch im Gebet bestätigt zu sehen, was Augustinus sagt: „Si enim comprehendis non est deus" – wenn du es verstehst, dann ist es nicht Gott. Die Rätselhaftigkeit Gottes kann befremden. Und sie kann in liebende, bisweilen schweigende Anbetung führen. Aus ihr kommen wahre Gottesfurcht und wahre Liebe zu ihm und den Menschen.

DAS GROSSE GEHEIMNIS
GEBET FÜR DEN FRIEDEN JERUSALEMS

IN ZION GEBOREN
Jerusalem, 15. September 2000
Und plötzlich vor mir: die Abendfarben Jerusalems. Wie wohl Tausende vor mir habe ich beinahe körperlich gespürt, was der Psalmist über Jerusalem sagt: „Von Zion wird man sagen: Jeder ist dort geboren" (Psalm 87,5). Als ich an jenem Maitag – wie so viele vor mir – im Licht der sinkenden Sonne das erste Mal vom Ölberg kommend auf die Stadt Davids blicke, wird etwas in mir unwiederbringlich verwundet. Wieder zu Hause angekommen, schmerzt mein Herz. Die Sehnsucht, das (Heim-?)Weh nach Jerusalem fühlt sich an wie die Sehnsucht nach Jesus selbst. Ein Sehnen, das wohl auch tatsächlich jenes Jesu ist: Er sehnt sich danach, in diese Stadt zurückzukehren, um als Nachkomme Davids von seinem Thron aus zu herrschen.

Doch mit der „äußeren Begegnung" ging auch eine innere Bekanntschaft mit Israel einher. Besonders das Erlernen der hebräischen Sprache schloss mir etwas auf, was sich vorher nur fremd und eigenartig angefühlt hatte. Die mühsame Gewöhnung der Augen an diese fremden Zeichen glichen der Einweihung in eine geheime Lehre. Ein völlig anderes Denken, andere Zeitbegriffe, eine andere Leserichtung, andere Wortbedeutungen ... In heiliger Ehrfurcht lernte ich diese Buchstaben, mit denen wohl auch der Finger Gottes auf die Steintafeln des Mose geschrieben hatte. Jener betritt heiligen Boden, der auch nur die Verbklassen jener Wörter lernt, mit denen der Herr selbst zu seinen Propheten gesprochen hat.

Gedanklich forderte mich in jener Zeit das kleine Büchlein *Ich und Du* des jüdischen Philosophen Martin Buber ungemein heraus. Ich wiederholte jeden Satz, las es überall. Auch unterwegs. Nicht selten musste ich stehen bleiben, weil ich von einer Aussage so gepackt war. Buber eröffnete mir etwas wie einen persönlichen Einblick in hebräisches Denken (zumindest nach seiner Version). Seiner Auffassung nach unterscheidet sich unsere ganze Welt grundsätzlich in die Grundworte Ich-Du und Ich-Es. Die Art und Weise, wie wir leben, sprechen und denken, ist maßgeblich davon geprägt, ob wir mit Menschen, Dingen und Gott in einer sachlich-distanzierten Ich-Es- oder in einer persönlichen Ich-Du-Beziehung stehen. Ein relativ einfacher Gedanke, der für Buber zum Schlüssel für die gesamten heiligen Schriften Israels wurde. Dieser philosophischen Auseinandersetzung folgte eine tiefere Faszination für die jüdische Frömmigkeitsrichtung des Chassidismus (dem Buber in seinen wunderbaren *Erzählungen der Chassidim* ein unvergleichliches literarisches Denkmal gesetzt hat).

Ich begann Israel zu lieben, ich begann das Judentum zu lieben. Weit davon entfernt, im „Alten" Testament nur den legalistischen Schatten der neutestamentlichen Erfüllung zu sehen, stürzte ich kopfüber in die Faszination für das hebräische Wort Gottes. An meinen Nachmittagen quälte ich mich sogar durch Bubers überaus eigensinnige Übersetzung des Alten Testaments, in der Gott „der Umscharte" und die Perlenschnur aus dem Hohelied 1,10 „Muschelngeschling" genannt werden.

KABBALAT SHABBAT

Tief ergriffen haben mich auch stets meine Besuche in den Synagogen Israels. Das Wort Gottes wird gebetet, geliebt, umtanzt, mit bisweilen sogar fanatischem Eifer bewahrt. Die leidenschaftliche, kernige, enthusiastische und durchaus männliche Ausprägung dieses Eifers für Gott umgibt mich greifbar an jenem warmen Abend im September 2000. Dass ich mich mit Kippa, Quasten unter dem weißen Hemd und dem Siddur in der Hand als Christ nach außen etwas missverständlich verhalte, mag man mir als Jugendtorheit verzeihen. Nie werde ich das Gesicht unseres palästinischen Gastgebers vergessen, der tags zuvor plötzlich hereingekommen war, als wir in seiner Jugendherberge mit Tallit (Gebetsschal) und unter Bewegungen des Oberkörpers auf Hebräisch beteten (im einzig ruhigen Raum, den wir gefunden hatten: im Bad!). Wortlos und schreckensbleich floh er aus dem Duschraum. „Are you Jewish?", fragte er uns später am Abend bei der Wasserpfeife, noch immer sichtlich durcheinander. Er war beruhigt, zu hören, dass wir Christen seien, und ließ das, was so gar nicht ins Bild passte, unkommentiert in einer Schwade des Apfeltabaks untergehen.

Doch nun bin ich im jüdischen Viertel. Um mich herum Männer. Viele Männer. Sie beten laut, rufen, singen, schreien. Es herrscht beinahe eine Stimmung wie beim Fußballspiel. Und mittendrin, um den Tisch eines der vielen Rabbis geschart, die mit ihren Talmidim „Kabbalat Shabbat" beten (also das erste Gebet des Schabbats, am Freitagabend), Tom und ich. Dass einer der Beter mich auf Hebräisch fragt, auf welcher Seite wir uns gerade im hebräischen Gebetbuch befinden, ist für mich ein echter Höhepunkt.

Ich befinde mich an der Klagemauer. Jenen kümmerlichen Resten, die vom zweiten Tempel noch übrig sind. Gegenstand tiefster Emotionen Israels und größter Hoffnungen auf messianische Wiederherstellung seines Volkes. Auf dem großen freien Platz herrscht fröhlicher Eifer. Der Himmel über Jerusalem zeigt im Westen noch blauen Schimmer, während über dem Ölberg schon die ersten Sterne aufgehen. Der rustikale Kreistanz, das beinahe grölende, rufende Singen bekannter Lieder wie „Lecha Dodi" oder „Od Awinu Chai" bringen mir bange in Erinnerung, wie passiv die Männer oft in unseren christlichen Kirchen und Gemeinden sind. Wie sentimental, einseitig weiblich geprägt mir manches an unserem Beten oft erscheint. Ich träume von einem Raum solchen „aggressiven" Betens, solcher heiliger Kampfeslust, die ich hier in meinen israelischen Gebetsgenossen sehen (und vor allem hören) kann.

Ein paar Schritte links von uns beginnt der überdachte Teil der Synagoge an der Klagemauer. An jeder Wand Bücher. Kommentare, Gebetbücher. Auf jedem Tisch Berge von Büchern. Die Decke ist ein halbrundes Mauerwerk, die ganze Synagoge ein langer Gang entlang der Klagemauer. Der Lärm des Vorplatzes ist hier gedämpft, die Luft etwas stickiger, murmelnd die Stimmen der Beter. Im gelblichen Lampenlicht stehen einzelne Gestalten, die meisten in schwarze Kittel oder Anzüge gekleidet. Vor sich hat jeder ein Gebetbuch. Den Blick fest auf das ornamentale Schriftbild der hebräischen Buchstaben geheftet. Ein Schriftbild, das mit seinen Punktierungen ober- und unterhalb der Buchstaben die lesenden Augen zu einem ständigen schnellen Auf und Ab zwingt. Buchstaben, die das Auge tanzen lassen. Der Oberkörper wiegt sich im Rhythmus des Betens, die Lippen bewegen sich fast stumm. Einige stehen so nahe an der Mauer, dass sie sie küssen könnten, und manche tun ebendies mit großer Zärtlichkeit.

Ist es wahr, dass die Schechina, also die manifeste Gegenwart Gottes, nach der Zerstörung des Tempels in die Westmauer übergegangen und am ehesten in deren direkter körperlicher Nähe spürbar ist? Jedenfalls hat das versunkene Gebet mit den geöffneten biblischen Texten, den Bewegungen, der Nähe zur Mauer etwas zutiefst Vertrautes, Körperliches, Intimes. Ich träume von einem christlichen Lehrhaus wie jenem der Chassidim. In dem Tag und Nacht in Gottes Wort geforscht wird. Ich träume von einer christlichen Synagoge wie jener an der Klagemauer. In der bei Tag und Nacht das Wort Gottes liebend und voll Eifer betrachtet, gebetet, errungen wird. In der laut und kämpferisch und dann wieder zerbrechlich, persönlich gebetet wird …

KLEINE KLAGEMAUER

All das fällt mir erst wieder ein, als ich mich eines Tages an meinem typischen Platz im Gebetsraum befinde und aufsehe. Ich stehe direkt vor der mit weißen Vorhängen und farbigen Lichtspots verkleideten Vorderwand unseres kleinen, umgebauten Ladenlokals. Hier beten wir, seit uns unsere kleine Wohnung dafür zu klein geworden ist. Das erste eigentliche „Gebetshaus". Vor mir geöffnet das Wort Gottes. Ich habe heute Morgen um 8 Uhr meine Schicht begonnen und werde noch ein paar Stunden an meinem Platz bleiben und beten. Vor mir haben andere Beter von 4–8, 2–4, 0–4 und natürlich gestern gebetet. Fast alle beten mit dem Wort Gottes. Und fast alle bewegen sich ein bisschen dabei. Der eine oder andere steht auch mal direkt vor der weißen Vorderwand. Andere sitzen und studieren die Schrift, lesen Kommentare, schreiben in Notizbücher, unterstreichen in ihren Bibeln. Wenn die Fürbitte beginnt, wandelt sich die geradezu meditativ anmutende Grundstimmung des Gebetsraums in die des kämpferischen Eintretens für die Nöte in der Welt und auch des enthusiastischen Lobpreises Gottes. Ein bisschen etwas ist schon real geworden von meinem Traum einer christlichen Synagoge. Auch wenn Augsburg immer noch ein ziemlich blasses Gesicht hat im Vergleich zu den Abendfarben Jerusalems.

„Mein Haus soll ein Haus des Gebets sein" war deine Sehnsucht für den Tempel, Jesus. Möge unser kleiner Raum hier zumindest ein bescheidener Anklang an diesen deinen Herzenswunsch sein, König Jerusalems und Messias Israels.

GEHASST UND GELIEBT
Beirut, Oktober 1999

Die Liebe zu Israel und die Sehnsucht nach der Wiederherstellung Jerusalems freilich sind geblieben. Sie ist dem unverständlich, der in Israel in erster Linie einen modernen Staat sieht, vielleicht sogar einen Unterdrückerstaat. Tatsächlich musste auch meine Begeisterung für das Jüdische läuternde Phasen durchlaufen. Zwei Monate enge Zusammenarbeit mit palästinensischen Christen während meiner Zeit im Dormitio-Kloster in Jerusalem, viele Reisen in die Westbank und andere Nahost-Staaten zeigten mir so viele wunderschöne Gesichter der arabischen Länder und ihres Leidens, dass mir ein platter Pro-Israelismus gründlich vergällt wurde. In Beirut zu hören, dass der Strom erst seit einigen Tagen wieder richtig funktioniere, nachdem Israel Teile der Stadt als Vergeltungsaktion bombardiert habe, machte mich ziemlich betroffen. Hatte ich Beirut, dieses verrückte, verwundete, ruinöse, pulsierende Paris der Levante, doch so schnell lieben gelernt.

Und doch waren es auch genau jene Reisen, die mir durch die Massivität des arabischen Antisemitismus immer wieder die Sprache verschlugen. Kontraste des Nahen Ostens!

Ja, ich habe dieses kleine Land lieb gewonnen. Mein Quartier befindet sich in Achrafieh, dem heruntergekommenen, überwiegend christlichen Stadtteil Beiruts, wo ich bei der Wasserpfeife bis spät in die Nacht mit Freunden aus Frankreich und dem Libanon über Gott und die Welt diskutiere. Alles strahlt hier im maroden Glanz einer früheren Bohème. Nur wenige Hundert Meter weiter die ehemalige

„green line", Demarkation zwischen zwei Stadtteilen, zwei Kulturen, zwei Armeen, die Front. Ganze Straßenzüge sind völlig zerschossen, die Wunden von Zehntausenden von Kugeln haben komplette Hausfronten zernagt. Teile der Stadt damals noch unter der Kontrolle der Rebellen, Fotografieren verboten, irgendwann kehre ich um, weil spähende Blicke und Maschinenpistolen mir von überall entgegenragen.

Unvergesslich auch meine etwas tollkühne Reise in die von der Hisbollah besetzte Bekaa-Ebene zwischen Antilibanon und Libanon, Schauplatz der blutigsten Gefechte und des ertragreichsten Drogenanbaus während des libanesischen Bürgerkriegs. Unterwegs wird unser kleiner Minibus immer wieder angehalten. Kontrollen. Doch nicht von Soldaten, sondern von schwarz gekleideten Hisbollah-Kämpfern. Bis zu den Zähnen bewaffnet. So erreiche ich Baalbek, wo sich auch das Hauptquartier der Djihadisten befindet und Straßenflaggen an die im Kampf gefallenen Terroristen erinnern. Von einem Straßenhändler freundlich zum Tee eingeladen, beglückwünscht dieser mich, Deutscher zu sein. Denn aus Deutschland komme Hitler, der so viel Gutes getan habe. Er habe doch so viele Juden getötet ...!

Der Hass auf Israel beseelte nicht nur die Nazis, er ist leider auch integraler Bestandteil praktisch jeder muslimischen Gesellschaft. Ohne alles am modernen Israel verteidigen zu müssen, verwundert mich die Massivität des Antisemitismus und seine im Arabischen allgegenwärtige Hasspropaganda zutiefst.

Wenn ich die Schrift öffne, dann lese ich von einem Gott, der Israel liebt, der um Israel wirbt und dessen endzeitlichen Pläne untrennbar mit Israel verbunden sind. Und ich, der ich diesen Gott und seinen als Jude menschgewordenen Sohn Jesus liebe, kann nicht anders, als für Israel zu beten und mit dem Psalmisten zu bekennen: „Der Herr liebt Zion, seine Gründung auf heiligen Bergen" (Psalm 87,2).

FEUERSTELLE

Das Thema Israel – warum ist es eigentlich Bestandteil dieses Buches über das Gebet? Welche Gefühle weckt dieses Kapitel in Ihnen?

Es hat etwas mit Gebet zu tun, weil es mit der Fürbitte und Gottes Absichten für unsere Welt zu tun hat. Es hat etwas mit der Art und Weise zu tun, wie wir auch für das politische Zeitgeschehen beten. Es hat weiter etwas mit Gebet zu tun, weil es mit Gottes Herzensplänen zusammenhängt. Denn auch das ist Gebet: ein tieferes Verständnis für Gottes Absichten gewinnen, denen wir unsere eigenen Vorlieben mehr und mehr unterordnen.

Empfinden Sie, dass Sie dieses Thema eher nervt? Dann sprechen Sie mit Gott darüber, und bitten Sie ihn, Ihnen seine Sicht darauf zu offenbaren. Interessiert Sie all das mehr? Dann fangen Sie an, Gott im Gebet um tiefere Erkenntnis zu bitten, und verbinden Sie dieses Gebet mit einem biblischen Studium zu diesem Thema. Der ganze Römerbrief, besonders aber die Kapitel 9–11, sind ein guter Startpunkt.

Eine letzte Anregung: Der Psalm fordert uns bewusst auf, für den Frieden Jerusalems zu beten (Psalm 122,6). Tun Sie das schon?

MIT UNFAIREN MITTELN
GEBET UND GEBETSERHÖRUNG

WERDEN GEBETE ERHÖRT?
Augsburg, August 2008, Damaskus, August 2010
Hier sitze ich. Ich weiß, dass Gott Großes tut. Ich habe das ja schon so oft erlebt. Doch einmal mehr sitze ich hier und bete für eine Situation, die so aussichtslos scheint. Und einmal mehr kommen die Fragen ... Werden Gebete wirklich erhört? Gibt es das Übernatürliche tatsächlich, oder ist der Glaube einfach nur eine Strategie, mit dem Leben klarzukommen? Bewegt Gebet wirklich etwas oder nur den Beter?

Ja, Fragen, die ich mir selbst immer wieder stelle und die Leute uns über das Gebetshaus ständig stellen: Lohnt sich das wirklich, was ihr da tut? Natürlich ist die Antwort viel weniger einfach, als man sich wünschen würde. Denn die unmittelbare „Wirkung" von Gebet ist relativ schwer fassbar. Hat sich, so zum Beispiel eine Frage, in Augsburg etwas verändert, seit ihr rund um die Uhr betet?

Diese Frage lässt sich nie generell beantworten. Denn zunächst beten viele, viele Menschen in Augsburg – und das nicht erst seit einigen Jahren! Zum anderen passieren natürlich gute Dinge in Augsburg. Doch ob sie passieren, weil wir beten, lässt sich nicht sagen. Auch nicht sagen lässt sich, wie der Zustand unserer Stadt oder unserer Nation wäre, wenn wir nicht oder auch sonst überhaupt niemand beten würde.

Lohnt Beten sich also? Im Letzten ist es ein Vertrauensakt: Steht Gott wirklich zu seinem Wort? Ist Jesus wirklich vertrauenswürdig? Es ist ein bisschen wie in einer Ehe. „Liebst du mich wirklich?" – „Ja!" – „Und woran erkenne ich das?" – „Nun, du erkennst es an vielen kleinen Einzelheiten, doch im Letzten beweisen kann ich es dir nicht. Wenn du im Tiefsten nicht glaubst, dass ich dich liebe, könntest du all diese kleinen Einzelheiten für Zufälle, Verstellung oder pflichtschuldige Gefälligkeiten halten. Meine Liebe kann ich nicht beweisen.

Doch wenn du mir glaubst, dass ich dich liebe, wirst du Belege dieser Liebe an allen Orten finden."

So ähnlich ist es mit der Frage, ob Gebete erhört werden. Im Letzten geht es um die Frage, ob ich dem Gott glaube, zu dem ich bete. Natürlich motiviert es ungemein, zu erleben, dass Gebete erhört werden. Doch wenn man viele Stunden pro Woche betet – und das jahrelang –, wird es etwas schwierig, die Motivation für das Gebet nur aus erhörten Gebeten zu ziehen. Denn den Effekt so vieler Gebete werden wir vielleicht nie sehen, vielleicht erst nach langer Zeit, vielleicht in der Ewigkeit ... Und doch gibt es – wie in einer Liebesbeziehung – die Zeichen seiner Aufmerksamkeit. Die freundlichen Erinnerungen daran, dass es viel mehr gibt als das, was wir sehen. Unser Alltag ist voller solcher kleinen und großen Wunder. Immer wieder erleben wir Gottes wunderbares Eingreifen. Immer wieder erreichen uns Zeugnisse von Heilungen, Gebetserhörungen und plötzlichen Wendungen scheinbar aussichtsloser Situationen – nach dem Gebet. In diesem Kapitel möchte ich einige solcher Geschichten erzählen.

BEGEGNUNGEN MIT DEM ÜBERNATÜRLICHEN

Sommer 2008. Wir führen unsere erste Jüngerschaftsschule in Augsburg durch. Als Unterkunft für einige junge Männer haben wir eine Ferienwohnung angemietet. An einem bestimmten Tag ist die Miete fällig und wir lassen einen unserer Teilnehmer das Geld (1500 Euro in bar) in einem verschlossenen Umschlag an die Vermieterin übergeben.

Einige Stunden später ruft die Frau an: Der Umschlag sei leer gewesen. Wir haben uns den Empfang leider nicht quittieren lassen und stehen jetzt vor der Frage, wie wir mit dieser Situation umgehen sollen. Der überbringende junge Mann ist überaus vertrauenswürdig, und das Geld war ganz sicher im Umschlag, als uns dieser verließ. Ein verschlossener, dicker, schwerer Umschlag mit Geld darin! Ratlose Blicke. Wenn wir nicht wissen, was wir tun sollen, beten wir. Im Gebet hat Elke den Eindruck, es handle sich um einen Versuch vonseiten der

Vermieterin, uns zu betrügen. Wir beten weiter. Danach beginnt unser wöchentlicher Vortragsabend und wir vergessen die Geschichte beinahe.

Am nächsten Morgen sitze ich in meiner Gebetszeit und denke überhaupt nicht mehr an das Geld. Ich bin einfach voll Frieden in der Gegenwart Jesu. Dann, plötzlich, habe ich den Eindruck, ich solle jetzt konkret beten, dass der Geist (oder die Mentalität) des Betrugs und des Diebstahls über dieser Frau zerbrochen werde. Dieser Eindruck kommt ganz unspektakulär, aber mit großer Deutlichkeit um 9.15 Uhr. Ein kurzes, aber, wie ich empfinde, kräftiges Gebet folgt. Innerhalb einer oder zweier Minuten läutet das Telefon. Weil ich bete, gehe ich natürlich nicht dran. Doch meine Frau tut es. Und am anderen Ende ist die Vermieterin. Auf einmal sei das Geld „doch aufgetaucht" ... Damit war die Sache für sie erledigt. Wir wissen nicht, wie diese Frau die Geschichte erzählen würde und was in ihr vorging, doch Tatsache ist, dass Gott Gebet erhört. Wie gut ist es, mit geistlichen Waffen kämpfen zu können!

IN DEN HÄNDEN DER SYRISCHEN POLIZEI

Die Hauptstadt Syriens ist eine umwerfend schöne Stadt. Oder war es vielmehr vor dem Krieg, der so viele Orte, über die ich mit offenem Mund gestaunt habe, im Granatenhagel der Milizen zerfetzte. Damaskus, eine der ältesten Städte der Welt. Unvergesslich ist mir der Besuch in einem Hamam, irgendwo im Gewirr eines kleinen Suks. Die staunend-belustigten, aber freundlichen Blicke der Männer auf den einzigen Westler, der sich hier hereinwagte. Die warme Dampfluft in den osmanischen Kuppelräumen, die kräftigen Griffe des Masseurs auf meinem Rücken, der Geschmack des süßen Schwarztees mit Nana-Minze, als ich im Dampf der Wasserpfeifen im Ruheraum bis über den Kopf in ein weißes Tuch gewickelt unter arabisch lachenden Bartgesichtern saß. Und dann die Gebetszeit in der großen Moschee, zu der mich ein Muslim mitnahm. Die große Moschee – eine ehemalige Kirche –, in der bis heute das Haupt Johannes' des Täufers verehrt wird.

Doch so schön Syrien ist, es ist auch voller Kontraste. In die Hände der syrischen Polizei zu geraten, stelle ich mir nicht schön vor. Schon die Passkontrolle beim Grenzübergang vom Libanon hatte etwas Beunruhigendes für mich. Würde der Offizier mit meinem Pass wiederkommen?

Ein älterer Herr im Libanon hat den Kontakt mit mir abgebrochen, als er erfuhr, ich sei schon mehrmals in Israel gewesen. Er hatte den Bürgerkrieg miterlebt und die Angst vor der syrischen Geheimpolizei saß ihm noch immer in den Knochen. Nie vergesse ich die Eiseskälte und diktatorische Verachtung in den Blicken der syrischen Soldaten, denen ich an mancher Grenze begegnete ...

Im Sommer 2010 besuchen meine Augsburger Nachbarn zum ersten Mal wieder das Land, aus dem sie Jahre zuvor geflohen sind: Syrien. Meine Nachbarn sind Kurden. Sie sind zwar keine Christen, doch wir haben engen Kontakt. Und so ist es nur natürlich, dass wir ihnen auch von Jesus erzählen. Es dauert nicht lange, da fangen wir an, in konkreten Nöten Gebet anzubieten. Und es hilft – beim Bestehen der Führerscheinprüfung, bei der Jobsuche und vielem mehr. So kommen sie auch immer mehr dazu, das zu glauben, was ich über Jesus erzähle. Wann immer sie ein Wunder brauchen, klingeln sie an unserer Tür.

Doch an diesem Augusttag brauchen sie ein großes Wunder. Denn die Frau ist bei der Einreise nach Syrien von der Polizei verhaftet worden und man hat ihr den Pass abgenommen. Sie ist zum ersten Mal nach Syrien zurückgereist, denn ihr Vater liegt im Sterben. Damals vor Jahren illegal geflohen, heute gefasst. Späte Rache des Regimes. Daraufhin darf sie sich nur noch in Damaskus bewegen. Und Woche für Woche hofft sie, ihren Pass wiederzubekommen. Schließlich sollen Finanzen helfen. Erst 500, dann schließlich über 1000 Euro werden an Bestechungsgeld gezahlt, und doch: Der Pass bleibt im Gewahrsam der Polizei, angekündigte Rückgabetermine verstreichen ergebnislos.

An diesem Samstag klingelt ihr Ehemann, unser Nachbar, an unserer Tür und hat verweinte Augen. Es sind nur noch zwei Tage bis zum Datum des Rückflugtickets, und seine Frau hat schon mehrere ganze Tage in der Polizeiwache gesessen, ohne dass etwas passiert sei. Es könne sein, dass er seine Frau und die beiden Mädchen niemals wiedersehe, denn er selbst könne unmöglich nach Syrien einreisen. Seine dunklen Augen werden feucht. „Bitte beten Sie!" Ja, jetzt hilft auch nur noch beten! Und solche Verzweiflung lehrt beten. Doch zunächst fällt es so schwer, der Hoffnungslosigkeit keinen Raum zu geben. Ich erinnere meinen Nachbarn an all die Male, wo Gott schon Wunder getan hat. Wir werden beten und auch diesmal wird er helfen, ganz sicher. Er scheint ein wenig Zuversicht zu gewinnen.

Doch als Jutta und ich danach zu zweit zu beten beginnen, spüren wir den Kampf um den Glauben: Ist es nicht völlig unwahrscheinlich, dass die Polizisten auf einmal nach wochenlangem Warten und viele Tage nach dem Erhalt eines hohen Bestechungsgeldes spontan ihre Meinung ändern? Ausgerechnet die syrische Polizei? Ist es nicht unverantwortlich, dem armen Mann jetzt noch Hoffnungen zu machen, unser Gespräch mit dem Himmel könne etwas bewirken? Wir beten, wir ringen, wir klagen ...

Nach etwa fünfzehn Minuten Gebet spüre ich: Es ist nun an uns, einen Glaubensschritt zu tun. Wir sollen im Glauben ergreifen, dass unser Gebet erhört ist. Eine echte Herausforderung! So beginnen wir, Gott zu preisen und dafür zu danken, dass er uns schon erhört hat und dass der Polizist genau jetzt den Pass holt. Dieser Glaubensakt kostet ein bisschen etwas, doch scheint uns jetzt genau richtig.

Zwei Stunden später. Freudestrahlend klingelt abermals unser Nachbar an der Tür, diese kleine freundliche Gestalt mit dem übergroßen Schnurrbart. Seine Frau habe vor einer Stunde angerufen, sie käme gerade von der Polizeiwache zurück, wo der Offizier plötzlich und spontan in ein Nebenzimmer gegangen sei und ihr den Pass zurückgegeben habe ... Wenige Tage später ist die Familie zurück und vereint in Augsburg.

MIT UNFAIREN MITTELN
Kongo und Augsburg, 2013

Die Ereignisse „subversiven Betens" häufen sich im Jahr 2013. Ein Thema hat uns besonders ergriffen. Viele Menschen wissen es nicht, doch in der heutigen Zeit befinden sich mehr Menschen in Sklaverei als zu jeder anderen Zeit der Geschichte. Die meisten von ihnen leben als Zwangsprostituierte. Seit Monaten beten wir für ein Ende des Menschenhandels in unserer Stadt. Auf dem abendlichen Weg ins Gebetshaus kann man Frauen an der Straße stehen sehen: viele aus Bulgarien, viele in den Händen der Schleppermafia. Die in Deutschland unter Rot-Grün beschlossene Gesetzeslage macht unser Land zum Freudenhaus Europas. Doch auch unsere Stadt? Dann auf einmal eine überraschende Nachricht. Anfang des Jahres wird per Gesetz der Straßenstrich in Augsburg abgeschafft und dem Menschenhandel ein empfindlicher Schlag versetzt. Die Polizei führt strenge Kontrollen durch und der „Augsburger Weg" zum Umgang mit der Prostitution findet deutschlandweite Beachtung. Ähnliche Initiativen in anderen Städten Deutschlands werden dadurch denkbar und offen diskutiert. Wir feiern!

Weitere Überraschungen folgen im gleichen Jahr. Im Frühjahr ein Bericht in der Augsburger Zeitung: Es gibt keinen Arzt mehr im Stadtgebiet, der bereit ist, Abtreibungen (außer einige wenige, medizinisch indizierte) durchzuführen. Für die Zeitungsredakteure Signal eines Versorgungsnotstandes, für uns ein Sieg des Lebens in unserer Stadt! Auch für die Beendigung dieses schrecklichen Unrechts haben wir lange gebetet.

Und es geht weiter. Einige Wochen später: Ein neues Gesetz verkürzt die Öffnungszeiten von Spielcasinos. Dass es allein im Raum Augsburg Dutzende von suchtfördernden, Tag und Nacht geöffneten Spielhöllen gibt, ist uns schon lange ein Dorn im Auge. Das Gebetshaus soll 24/7 geöffnet sein, doch nicht diese Orte. Und dann plötzlich das Aus dieses Wildwuchses!

Im Frühjahr berichtet ein Team von „Jugend mit einer Mission" bei uns über die katastrophale Lage im vom Bürgerkrieg erschütterten Kongo. Mit Hunderten von Teilnehmern und am Webstream verbundenen Freunden verpflichten wir uns, für einen Durchbruch des Lichts im Kongo zu beten. Wenige Tage später stellt sich am 18. März 2013 der wichtigste Rebellenführer Bosco Ntaganda nach jahrelangem Kampf plötzlich der UNO und gibt seine Waffen ab. Keiner weiß, warum! Die Rebellenorganisation „M 23" löst sich wenige Monate später auf. Kaum zu glauben. Zufall?

Monate vor der Bundestagswahl beten wir, dass der Herr die Familien zerstörende Propaganda der Grünen aufdeckt. Nur Tage später beginnt die Serie von Enthüllungen über die pädophile Vergangenheit dieser Partei, die schließlich zum historisch schlechten Wahlergebnis vom September 2013 führt. All das natürlich nicht nur, weil wir in Augsburg gebetet haben. Solche Schlussfolgerungen wären anmaßend. Und doch häufen sich solche beinahe politisch inkorrekten Zufälle …

Eigentlich ist es unfair für den Feind. Doch mit dem Gebet ist uns die stärkste Waffe des Universums geschenkt. Wir müssen sie nur gebrauchen.

Die Frage danach, ob Gebete wirklich erhört werden, erübrigt sich irgendwann. Ich habe im Laufe meines Lebens zwar immer wieder verzagt die Frage gestellt, warum eine bestimmte Person nicht geheilt wurde oder warum ein bestimmtes Gebet scheinbar keine Erhörung fand. Doch die Menge von teilweise fast unglaublichen Gebetserhörungen, die wir über die Jahre hinweg erlebt haben, macht die Frage fast überflüssig. Ich habe mittlerweile beinahe jedes denkbare Wunder erlebt. Ich bekam Briefe von Paaren, die nach Jahren des aussichtslosen Versuchens plötzlich ein Kind bekamen – nachdem dafür gebetet worden war. Von Menschen, deren Gesundheitssituation sich schlagartig und kaum erklärbar verbesserte. Doch besonders ermutigend sind Gebetserhörungen, die fast dreist anmuten. Dazu gehört die Geschichte eines unserer Mitarbeiter im Gebetshaus:

Er hatte Gott um ein Auto gebeten und den Eindruck, Gott frage ihn, um welches Auto er denn genau bete, er solle doch konkreter werden. Wie? Gott um ein ganz konkretes Auto bitten? War das nicht vermessen? Und doch: Sagte Jesus nicht, wir sollen in kühnem, kindlichem Glauben bitten? Also betete er um einen 5er BMW. Man glaube es oder glaube es nicht: Innerhalb weniger Wochen bekam genau dieser Mitarbeiter, der keinem von seinem Gebet erzählt hatte, ein Auto geschenkt. Und zwar: genau, einen 5er BMW. Wenige Wochen später überreichte ein Ehepaar meiner Frau einen Umschlag. Darin ein Überweisungsbeleg über 10 000 Euro. Wir sind voll des Staunens. Doch das Staunen wird noch besser, als Jutta mich erinnert: „Weißt du nicht mehr? Als Tom den BMW geschenkt bekommen hat, sagtest du doch: ‚Schatz, wir beten jetzt für 10 000 Euro!'" Wir waren gerade umgezogen und konnten das Geld dringend brauchen. Ich hatte dieses Gebet vergessen, doch Gott nicht.

FEUERSTELLE

Die Fürbitte ist ein faszinierender Aspekt des Gebets. Das Beste daran: Gott erhört Gebet tatsächlich. Im nächsten Kapitel werde ich von vielen weiteren erstaunlichen Früchten berichten. Zugleich ist die Fürbitte aber auch eine Kunst, die es zu erlernen gilt. Meine Empfehlung ist, dass Sie sich ein paar Gleichgesinnte suchen. Beginnen Sie Ihre gemeinsame Gebetszeit mit Lobpreis. Sie können selbst singen und musizieren oder auch eine CD laufen lassen, bei der Sie mitsingen. Oder preisen Sie in freien Gebeten einfach Gott, indem Sie ihm sagen, wie er ist und was er tut (genau das ist Lobpreis, übrigens). Gehen Sie dann gemeinsam in eine kurze Zeit des Hörens (die auch schon vor dem Lobpreis sein kann), und tauschen Sie sich darüber aus, welche Gebetsanliegen Ihnen auf dem Herzen liegen. Ich ermutige Sie hierbei, immer wieder nicht nur für die persönlich nächsten (oft familiären) Anliegen zu beten, sondern Gott konkret zu fragen: Welches vielleicht auch größere Thema legst du mir heute aufs Herz?

Ordnen Sie dann die Themen der Reihe nach und nehmen Sie sich für jedes etwa zehn Minuten. Falls Ihnen die Gabe des Sprachengebets vertraut ist, können Sie gut leise auf diese Weise im Hintergrund beten, während einer laut in verständlicher Sprache betet. Ansonsten können Sie einfach der Reihe nach für die Anliegen beten. Ich ermutige Sie dabei, das Thema nicht viel länger als zehn Minuten zu „bearbeiten" und danach vielleicht wieder ein Lied zu singen. Auch sollten die Beter angehalten werden, nicht zu lange am Stück zu beten (maximal dreißig Sekunden). Beide „Regeln" helfen, das Gebet kurzweilig zu halten. Sie werden sehen: Fürbitte kostet Kraft, macht aber auch große Freude. Und ziemlich sicher werden Sie bald konkrete Früchte sehen.

DER ZUSAMMENPRALL
GEBET FÜR DEN DURCHBRUCH

SEX UND DROGEN – ALLES GANZ NORMAL
Amsterdam, November 2010

Es ist Kraft im Gebet. Kraft, mehr zu verändern als nur ein einziges Menschenleben. Doch auch eine ganze Gruppe? Eine ganze Stadt? Einen Kontinent? Wo ist die Hoffnung, die im Gebet lebt, wo ist diese Kraft für Europa?

Die Grachten glitzern im Morgenlicht und die Hausboote wiegen sich sanft in den Wellen. Blumenkästen an den Fenstern und vor den Türen: Amsterdam ist eine schöne Stadt. Ich habe im Zentrum von „Jugend mit einer Mission" gelehrt. Und nun befinden wir uns auf dem Weg in die Altstadt. Jenen Teil der Altstadt rings um die „Oude Kerk", den man im Volksmund auch „D'Huurenzuil" nennt: die Hurenzeile. Wir machen den Versuch, weil wir uns nicht täuschen lassen wollen. Auch wenn ich mit geschlossenen Augen an der Hand von Tom gehe, spüre ich genau, wie sich die geistliche Atmosphäre verändert, als wir die Brücke überqueren, die uns ins Rotlichtviertel führt.

Was sich dem Auge des Besuchers hier darstellt, schockiert in erster Linie durch die scheinbare Normalität, in der all das präsentiert wird. Ein Stadtteil, in dem die einzigen Geschäfte Bordelle, Coffeeshops und Fast-food-Läden sind. Ein Stadtteil, in den jedes Wochenende Tausende Touristen aus aller Welt pilgern, um Drogen und billigen Sex zu bekommen. Ein Stadtteil schließlich, in dem Hunderte von Frauen aus armen Ländern in den Händen brutaler Zuhälter eine Sklavenarbeit leisten müssen, die selbst ihre schlimmsten Kindheitsalbträume weit übersteigt.

Nie vergesse ich den Blick in die Augen dieser Frauen, die dort ganze Passagen lang in ihren Schaufenstern stehen. Leere Augen, einsame Augen. Geschminkte Augen, die, sobald ein Mann vorbeigeht, in das laszive Spiel des Körpers einstimmen. Perfekt einstudiert: eine Maske, die „Komm zu mir!" schreit, doch hinter der blanke Verzweiflung gähnt. Alle fünfzehn Minuten ein neuer Freier, das macht bis zu vierzig pro Tag. Und „normaler Sex" ist bei Weitem nicht das Einzige, was im Angebot ist.

Dazwischen die Shops, in denen man hochpotentes Haschisch kaufen kann. Und Marihuana, das fast so stark ist wie LSD und Opium zur Hippiezeit. In den Schaufenstern: goldene Röhrchen für das Kokain, Digitalwagen für das Heroin. Und all das so normal. Ich achte auf das, was ich im Geist empfinde. Was mich am meisten verwundert: Ich spüre nicht sofort das Dunkle, das Bedrohliche, das Böse. Ich spüre in meinem Inneren eher einen Schwindel, eine Verwirrung, Nebel. Für mich ein Kennzeichen des Bösen: Es zeigt sich nicht offen, sondern gibt sich als normal. Es verdreht die Werte.

Unglaubliche Tatsache, doch inmitten dieses Rotlichtviertels, direkt neben der ehemaligen Zentrale der Church of Satan, befindet sich ein kleines Gebetshaus. Wenn man dort aus dem Fenster blickt, kann man die fast nackten Frauen im Fenster stehen sehen. Zusammenprall der Welten, einmal mehr.

Amsterdam ist nicht die schlimmste Stadt Europas. Doch eine, in der sich mir mit aller Wucht die Frage stellt: Welche Kraft kann unseren Kontinent verändern? Europa war einst der christliche Kontinent. Was kann die Abwärtsspirale des Unglaubens, der Zerstörung der Werte und der Herzen aufhalten? Was ist die Hoffnung für Europa? Und einmal mehr sind es Geschichten, die mich lehren, wie Gottes Kraft hereinbrechen kann. Geschichten, die natürlich mit dem Gebet zu tun haben.

Bei unseren ersten Power-Erfahrungen in der Jugendarbeit habe ich es schon gekostet: Es ist Kraft im Gebet. Seit wir mit dem Gebetshaus begonnen haben, stellt sich mir die Frage immer direkter: Wie entwickelt das Gebet konkret seine Kraft? Und kann man seine Auswirkungen sehen? Von beidem handeln die folgenden Geschichten.

BEGEGNUNG MIT DEM FEUER
Tirol, Februar 2008

Wieder einmal begleitet mich Tom. Wie schon so oft bin ich unterwegs zu einer Gruppe von Jugendlichen, denen ich von Jesus erzählen werde. Doch diesmal ist es nicht einfach. Es ist ein kleiner Haufen Teenager, irgendwo auf einer Berghütte in Tirol. Nudeln mit Tomatensoße, Kicker, Schlafsäcke: das Übliche. Und doch soll ich an diesem Wochenende etwas Entscheidendes lernen, was an meine „Power-Erfahrung" von 1999 anknüpft. Und etwas, das für immer mein Bild vom „fruchtbaren" Dienst in Gottes Reich prägen soll. Doch alles der Reihe nach.

Am ersten Abend erzähle ich von meinem Weg mit Jesus. Am nächsten Morgen über irgendetwas anderes. Ich bin witzig, meine Vorträge sind voller packender Geschichten und Beispiele. Doch im Gegensatz zu sonst scheine ich nicht zu den Jugendlichen durchzudringen. Die Jugendlichen? Na, ganz normale eben. Zwei Mädchen spielen mit ihren Handys, eine andere kichert, die Aufmerksamkeit ist mäßig.

Dann kommt der Nachmittag. Ich spreche über Sex. Das ist das Thema, das normalerweise alle aus der Reserve lockt oder zumindest brennend interessiert. Doch auch hier: schleppende Reaktionen, der Funke scheint nicht überzuspringen. Später ist ein „Heilig-Geist-Abend" geplant, weil der ebenfalls noch jugendliche Leiter sich wünscht, dass etwas passiert. Doch mit diesen Ausgangsbedingungen – was soll da schon passieren? Meine bisherigen Botschaften haben nicht gezogen, wir haben auch keine Band, von der ich erhoffen dürfte, dass sie die Leute mitreißen würde. Ich fühle mich ratlos, denn auch die einfachsten Lektionen des Gebets muss ich irgendwie immer wieder neu lernen ...

Es ist 17.45 Uhr und Tom und ich ziehen uns zum Gebet in unseren sehr rustikalen Schlafraum zurück. Um 19 Uhr soll der Gebetsabend beginnen, und ich habe keine Ahnung, wie der ablaufen soll. Wir beginnen, frei zu beten. Innerhalb weniger Minuten spüre ich etwas. Und ohne nach links zu blicken, weiß ich, dass Tom das Gleiche spürt. Es ist, als senke sich eine schwere Decke über uns. Es ist, als könnten wir spüren, dass da wirklich Schwere, Dunkel und ein Nebel sind, die das Licht Gottes daran hindern, zu diesen Jugendlichen durchzudringen. Wie von einer Last zu Boden gedrückt, knie ich mich auf meine Isomatte. Nur wenig später liegt auch mein Kopf auf dem Boden. Ich ringe. Oder besser gesagt: *etwas* hat mich gepackt. Nicht mehr ich bete, sondern es betet mich. Tom neben mir empfindet offensichtlich exakt dasselbe. Auch er auf dem Boden, auch er wie niedergedrückt von einer geistlichen Last.

An einer Stelle spricht Paulus davon, für die Gläubigen Geburtswehen zu erleiden (Galater 4,19). Ich habe von Gebet, das wie Geburtswehen ist, schon gehört, aber es bislang noch nie erfahren. Doch Geburtswehen macht man nicht, sie kommen über einen. Und über mich kommt in diesem Moment ein solcher Schmerz, ein solches Kämpfen um die Seelen dieser jungen Menschen, dass es mich zu Boden drückt. Es bricht aus uns heraus: ein Seufzen, ein Klagen, ein Zu-Gott-Schreien. Es fühlt sich nicht angenehm an, sondern wie ein Kampf. Und doch ist es das Einzige, was wir gerade tun können. Und es hört nicht auf. Es hört über eine Stunde nicht auf.

Die Uhr schlägt, es ist eigentlich Zeit, das Gebet abzubrechen und das Programm zu beginnen. An dieser Stelle wäre es so logisch, mit dem Beten aufzuhören. Doch es gehört zu dieser Lektion, es nicht zu tun. Ich spüre, dass das jetzt nicht richtig wäre. So gehe ich zum Leiter der Gruppe und sage ihm: Der Beginn des Abends wird verschoben, wir haben noch keinen Durchbruch im Gebet. Die Jugendlichen werden zurückgeschickt zu ihren Freizeitaktivitäten und ich gehe zurück in den Schlafraum. Es geht nicht anders. Kaum betrete ich ihn, trifft mich wieder die gleiche Last mit der gleichen Intensität. Es fühlt sich an, als sei ein großer, bedrohlicher Feind plötzlich in unser Fadenkreuz geraten, und alles, woran wir noch denken können, ist, beständiges Gebet wie Trommelfeuer aufrechtzuerhalten.

Viele Minuten später. Plötzlich ... So augenblicklich, wie es gekommen ist, ist es weg. Ich realisiere, dass ich aufgehört habe zu beten. Ich bemerke, dass ich ruhig werde. Auf einmal füllen ein Friede und eine Leichtigkeit den Raum. Der Blick nach links zeigt mir, dass auch Tom aufgehört hat zu beten und nun ganz ruhig dasitzt. Mit verschwörerischem Augenblinzeln verständigen wir uns sofort: Jetzt können wir anfangen!

FEUER

Der Abend beginnt schmucklos. Keine Band, keine Spiele, keine Geschichten. Ich spreche zehn Minuten. Es ist das reine, schlichte und radikale Evangelium. Du musst von Neuem geboren werden. Willst du Jesus folgen? Es wird dich alles kosten, es wird die radikalste Entscheidung deines Lebens. Doch eine, die sich unendlich lohnt. Ohne Verzierungen, ohne Späße. Die vorhin noch kichernden Teenies sitzen wie vom Donner gerührt. Und wer diese Entscheidung nun treffen wolle, der solle hier vor den Augen seiner Freunde aufstehen und nach vorne kommen.

Diese Jugendlichen – dieselben, die sich in den Einheiten zuvor so gar nicht begeistern ließen. Die so cool waren und „drüberstanden". Es dauert keine Sekunde, da stehen, ja springen *alle* auf und strömen nach vorne. Ich leite sie in ein einfaches Gebet: Vater, danke, dass du mich liebst und dass Jesus für mich gestorben ist. Jesus, ich kehre um von meinen schlechten Wegen, bitte vergib mir. Ich will dir heute mein Leben übergeben und das Geschenk deines Kreuzes annehmen. Ich will dir nachfolgen. Amen.

Schon während dieses Gebets fangen die Ersten an, heftig zu schluchzen, einer beginnt zu zittern. Auch hier wieder: Dies ist kein charismatisches Setting, diese Jugendlichen wissen nicht einmal, dass es so etwas gibt. Wir beginnen nun, ein einfaches Lied zum Heiligen Geist zu singen und für jeden Einzelnen zu beten.

Es ist, als wären unsere Hände mit Starkstrom geladen. Bei der Berührung fällt der Erste zu Boden, wie vom Blitz getroffen. Ebenso der Zweite, die Dritte ... Viele beginnen laut zu weinen, zu schluchzen, zu schreien. Eine andere beginnt zu lachen und immer wieder „Danke, Jesus!" zu wiederholen. Heiliges Chaos, einmal mehr. Als schließlich der Ortspfarrer spontan zu Besuch kommt und in einen halbdunklen Raum tritt, wo überall weinende, lachende oder schlicht glückliche Jugendliche am Boden liegen, kann ich mir nicht anders helfen als mit einem kleinen Trick. Erklären kann ich in aller Kürze ohnehin nicht, was hier vor sich geht. So bitte ich ihn, in einem benachbarten Raum für Beichte und Gespräch zur Verfügung zu stehen. Er lässt seinen Blick noch einmal über die ungewöhnliche Szene gleiten und geht dann in das Zimmer. Morgen werde ich ihm irgendwie erklären, was hier gerade passiert ...

Doch als er am nächsten Tag wiederkommt, sagt er: „Also, was das gestern Abend war, kann ich zwar nicht sagen. Aber ich kann sagen, dass jeder einzelne dieser Jugendlichen zum Beichten kam, und solche Beichten habe ich noch nicht oft gehört ..." Später erfahre ich, dass sich ein Mädchen aus einer buddhistischen Familie hat taufen lassen. Der Abend ist ein großer Sieg für das Reich Gottes und ein mächtiger, nachhaltiger Durchbruch im Leben dieser Jugendlichen. Für immer habe ich die Lektion gelernt: Es gibt einen Unterschied zwischen Verkündigung mit Kraft und ohne Kraft. Und was macht den Unterschied? Gebet. Einmal mehr das Gebet.

SCH... CHRIST!
Kandy, Sri Lanka 2001, Augsburg 2013 und anderswo
Es gibt tatsächlich eine geistliche Realität. Sie ist für uns unsichtbar, was jedoch ein Defizit unseres Sehvermögens und kein Defizit der Realität ist. Natürlich könnte alles immer auch ein Zufall sein. Ist es beispielsweise ein Zufall, dass ich in einem Zug sitze und bete und sich mir gegenüber ein schwarz gekleideter Mann niederlässt? Ein Mann, dessen Blick etwas Wirres hat. Der dann ein schwarzes Buch mit dem Titel „Holy Bible" herausholt (so heißt auch die Satansbibel) und mit einem Feuerzeug eigenartige Flammenzeichen über sie macht? Ich lasse mich nicht beirren und bete in meinem Herzen voll Zuversicht. Minuten später beginnt er immer heftigere Anzeichen dämonischer Belastung zu zeigen. Er beginnt, zu beben und nach links zu kippen, sein Blick immer wirrer. Das Zugabteil ist voller Leute, doch plötzlich fokussieren seine stechenden Augen mich. Und wie das Zischeln einer Schlange faucht er mir auf Englisch einen Satz entgegen, den ich nicht ganz verstehe. Irgendwas, dass er meine Seele haben möchte ... Wie immer bin ich als Christ äußerlich nicht zu erkennen. Doch der in ihm hat offensichtlich ein Problem mit dem in mir. Zufall?

Eine weitere Geschichte. Ich gehe durch Ulm, bin unterwegs, um in einer Jugendgruppe über Sexualität zu predigen. Das ist eines meiner Lieblingsthemen. Seit Jutta und ich mit Sex bis zur Ehe gewartet haben, brennt mir die Bedeutung dieses Themas gerade für junge Menschen unter den Nägeln. Im Herzen betend gehe ich durch Ulm. Mir nähern sich zwei in schwarze Gothic-Kutten gekleidete bärtige Männer und ich schaue ihnen freundlich in die Augen. Mit demselben Zischen wie aus dem Mund des eigenartigen Mannes im Zug wendet sich einer im Vorbeigehen zu mir und faucht: „Scheiß Christ!" Nichts Äußeres an mir konnte ihn erkennen lassen, dass ich ein Christ war. Doch es gibt eine geistliche Realität! Ich juble innerlich. Der in mir ist größer als der in ihm. Und die Finsternis hat Angst vor dem Licht.

Noch viele ähnliche Geschichten könnte ich erzählen. Zum Beispiel eine aus einer Stadt, die aussieht wie einem orientalischen Märchen entsprungen. Es ist Kandy, die heilige Stadt in Sri Lanka. An einem See gelegen thront der große Tempel in der Mitte der lärmreichen Straßen, der Tempel des Zahns. Denn dort wird der Zahn Gautama Buddhas verehrt und täglich mit einem stattlichen Opfer von über vierzig verschiedenen Curry-Gerichten bedacht. Ehrfürchtig reihen sich die in farbige Saris gehüllten Frauen im Goldschein der heiligen Halle auf, um einem der safranfarbigen Mönche den Topf mit ihrer Weihegabe – einem Essen – zu überreichen. Der schwelende Duft der Räucherstäbchen begleitet uns noch einige Schritte ins Freie, als das murmelnde Wiederholen halb gesungener Verse langsam im Straßenlärm des frühen Abends versinkt.

Hier in Kandy werden Jutta und ich Zeuge eines eigenartigen Spektakels. Traditionelle, vom hinduistischen Götter- und Dämonenglauben geprägte Tänze werden dargeboten. Farbige Masken, akrobatische Verrenkungen, treibende Rhythmen. Der Höhepunkt: Ein sich ganz offensichtlich in einer dunklen Trance befindender Tänzer nähert sich einer Bahn voller glühender Kohlen. Er betritt sie mit bloßen Füßen. Das Crescendo der Trommeln unterstreicht ein Klima dunkel faszinierter Erwartung. Irgendwie ist mir nicht wohl. Ich empfinde die Stimmung als dämonisch aufgeladen. Doch in mir ist das Licht Jesu. Tatsächlich setzt er die Füße auf die Kohlen. Scheinbar schmerzfrei, doch in verzerrter Trance. Erste Schritte ... Aber dann: Ganz plötzlich bricht der Tänzer in sich zusammen. Verstörte Blicke allenthalben.

Helfer eilen herbei, um die Wahrung des ordentlichen Anscheins bemüht. Der Tänzer aber krümmt sich, verdreht die Augen, muss weggetragen werden und das okkulte Spektakel ist vorbei. Zufall? Nein, es gibt die geistliche Welt. Und wenn das Licht Christi tatsächlich in mir leuchtet, darf ein solcher Zusammenprall mich nicht verwundern. Es ist nur eines von vielen Beispielen, die nur den befremden, der an die Existenz einer solchen geistlichen Welt nicht glaubt.

EIN LICHTFLECK

Wieder und wieder steht der Beter in Gefahr, zu unterschätzen, was er tut. Wieder und wieder steht er in der Gefahr, das große Bild aus den Augen zu verlieren. Denn so oft sieht man eben keine Früchte. Eine kleine Gruppe treuer Beter, die sich wöchentlich trifft – was bewirkt sie schon? Meine von Ablenkungen und dem Grau des Alltags getrübten zwanzig Minuten am Morgen: Bewegen sie etwas?

Selbst an einem Ort, der sich ganz dem Gebet verschrieben hat, kommen diese Zweifel. Selbst hier sind Entmutigung und Ernüchterung immer eine reale Gefahr. Eine Begegnung Anfang des Jahres 2013 rüttelt mich wach für die Größe und Bedeutsamkeit jeder treuen Gebetsstunde. Ein Team koreanischer Christen hat sich spontan zu einem Besuch im Gebetshaus entschlossen. Wir bemerken sie aber erst, als sie am nächsten Morgen schon wieder weg sind. Sie haben einen Zettel hinterlassen, der jedem Beter, der sich manchmal mutlos fühlt, neue Zuversicht einflößen möge. Darauf erzählen sie ihre Geschichte: Sie seien auf gut Glück nach Deutschland gefahren und hätten nicht gewusst, wohin sie gehen sollten. Im Gebet fragten sie Gott. Da hatten sie den Eindruck, über der Landkarte Deutschlands eine dichte, dunkle Decke zu sehen. Ein Ort aber sei ihnen aufgefallen: Dort sei ein Strahl hellen Lichts von oben durch den Nebel gedrungen und hätte mit seinem Leuchten alle Schatten vertrieben. Sie kannten sich in Deutschland nicht aus, doch buchten sie Zugtickets zu dem Ort, den sie im inneren Bild gesehen hatten. Ziemlich in der Mitte Süddeutschlands. Als sie nach Augsburg kamen, folgten sie weiter den göttlichen Hinweisen wie die Weisen aus dem Morgenland dem Stern. Die Geschichte klingt beinahe wie ein Märchen, doch einige Stunden später standen sie im Foyer unseres Gebetshauszentrums und wussten: Das ist der Ort. Sie beteten bis tief in die Nacht und hinterließen uns nur einen Zettel, der die Hintergründe ihres kurzen Besuchs beschrieb. Einen Zettel, der jeden kleinen Beter erinnern kann, dass er Teil einer großen Geschichte und einer göttlichen Strategie ist, auch wenn er selbst so wenig davon sieht.

Freilich sind wir nicht der Überzeugung, dass unser Gebetshaus der einzige geistliche Lichtblick Deutschlands wäre. Wir glauben einfach, dass Gott uns diese lieben Koreaner geschickt hat, um uns an das zu erinnern, was die Würde jedes Christen ist: Licht der Welt zu sein – in einer dunklen Welt. Diese Realität bleibt dem Beter nicht verborgen. Diese Realität mit ihrem Kampf, doch auch mit der überwindenden Kraft des wahren Lichts.

FEUERSTELLE

Welche Gruppe, welche Gemeinde, welche Familie oder welcher Ort bewegt Sie persönlich? Wo erhoffen Sie mehr von Gottes Wirken, ja einen Einbruch seines Lichts? Am besten betet man mit anderen zusammen, wenn es um ein „kämpferisches" Gebet für den Durchbruch geht.

Suchen Sie nach einem Gesinnungsgenossen, und tauschen Sie sich darüber aus, wie Sie die geistliche Atmosphäre über diesem sozialen oder lokalen Raum wahrnehmen. Was prägt die Mentalität der Menschen dort? Welchen „geistlichen Geschmack" kann man dort auf der Zunge spüren? Ist das Klima beengt, dunkel, traurig, grau? Oder ist Gottes Licht spürbar und herrschen Freiheit, Weite, Herzlichkeit, Kreativität und Dienstbereitschaft?

Bleiben Sie nun nicht dabei stehen, den geistlichen Ist-Zustand zu analysieren, sondern setzen Sie im Gebet etwas dagegen. Das tun Sie am besten, wenn Sie nicht „gegen das Böse anbeten", sondern indem Sie das Gute erbitten. Denn das Licht überwindet die Dunkelheit in einem Raum nicht, indem es die Dunkelheit aktiv angreift. Das Licht wird angeschaltet – und die Dunkelheit ist schon besiegt. Diese Haltung sollte auch unser Gebet prägen, wenn wir für die geistliche Atmosphäre beten. Wir beten siegesorientiert. Wenn Sie zum Beispiel für eine Gemeinde beten, beten Sie nicht „gegen Neid und Unversöhntheit", sondern um ehrliche Liebe, um Versöhnung, um den Geist Christi.

Eine Anregung dazu können auch die Gebete sein, die in den neutestamentlichen Briefen vorkommen. Es sind allesamt „positive Gebete". Nehmen Sie sich eines dieser Gebete zur Hand und beten Sie damit für die besagte Gruppe oder den besagten Ort. Sie werden Veränderung sehen. Nicht sofort, aber nach und nach.

Apostolische Gebete im Neuen Testament:

Epheser 1,17-19
Epheser 3,14-19
Philipper 1,9-11
Kolosser 1,9-12
Römer 15,5-7
1. Thessalonicher 3,9-13
2. Thessalonicher 3,1-5

DAS LIED IN DER NACHT
GEBET UND DER KAMPF DES LOBPREISES

UND MITTEN IN DER NACHT EIN LIED
Jma-el Fna, Marrakesch, Marrokko, Juni 2010
Das Schattenreich der Nacht entfesselt sein wühlendes Spektakel binnen weniger Stunden. Tagsüber ist der „Platz der Toten" ein von Touristen frequentierter heller Fleck im Herzen von Marrakesch. Eine weite, lichte Öffnung im Gewirr der Gassen. Gassen ohne Namen, sich drehende, halbdunkle, jäh endende Gassen. Es ist unmöglich, sich im Suk von Marrakesch nicht zu verlaufen. Ein Durcheinander von Stimmen und Gerüchen. Und überall hängen die farbig tropfenden Wollbündel der Färber von der Decke. Indischgelb und „rouge de marrakèch", das Blutrot der Teppichknüpfer. Doch wenn der Muezzin zum Abendgebet ruft und die Läden im Basar schließen, scheinen alle auf den alten Hinrichtungsplatz zu strömen. Die weite Lichtung im Gewirr der Gassen ändert ihre Gestalt. Hunderte von Ständen werden aufgebaut. Oranges Feuer schießt aus den fahrbaren Garküchen empor, über den improvisierten Tischen bedeckt der Rauch der Öfen bald den ganzen Jma-el Fna. Wer Hammelkopf und Schnecken liebt, setzt sich an einen der Stände. Die anderen lassen sich vom rhythmischen Trommeln der Berbermusiker in das wimmelnde Dunkel des Platzes locken, der von manchen als eine der weltweiten Hochburgen der verbotenen Künste und des Okkultismus bezeichnet wird. Der Schlangenbeschwörer streckt mir seine Kobra entgegen und die Kartenleserin wirft dem Vorbeigehenden spähende Blicke zu. Immer lauter, immer dunkler und immer wirrer scheint das vielstimmige Treiben am Platz zu werden, je später es wird. Schließlich ist die Sonne ganz gesunken und nur noch das Flackern der Feuer und die rauchenden Garküchen erhellen dieses Spektakel aus Tausenden von schwarzen, drängenden Gestalten. Bei all der Folklore empfinde ich etwas Dunkles, das durch die Menge zu spähen scheint wie die Augen einer Raubkatze durch das dichte Gebüsch. Oder bilde ich mir das nur ein?

Durch eine schlecht beleuchtete Seitengasse finde ich meinen Weg in das schäbige Nachtquartier, in dem ich für acht Euro ein kleines Zimmer beziehe, das unweigerliche Assoziationen an eine Gefängniszelle weckt. Das dumpfe Hämmern der vielstimmigen Wüstentrommeln begleitet mich in den unruhigen Schlaf. Eigenartige Gestalten huschen durch meine Träume.

Als ich mich am Morgen auf dem flachen Dach unter der aufgehenden marrokkanischen Sonne zu meiner Gebetszeit setze und den Blick über das Meer aus Blechdächern, Kuppeln und Minaretten schweifen lasse, beschleicht mich ein unangenehmes, bekanntes Gefühl. Nur träge fließen meine Gedanken, mein Geist fühlt sich an wie beklebt, die Freiheit im Gebet ist einer eigenartigen Trägheit gewichen. Trotz des gleißenden Morgenlichts ist etwas Verdunkeltes auf mir, wie neblige Schwaden, die erst nach und nach der inneren Klarheit weichen, die ich sonst im Gebet kenne. Es sind weitere Lektionen über den Bereich der „geistlichen Atmosphäre", und sofort erinnere ich mich an den Moment, da ich dieses Gefühl zum ersten Mal hatte ...

STAUBIGE LUFT
Al-Azhar-Universität, Kairo, Januar 2006

Weshalb drängen sich die zwei jungen Männer vor mich und versuchen, mich am Fotografieren zu hindern? Über den Zaun hinweg möchte ich ein Bild von der wichtigsten islamischen Universität der Welt machen. Der Lärm der Hupen, das staubige Grau der Betonbauten, dazwischen pittoreske Steinmetzarbeiten und Kalligrafien, die die Moscheen und Medresen zur Straßenseite hin erkennbar machen. Das Gedränge von Kairo, die auf alle Sinne einprasselnden Reize von allen Seiten. Gewürze, Taxis, Plastikblumen, Gegrilltes, Abgase, Patschuli, Graffiti, Schleier, Mekka-Poster: Kairo eben.

Die Nacht habe ich in einem Reisebus verbracht. Neben mir der auf mich einschwatzende Ägypter, der mir wortreich von den historischen Siegen der glorreichen ägyptischen Armee gegen die zionistischen Aggressoren berichtet. Seine Aussprache ist überaus feucht und er kommt ständig näher. Stundenlang sitze ich neben ihm. Übermüdete Ankunft am Busbahnhof vor Sonnenaufgang. Nur die Müllmänner sind schon wach. Ich stolpere durch endlose Großstadtstraßen. Im ersten Linienbus, den ich besteige: Koran-Rezitation über den Lautsprecher. Im nächsten: auf den kleinen Bildschirmen ein Actionfilm, in dem ein Komplott von heldenhaften Soldaten aufgedeckt wird – der israelische Spion will ägyptische Kinder vergiften. Das Gift hat er von einem koptischen Priester in der Sakristei bekommen ...

Und nun stehe ich vor der Al-Azhar-Moschee und halte noch immer leicht verwundert das kleine Heftchen in der Hand, das mir ein freundlicher Führer in der Moschee geschenkt hat: „Women in Islam". Eine mit Pathos gefüllte Argumentation, weshalb nur der Islam die wahre Befreiung der Frau sei. Über die christliche Unterdrückung der Frau. Und weshalb die meisten Frauen es eigentlich großartig fänden, wenn ihr Mann noch weitere Ehefrauen habe ...

Tatsächlich zeigt sich der Islam auch Jahre vor dem „arabischen Frühling" hier nicht von seiner freundlichsten Seite. Und warum starrt mich jeder an? Wollen die Studenten nicht, dass ich – im Herzen betend, übrigens – die Universität nur von außen aufmerksam betrachte? Was geht wohl vor hinter diesen vergitterten Fenstern, auf die ich betend blicke? Und warum scheine ich inmitten der Hunderte von Vorbeiströmenden sofort aufzufallen, sodass man mich am Fotografieren hindert? Weshalb fühlt sich meine pure Präsenz so an, als hätte man jemanden mit dem plötzlichen Strahl einer Taschenlampe bei seinem dunklen Treiben erwischt? Wenn es geistliche Gerüche gäbe, dann würde hier etwas stinken. Das war schon einmal so, ungefähr ein Jahr zuvor ...

EINE LEKTION ZWISCHEN SCHERBEN
Bonn, August 2005

Abends treffen wir uns zum Beten, in der Straßenbahn singen wir. Mit einer Gruppe von Freunden besuchen wir den Weltjugendtag, zu dem der frisch gewählte Papst Benedikt XVI. gekommen ist. An der Currywurst-Bude vorbei treten wir aus dem Bahnhofsgebäude ins Freie. Ein Zeitungskiosk, eine Bäckerei. Meine Augen streifen eine ausgemergelte Figur, die mit ihren leeren Augen am Boden nach etwas zu suchen scheint. Sie schleppt sich zu einer Gruppe anderer Menschen. Sie alle sehen irgendwie kaputt aus. Meine Freunde und ich beschließen, uns ein wenig in der parkähnlichen Grünanlage umzusehen, die an den Bahnhof grenzt. Und schnell erkennen wir: Dies ist kein ganz gewöhnlicher Ort. Irgendwie ist es schmutzig hier. Auf der Parkbank sitzen Männer und trinken Schnaps. Eine ältere Frau mit roten Haaren und nur einem Schneidezahn schnorrt eine Zigarette, ihre Kleidung zerlumpt. Zwei jüngere Prostituiere, einige Punks. Ein Mann wie ein Gerippe, seine faltige Haut ist selbst im Gesicht tätowiert. Von jahrelangem Drogenkonsum ausgezehrte Blicke. Glasscherben am Boden.

Es ist das Jahr 2005. Das wilde Jahr, in dem einige Freunde und ich ausprobieren, wie verrückt wir für Gott sein können. Es ist das Jahr der „Face your fears"-Aktionen, der durchbeteten Nächte und der ersten Schritte hin zum Gebetshaus. Und so beschließen wir, an diesem dunklen Ort Zeugen für Jesus zu sein. In Zweierteams schwärmen wir aus, um Leute anzusprechen und ihnen anzubieten, für sie zu beten. Doch das ist etwas schwieriger als gedacht.

Das junge Mädchen mit den pinken Haaren und den Piercings hört sich wenigstens an, was wir zu sagen haben. Doch der glatzköpfige Stricher mit der Lederjacke will nichts von uns wissen. Alkoholiker lachen, andere fluchen ... Es läuft nicht so richtig, aber wir machen weiter. Wir wollen doch so gerne etwas von Gottes Liebe weitergeben! Schließlich nähern wir uns einer zusammengekrümmt am Boden sitzenden Gestalt in einer dicken Jacke. Die Knie angezogen, den Kopf gebeugt sitzt da ein junges, schlankes Mädchen. Neben ihr ein eingerollter Schlafsack. Sie reagiert nicht auf unseren Gruß. Langsam nähern wir uns und fragen, ob wir für sie beten dürfen. Wir stupsen sie an. Als sie auch darauf nichts sagt, legen wir ihr sachte die Hand auf die Schulter und beginnen, zu beten. Da kommt die ältere rothaarige Frau mit fehlendem Schneidezahn auf uns zu und fragt scheppernd und alkoholisiert, was wir da täten. Was, beten? Jetzt sehen wir, dass die Haut der Handgelenke des Mädchens unter den Ärmeln von roten Einstichen übersät ist. Ja, es sei gut, wenn wir für sie beten, denn sie sei 17. Und im siebten Monat schwanger.

Für einen Moment scheint die Zeit stehen zu bleiben. Sie ist 17 und auf Heroin. Und schwanger. Irgendwie schaffe ich es, ein „Amen" zu sprechen und das Gebet zum Abschluss zu bringen. Wir schleichen davon, als hätte man uns mit einer Keule auf den Schädel geschlagen. Unser Versuch, Licht ins „Bonner Loch" (so nennen sie es hier) zu bringen, ist ziemlich kläglich gescheitert. Was für eine peinliche Aktion. Wir sind am fremden Terrain abgeprallt wie Eindringlinge ohne Befugnis. All das fühlt sich so dunkel an, so entmutigend, so hoffnungslos. Ja, es gibt sie, die geistliche Welt. Und dieser Ort ist dunkel wie die Nacht. Irgendwie dem geistlichen Gefühl ähnlich wie dort in Kairo und dort in Marrakesch ...

Niedergeschlagen schleichen wir in unser Quartier. Dorthin werde ich nicht noch einmal gehen. Nicht mehr mit mir, das steht für mich fest. Doch nicht alle in der Gruppe sehen das so. Es ist dem penetranten Zureden meiner Freunde zu verdanken, dass ich mich nach langer Überzeugungsarbeit doch bewegen lasse, am nächsten Tag einen weiteren Versuch zu wagen. Doch diesmal anders, das ist mir klar. Ich sei keinesfalls bereit, irgendwen anzusprechen, das verkünde ich gleich vorweg. Lediglich mit mir als Lobpreismusiker könne man rechnen. Und so geschieht es. Ein Dutzend junger Leute und ich machen uns also noch einmal auf den Weg ins „Bonner Loch".

Wir stellen uns mitten im Park auf und beginnen zu singen. Ich spiele Gitarre. Gelächter schon bei den ersten Akkorden. In meinem Rücken kann ich die Blicke der belustigten Junkies spüren. Es müssen Hunderte sein, die sich hier täglich treffen, um Drogen, Sex und ein wenig Geld zu suchen. Wir stehen im Kreis. Mitten auf dem Pflaster und zwischen den Glasscherben. Während des ganzen ersten Liedes bete ich nicht. Ich schließe die Augen und bin nur damit beschäftigt, die Blicke nicht zu spüren. Die Atmosphäre ist bedrückend. Dunkel. Ich will weg. Aber ich spiele weiter.

Beim zweiten Lied wird es etwas einfacher. „Du bist erhoben, Herr", singen wir. Und ich beginne es ein bisschen zu glauben. Beim dritten Lied ist es so weit: Die Umgebung ist weitgehend ausgeblendet und unsere Aufmerksamkeit liegt mehr auf der Größe Gottes als auf der Erbärmlichkeit der Umstände. Das Gelächter hat nun auch aufgehört. Es wird uns leichter ums Herz, der Lobpreis fließt. Wir singen von Jesu Licht, das die Dunkelheit durchbricht. Aber plötzlich hört sich das gar nicht mehr gut an.

Wer singt da so falsch neben mir? Ich öffne die Augen: Es sind zwei Obdachlose, die Flasche in der Hand, die sich zu uns gestellt haben und offensichtlich mitsingen wollen. Schräg gegenüber nähert sich eine weitere Gestalt: Es ist die verlebt aussehende Dame mit den rot gefärbten Haaren und dem kaputten Gebiss. Auch sie versucht, mitzumachen.

Ich schließe die Augen wieder. Nun sind Freiheit und Freude spürbar, die Umgebung ist vergessen, ich bin ganz im Lobpreis. Als ich das nächste Mal meine Augen öffne, geschieht dies, weil ich nur noch mich singen höre. Was ist mit den anderen? Überrascht sehe ich, dass sie in Gespräche mit all den Menschen vertieft sind, die sich aus allen Richtungen auf unseren Kreis zubewegt haben und auch dabei sein wollen. Es dauert nicht lange, da wird gemeinsam gebetet, und es fließen die ersten Tränen.

Meine Gitarre lege ich schließlich weg. Denn nachdem der eine Junkie gehört hat, dass für seinen Freund gebetet wurde, möchte er das auch. Prostituierte und Alkoholiker beten mit uns, öffnen ihr Herz für Jesus als ihren Retter und Erlöser. Ein Mann spricht mit mir. Sein ganzer Körper, sein ganzes Gesicht, selbst seine Kopfhaut und seine Augenlider sind tätowiert. Er sieht aus wie ein Reptil. Und dann erzählt er von seinem missbrauchenden Vater, wie er homosexuell wurde, wie er anfing, auf den Strich zu gehen. Und überall können wir zuhören, von Jesus erzählen, beten und erleben, wie Gottes Liebe in die Herzen fließt. In Ermangelung mitgebrachter Traktate (wir haben mit so etwas ja nicht gerechnet) verschenken manche von uns ihre Bibeln. Tränen, Lachen, Beten, Singen füllen schließlich den ganzen Platz. Und als wir Stunden später wieder gehen, winkt man uns zu wie Freunden, von denen man hofft, dass sie bald wieder auf Besuch kommen. Die ganze Atmosphäre des Ortes hat sich verändert und strahlt hell.

GEBAHNTE WEGE

Immer wieder habe ich erlebt: Der Lobpreis bahnt einen Weg für das Licht der Erkenntnis Gottes. Dass es Orte und Situationen gibt, in denen das Dunkel vorzuherrschen scheint (wie ich in Marrakesch und Kairo zu fühlen meinte), kann man schnell wahrnehmen lernen. Doch was kann das Dunkel durchbrechen?

Um diese Frage zu beantworten, muss man sich vor Augen halten, wodurch das Dunkel zustande kommt. Es liegt ja nicht an der Abwesenheit oder mangelnden Kraft Gottes. Er ist da und immer gut und immer souverän. In seiner Güte jedoch hat er sich und sein Wirken teilweise abhängig davon gemacht, ob wir an ihn glauben oder nicht. Und „glauben", so begann ich zu lernen, hat viel mit Fokus und Blickrichtung zu tun.

Wovon lasse ich mich mehr beeindrucken: von der Dunkelheit oder vom Licht? Bei meinem ersten Besuch im „Bonner Loch" war mein Blick wie absorbiert vom Bösen und vom Dunklen. Deshalb schien es auch immer größer zu werden. Beim zweiten Mal dagegen ließen wir den Lobpreis einen Weg bahnen.

Was ist Lobpreis? Lobpreis ist der bewusste Akt, den inneren Blick auf Gott zu richten und seine Schönheit und Größe wichtiger zu nehmen als alles Dunkel und alle Sorgen. Das ist natürlich nicht immer leicht. Dennoch ist es eine Erfahrungstatsache: Wer nur auf das Sichtbare schaut, kann auch nur gemäß den Gesetzen des Sichtbaren handeln. Wer jedoch seinen Blick glaubend auf Gott richtet, erlebt, wie seine Gegenwart hereinbricht und die Atmosphäre verändert.

Das vielleicht eindrücklichste biblische Beispiel für dieses Prinzip ist eine Geschichte aus der Missionstätigkeit des Paulus. Er und sein Begleiter Silas werden verhaftet und mit Ruten ausgepeitscht. Danach sperrt man sie ins Gefängnis und lässt ihre Füße in den Block legen. In welcher Stimmung wären wir, wenn ein Evangelisationseinsatz so ausgehen würde? Das Unglaubliche lesen wir in Apostelgeschichte 16,25: Paulus und Silas schlafen nachts nicht nur nicht, vielmehr singen sie Loblieder! Man kann sich die Szene kaum vorstellen: Ihre unversorgten blutigen Wunden liegen auf dem schmutzigen Stroh auf, die Füße sind schmerzhaft fixiert, Dreck und Ungeziefer eines primitiven Gefängnisses ... Doch Lobpreis erfüllt diesen Ort! Und auf einmal geschieht das Wunder: Die Fesseln springen ab, der Gefängniswärter stürzt herein und lässt sich schließlich sogar noch in derselben Nacht taufen.

Doch der entscheidende Punkt ist, wann genau Paulus und Silas mit dem Lobpreis beginnen. Eben nicht erst nach dem Wunder. Die Entscheidung, Gott zu preisen, kommt zu einem Zeitpunkt, da das Sichtbare nur von Misserfolg, Schmerz und Dunkel geprägt ist. Lobpreis trotz all dieser Probleme: mehr von Gott beeindruckt als von dem Bösen, das sie sehen. Und dann plötzlich das Hereinbrechen seiner Kraft.

Darum geht es beim Lobpreis, darum geht es beim Gebet. Es gibt immer einen guten Grund, sich vom Blick auf die Umstände entmutigen zu lassen. Doch wenn wir Gott inmitten aller Umstände preisen, wird ein Weg dafür gebahnt, dass genau diese Umstände verändert werden. Und selbst da, wo wir das noch nicht sehen, wollen wir diejenigen sein, die mit dem Lobpreis nicht warten, bis in allen Lebensbereichen der Morgen anbricht: schon jetzt mitten in der Nacht ein Lied.

FEUERSTELLE

Lobpreis bedeutet sagen (oder singen), wie Gott ist. Machen Sie sich eine alphabetische Liste und suchen Sie für jeden Buchstaben eine Eigenschaft Gottes. Gerne auch mehr. Zum Beispiel: anders. Besser, als ich denke. Charmant. Demütig. Energiegeladen. Froh. Geduldig ...

Falls Ihnen nichts mehr einfällt, nehmen Sie die Psalmen zur Hand und lassen Sie sich inspirieren (man kann sie übrigens auch so wunderbar als Lobpreis beten oder singen). Ist Ihre Liste fertig, beten Sie sie – danken Sie Gott also für das, was er ist. Lobpreis bedeutet, von sich selbst und den eigenen Belangen weg- und zu Gott hinzublicken. Genau diese Ausrichtung des Blicks üben Sie ein, wenn Sie über längere Zeit hinweg bewusst sagen, wie Gott ist. Sie werden sehen: Die eigenen Probleme werden nach und nach weniger bedeutsam und unser Bewusstsein für Gottes Souveränität steigt. Und genau das ist es, was seine übernatürliche Kraft in unserem Leben freisetzt – und die geistliche Atmosphäre um uns herum verändert.

DIE VERSCHWENDUNG

GEBET BEI TAG UND BEI NACHT

NARDE, 100 PROZENT
Betanien, vielleicht 3. April 29 n.Chr.
Es ist der erste heiße Tag in diesem Frühjahr. Der Wind hat nachts zuvor gedreht und nun bläst warme Luft aus dem Negev über Betanien. Die letzte Woche vor dem großen Fest. Schon sind einige Dutzend Pilger eingetroffen, die wie jedes Jahr auch diesmal ihr Quartier in dem kleinen Städtchen gleich hinter dem Ölberg beziehen. Geschäftiges Treiben auf den Straßen, das Blöken von Schafen, das Schreien von Kindern.

Die letzten Tage sind anstrengend gewesen. Das Wandern durch die Ortschaften, Streitgespräche mit zunehmend feindseligen Pharisäern und Rabbinern. Getuschelte Behauptungen von einem Mordkomplott … In ganz Jerusalem, so sagt man, spricht man von Jesus und dem auferweckten Lazarus. Und aus dem Palast des Herodes hört man beunruhigende Gerüchte.

Auch Jesus ist erschöpft. Der Weg von Ephraim war staubig und steil. Sie sind vormittags losgegangen und freuen sich nun auf ein Wiedersehen mit den Freunden in Betanien. Eigenartig ist Jesus in den letzten Tagen manchmal gewesen. Er hat sorgenvoll von ihrer Wallfahrt nach Jerusalem gesprochen. Von Konflikt, von Verrat und vom Sterben. Wie gut, dass dies erst einmal vergessen ist, als sie die kleinen Lehmhütten Betaniens sehen, die sich an den Berghang schmiegen. Die Synagoge mit ihren blockigen Dachbalken, den Dorfbrunnen. Und wie überall auch hier: zusammenlaufende Kinder, neugierig starrende oder freudig winkende Dorfbewohner. Jesus ist wieder da – und einmal mehr weiß es jeder. Doch heute keine Predigt, heute kein Besuch in der Synagoge und heute keine Heilung.

Ein kleiner, gepflasterter Weg führt an einer Steinmauer entlang einige Schritte aus dem Dorfzentrum hinaus zu dem Anwesen Simons. Ja, jenes verwitweten Gewürzkrämers, der vor einigen Jahren an Aussatz erkrankt ist, bald darauf aus dem Dorf ausgeschlossen werden musste und ebenso bald darauf starb. Das Haus des Lazarus und seiner beiden älteren Schwestern, die an Eltern statt für ihn und den Haushalt sorgen.

„Schalom lach, Marjam", grüßt Jesus, der als Erster eintritt, in die Nebenkammer der Wohnstube. Voll Freude dreht Maria sich um: „Jeschua! Schalom lecha!", ruft sie strahlend aus. „Ich wusste nicht, dass ihr so früh kommen würdet! Nehmt Platz!" Nun treten auch die Jünger ein. Marta und Lazarus eilen herbei. „Wie schön, dass ihr da seid!", sagt Marta und reicht eine Tonschüssel mit Wasser zum Händewaschen. „Ihr müsst hungrig sein!"

Sofort verschwindet Marta in der Küche. Lazarus legt sich zu Tisch. „Wie gut ist es, wieder hier zu sein!", sagt Jesus und nimmt einen Schluck Wasser aus dem Becher vor ihm. Öllampen werden entzündet, Brot und eine würzige Tunke gereicht.

Jesus ist der Ehrengast. Der Freund der Familie. „Erzähle, Jesus, wo wart ihr? Man hört, du hättest einige Feinde?" Die Jünger erzählen von den Reisen der letzten Wochen, den Wundern, den Auseinandersetzungen ...

Da kommt Marta. Diesen Wein müsst ihr kosten, ich habe ihn für Pessah gekauft, doch diesen Krug spendiere ich schon heute! Eingelegte Oliven, Schafskäse, Rosinen und frische, knusprige Brotfladen: ein Festessen für Jesus. Salz wird herumgereicht, Kräuter und Olivenöl für den Käse in einem Schälchen. Ein fröhliches Gespräch entspinnt sich, gemeinsame Erinnerungen, frohe Begebenheiten – und immer wieder ein Wort von Jesus, das alle aufhorchen lässt.

Auf einmal steht Maria vom Tisch auf. Schweigsam ist sie bislang gewesen – wie immer hat sie einfach nur Jesus angeschaut, seinen Worten gelauscht. Die Tischgespräche, das Essen, die Arbeit – all das scheint für sie im Hintergrund stattzufinden. Sie verschwindet im Nebenraum und einige Minuten lang fällt ihre Abwesenheit kaum auf. Als sie den Wohnraum leise von hinten wieder betritt, bemerkt es keiner der Gäste. Im Schatten, außerhalb des Lichtkegels der Öllampen, nähert sie sich Jesus. Keiner sieht kommen, was nun geschieht. Und als Maria beginnt, vergehen einige Sekunden, bevor überhaupt jemand darauf reagieren kann. In ihrem Arm trägt sie eine Alabasteramphore, kunstvoll gestaltet, in warmen Rosétönen schimmernd. Es ist einer jener Flakons, die man mitunter auf den Märkten bei den Spezereienhändlern sieht – nur meistens sind sie kleiner. Das Fläschchen ist versiegelt. Sofort wird Marta und Lazarus klar, was Maria hier tut. Sie kennen das Fläschchen.

Ihr Vater Simon hatte ein kleines Geschäft von seinem Vater geerbt. Mastix, Baldanum und ähnliche Weihrauchharze hat er von persischen Händlern in Jericho gekauft und in Jerusalem weiterverkauft. Und er baute das Geschäft weiter aus: edlen Würzwein aus dem Libanon, rote Schminke aus Tyrus, Kassia aus Indien und Nelken aus Ägypten. Parfums und Mischungen für die Balsamierungen produzierte er selbst und verfügte dafür über eine kleine Sammlung der edelsten und kostbarsten Duftöle.

Eine solche Menge Nardenöl auf einmal erstehen zu können, war selten. Doch es schien das Geschäft seines Lebens: reine, hochwertige Narde aus dem Land zwischen Euphrat und Tigris. Er bekam nur wenige Tropfen als Probe zum Riechen, doch dies genügte: Dies war das feinste Nardenöl, das ihm je begegnet war. Vor seinen Augen sah er Dutzende von großen Amphoren der Balsammischungen, die er mit jeweils einigen Tropfen dieser Aromenessenz würde herrlich duften lassen können. Der Preis des Öls war hoch. Er musste einen stattlichen Teil seines gesamten Barvermögens aufbringen. 150, 200, 250 – 300 Silbermünzen zählte er auf den Tisch des Karawanenführers. Doch mit diesem Duft würde er über Jahre hinweg hochwertige Parfums herstellen und guten Umsatz erzielen können.

All dies schießt Marta und Lazarus durch den Kopf: Der Vater ist vor zwei Jahren gestorben. Marta hat als Älteste das Haus geerbt, Lazarus das Barvermögen und den Acker auf dem Hügel. Und Maria – die noch versiegelte Amphore. Das Nardenöl ist Marias ganzes Erbe. Ihre finanzielle Absicherung, ihre Mitgift und damit einzige Chance darauf, einen Mann, Kinder und soziale Absicherung zu finden.

Ebendiese Alabasterflasche hält Maria in Händen und … mit einer entschiedenen Bewegung bricht sie den dünnen Hals des Flakons und beginnt, den Inhalt über Jesu Haupt zu gießen. Vor Entsetzen bleiben

Augen und Münder offen – sie *schüttet* das Öl regelrecht aus. Jenes Öl, von dem bereits wenige, sorgsam dosierte Tropfen genügen, das Lager eines Königs zu aromatisieren. Doch sie hört nicht auf. Ein dünnes, glitzerndes Rinnsal quillt aus dem zerbrochenen Alabaster. Benetzt Jesu dichtes Haar, rinnt über seine Stirn, tränkt den Saum seines Gewandes. Nun nähert sie sich Jesu Füßen. Auch über sie gießt sie reichlich aus, massiert das Parfum mit ihren Händen ein. Wie eine Explosion von anmutigem Wohlgeruch ergreift die blumige Essenz Besitz vom ganzen Raum. Süß, orientalisch, verführerisch und unendlich durchdringend, tausend Erinnerungen weckend und die Sinne betörend. „Was tut sie da?", steht in den Gesichtern der Gäste geschrieben, und der eine oder andere äußert es auch flüsternd. Doch damit noch nicht genug. Mit einer flinken Bewegung zieht Maria ihren Schleier von den Schläfen und löst die Holzspange aus ihrem dichten, dunkelbraunen Haar, das nun in langen Locken herabfällt. Ihren Kopf ganz nah an Jesu Füßen windet sie ihre Haare wie ein Tuch um Jesu Füße und beginnt, sie damit abzutrocknen.

Das geht nun wirklich entschieden zu weit. Alles ist voll Nardenöl: Es trieft von Jesu Kopf, seinem Gewand, seinen Füßen, Marias Haaren und fließt auf die Felldecken, auf denen Jesus liegt.

„Was soll das?", platzt es aus Judas heraus. „Das ist Nardenöl! Es ist ein Vermögen wert! Man hätte es für 300 Denare verkaufen und das Geld den Armen geben können! Was für eine unsinnige Verschwendung!" Nun stimmen auch die anderen ein: „Das war ihr Erbe!" „Wenn Simon das wüsste!" „Das ist wirklich übertrieben!" „Warum sagt Jesus nur nichts?" „Stell dir vor: 300 Denare!"

Doch Jesus scheint all das nicht zu hören: Stumm und mehr wissend als lächelnd blickt er auf Maria, deren Augen unentwegt auf seine gerichtet sind.

„Lasst sie!", sagt er, als würde er mehr zu ihr als zu jenen sprechen. „Die Armen habt ihr immer, doch mich nicht. Ich sage euch, wo immer auf der ganzen Welt das Evangelium verkündet wird, wird man von dem erzählen, was sie getan hat."

Es ist wenige Tage später. Seine Haare und sein Gewand sind nicht mehr gewaschen worden. Es ist der Tag vor dem Pessah. In seinem dichten, lockigen Haar hält sich noch Marias Narde, als sein Haupt von dem ersten Schlag des Stockes getroffen wird. Seine Stirn scheint noch von jenem Öl zu schimmern, als sich die fingerlangen Dornen bis zum Schädelknochen durch die Kopfhaut stechen. Als man das Kleid von seinem zerschundenen Leib reißt, da duften seine Gewänder nach Würzöl, wie Psalm 45 es verheißen hat. Als seine Füße vom Nagel durchbohrt werden, erinnern sie sich noch ihrer Haare auf seiner Haut. Und noch im letzten Augenblick, bevor Jesus am Kreuz die Sinne schwinden ... riecht er Nardenöl auf seiner Haut.

„Maria hat diesen Leib für das Begräbnis gesalbt. Sie hat ein gutes Werk an mir getan. Das wird ihr in Ewigkeit nie vergessen."

TAG UND NACHT?

Immer wieder werde ich gefragt, warum es uns im Gebetshaus so wichtig sei, dass das Gebet an 24 Stunden nicht aufhöre. Geht es Gott wirklich um die Abdeckung irgendwelcher Stunden? Und allgemeiner gefragt: Genügt es nicht, dass jeder Christ selbst in seinem Alltag betet? Welchen Sinn macht diese Betonung auf das Gebet rund um die Uhr?

Freilich: Nur wenige sind berufen, einen Lebensstil zu wählen, der dem 24-Stunden-Gebet gewidmet ist. Ich glaube, dass nur eine sehr kleine Gruppe von Menschen wirklich diesen Auftrag hat. Das bedeutet aber nicht, dass es nicht relevant ist. Auch nur wenige sind berufen, tatsächlich in die Mission in ein fremdes Land zu gehen. Nur wenige sind berufen, christliche Politiker zu werden. Und doch braucht es all das. Während es jedoch landläufig viel Verständnis für die Notwendigkeit christlicher Sozialdienste, Schulen oder Gemeinden gibt, weckt die scheinbar einseitige Betonung des Gebets auch bei gläubigen Menschen nicht selten Unverständnis. Und doch, so meine ich, geht dem Christentum Wesentliches verloren, wenn es jene nicht gäbe, die das Gebet zum Mittelpunkt ihres Lebens machen. Das ist eine der Lektionen, die ich in den Klöstern gelernt habe. Sie waren von Anfang an wie der zweite Lungenflügel der Kirche. Atmet sie nur durch ihre Verkündigung, den Dienst an den Armen und ihre guten Projekte, dann stirbt etwas in ihr. Und was stirbt? Im Letzten: die Liebe. Denn Liebe hat immer etwas mit Verschwendung zu tun. Das lernte ich eigentlich erst durch Maria von Betanien.

Besucher im Gebetshaus staunen immer wieder: 22 Angestellte, eine teuer gekaufte Immobilie, Strom und Heizung bei Tag und bei Nacht – nur dafür, dass ein paar Leute beten? Und *nur beten*? Könnten diese jungen Pädagogen, Grafikdesigner und Akademiker nicht wirklich Wichtiges in der Welt bewegen? Und sollten sie sich nicht lieber für die Armen einsetzen, anstatt nächtelang Lieder zu Gott zu singen, die außer ihnen niemand hört? Ist all das nicht eine eklatante Verschwendung von Zeit? Und von Geld? Und von Fähigkeiten?

Verständliche Fragen. Fragen, die immer wieder kommen. Und unsere Antwort darauf: Ja, es ist eine Verschwendung. Gebet ist immer Verschwendung. Doch sie ist nötig. Liebe scheut nie das Extravagante. Liebe scheut nie die verschwenderische Hingabe. Beten heißt lieben lernen. Und jeder Ausdruck von liebender Verschwendung an Jesus zählt unendlich viel für ihn. „Du hast ein gutes Werk *an mir* getan. Das wird dir in Ewigkeit nie vergessen" (Matthäus 26,10).

DU BIST WÜRDIG

Philadelphia Airport, Mai 2011
Ich sitze am Boden und weine. Eigentlich wollte ich die zwei Stunden Aufenthalt am Flughafen nutzen, um ein wenig in der Bibel zu lesen. Ich habe mir ein abgelegenes Gate gesucht. Niemand außer mir. Vor mir ein Fenster und dahinter werden geparkte Flugzeuge betankt. Strahlend blauer Himmel. Eigentlich wollte ich nur in der Bibel lesen. Doch dann erklingt ein Lied aus meinen Kopfhörern. Die Zeile des Lobpreisliedes ist so einfach. „You are worthy of night and day worship, you are worthy of unceasing adoration" (deutsch: Du bist würdig, Tag und Nacht angebetet zu werden, du bist würdig, unablässig verehrt zu werden). Und mit aller Macht bricht das über mich herein, was ich schon in vielen Stunden im Gebetshaus erahnt habe, ohne so

klare Worte dafür zu finden: Ja, er ist würdig, Tag und Nacht angebetet zu werden.

Dieser Flughafen ist Tag und Nacht in Betrieb. Die Feuerwehr, die Notaufnahme im Krankenhaus. McDonald's auch. All das verwundert uns nicht. Niemanden empört das. Denn es stehen klare Werte dahinter, die solches Engagement angebracht erscheinen lassen. Weil wir um den Wert eines menschlichen Lebens wissen, nehmen wir keinen Anstoß daran, dass Ärzte und Schwestern nachts aufbleiben, um das Leben der Kranken zu retten. Natürlich! Und weil unsere Häuser Wert haben, wollen wir, dass sie auch nachts gelöscht werden, falls sie brennen. Die Feuerwehr bei Tag und bei Nacht einsatzbereit – selbstverständlich! Doch es geht noch weiter. Selbst vor dem plötzlichen nächtlichen Hungertod rettet uns im Zweifelsfall der Chickenburger, deshalb soll auch McDrive möglichst nicht schließen. Denn auch Sättigung und Konsum sind ein hoher Wert, so könnte man etwas spöttisch anfügen.

Tatsächlich leuchtet Betrieb rund um die Uhr völlig ein, wenn wir den dahinter stehenden Wert erkennen. Doch was ist eigentlich der größte Wert, der zentrale Wert von allem? Es gibt einen Fixpunkt. Den Mittelpunkt aller Wertigkeit des Kosmos. Sein Gravitationszentrum. Der Wert jeder Sache verhält sich relativ zu dem Wert anderer Sachen und Geschöpfe. Gold ist wertvoll, weil es selten ist und Bedeutung für Menschen hat. Doch der letzte und höchste Wert des Alls ist nicht einmal der unschätzbar hohe Wert eines Menschen, sondern der Wert dessen, durch den und für den und zu dessen Ehre es erschaffen wurde.

Gott ist der unverrückbare Mittelpunkt. Die massive Realität, der gegenüber alles andere Schatten ist, vorläufig und auf wackeligen Stelzen steht. Sein Wert, seine Würde und seine Herrlichkeit sind der höchste und bedeutsamste Wert des Universums. Seine Verherrlichung ist die dringendste Notwendigkeit, die es gibt.

Und so wie es eine grundsätzliche Ungerechtigkeit ist, wenn der Wert eines Menschen nicht beachtet und übergangen wird, so ist es grobe Un-Ordnung und Verletzung der Gotteswürde, wenn er nicht gepriesen wird, so wie es ihm gebührt. Denn er ist der höchsten Anbetung, der vollständigsten Verehrung würdig. Es ist undenkbar, dass ein Berufsfeuerwehrmann seine Nachtschicht spontan absagt, weil er etwas anderes zu tun hat. Doch ebenso schreiendes Unrecht ist es, wenn Menschen (und ja: auch Gottes Volk!) sich so sehr den „Sorgen dieser Welt und dem trügerischen Reichtum" (Matthäus 13,22) hingeben, dass sie das eine wirklich Notwendige (vgl. Lukas 10,42) völlig vergessen.

DAS FEUER SOLL NIE VERLÖSCHEN (3. MOSE 6,6)
Augsburg, Juni 2011, 6.02 Uhr

Ich kehre aus Philadelphia zurück, gepackt von der Realität der Anbetungswürdigkeit Gottes. Jede Stunde, in der Menschen in meiner Stadt arbeiten, fernsehen, lernen, doch es keinen Ort gibt, an dem *er* beständig verherrlicht wird, bereitet mir Schmerzen. Morgens erwache ich mit der beinahe erdrückenden Erkenntnis: Gott muss gepriesen werden! Meine Frau und ich wachen auch tatsächlich immer früher auf, stellen unseren Tagesablauf um, sodass sie frühmorgens im Gebetsraum sein kann, während ich die Kinder versorge. Und dann folgen beglückende Stunden, in denen ich das tun kann, was ich in bislang ungekannter Deutlichkeit als meine Lebensberufung erkenne: Gott anzubeten.

Es dauert nicht lange, da beginnen immer mehr unserer Gebetshausmissionare unabhängig von mir ähnliche Erfahrungen zu machen. Viele Mails erreichen mich: „Johannes, könnte ich statt zwanzig Stunden dreißig Stunden pro Woche im Gebetsraum sein?" Und immer mehr Beter finden sich nachts oder schon ab 6 Uhr ein, sodass es manchmal schon in der Früh ein Fahrrad-Parkplatzproblem vor unserem kleinen, zum Gebetsraum umgebauten Ladenlokal gibt.

Unter Tränen berichte ich den Mitarbeitern, wie der Herr mein Herz ganz neu für das nicht verstummende Gebet entzündet hat. Andere erzählen von Begegnungen, Träumen und Eindrücken, die sie bekommen haben und die in die gleiche Richtung weisen. Es dauert nur zwei Monate, bis wir als Mitarbeiterschaft gemeinsam beschließen, mit dem 24-Stunden-Gebet zu beginnen, die 6-Tage-Woche einzuführen und auf gesetzliche Feiertage zu verzichten. Plötzlich kommen Missionare, die mit der täglichen Nachtschicht beginnen (0–4, 2–6 oder 4–8 Uhr: sechsmal die Woche!), ehrenamtliche Mitarbeiter, die mit den Wochenenden helfen ... und im September 2011 ist es dann so weit: Alle 168 Stunden der Woche sind mit Betern abgedeckt. Das Feuer auf dem Altar erlischt seither nicht mehr. Die Ereignisse danach überschlagen sich. Immer mehr Mitarbeiter, Besucher und Mitbeter kommen dazu. Tausende überwiegend junger Leute strömen auf unsere jährliche MEHR-Konferenz, und im Jahr 2012 können wir in unser erstes eigenes Gebäude umziehen. Ein großes Zentrum. Durch spontan hereinfließende Spenden ohne Schulden cash bezahlt. Ein Zeugnis für sich allein schon das. Und seither ist dieses ehemalige Fitnesscenter ein Feuerofen des immerwährenden Gebets. Genährt von einer Grundwahrheit: Gott ist es wert, angebetet zu werden.

NUR EINS
23. November 2011, 10.08 Uhr im Gebetsraum Augsburg

„Ich will sehen, was die Engel sehen, ich will sehen, was die Ältesten sehen", singt eine unserer Sängerinnen in einem der vielen spontanen Refrains, die während der Gebetszeiten regelmäßig entstehen. Sehen, was die Engel sehen?

Das ganze Leben im Gebetshaus, die ganze geistliche Energie und der Elan, sind getrieben von einer grundsätzlichen Überzeugung und Erfahrung: Wer etwas von Gott erkennt, kann nicht anders, als ihn zu lieben. Und oft scheitert unsere Liebe eben daran. Wir haben zu wenig Erkenntnis von Gott. Wüssten wir mehr von ihm, so wären wir leidenschaftlicher im Gebet. Nähmen wir uns mehr Zeit für ihn, so wären hingegebenere Anbetung und freudigerer Lobpreis die logische Konsequenz.

Eine überaus eindrucksvolle biblische Veranschaulichung dieses Prinzips sehen wir in der Thronszene in Offenbarung 4. Dem Seher Johannes wird ein Einblick in jenen heiligen Ort gewährt, wo Gott thront. Auffällig ist der Fokus dieses Kapitels. Nicht beschrieben werden himmlische Wohnungen, verschiedene Klassen von Engeln (oder wie auch immer man sich den Himmel vorstellen mag), sondern alle Aufmerksamkeit des Sehers ist auf den Mittelpunkt der ganzen Szene gerichtet: „Ich sah einen Thron und auf dem Thron saß einer" (vgl. Offenbarung 4,2). Und nicht nur die Aufmerksamkeit des Johannes gilt allein jenem. Alles Gesehene, alles Geschehen ist um dieses eine Zentrum herum angeordnet. Alle Blicke sind auf ihn gerichtet, alle Orientierung ist verankert in dem, der dort thront.

Und was nun ist die Reaktion jener Wesen, die von Ewigkeit zu Ewigkeit in seiner Gegenwart stehen? Was „macht" diese Anschauung Gottes mit ihnen? Zittern sie vor seiner Majestät und erwarten stumm seine Befehle? Arbeiten oder opfern sie, um sein Wohlgefallen zu erwerben? Denken sie über ihn nach?

Wir lesen etwas anderes. Sie ruhen nicht bei Tag und Nacht. Sie schweigen nicht. Ohne Unterlass, in jedem Augenblick rufen sie: „Heilig, heilig, heilig!". Sie staunen, sie äußern ihre Ehrerbietung in ständigem, unablässigem Lobpreis. Ohne Pause, ohne Urlaub – verzehrt von diesem Dienst und gepackt von der Größe dessen, der auf dem Thron sitzt.

Aber warum tun sie das? Was ist das Geheimnis dieser ständigen freiwilligen Hingabe an die Anbetung Gottes? Wir entdecken es, wenn wir die Beschreibung jener vier Wesen genau betrachten, die vor Gottes Thron anbeten. Sie werden geschildert als bedeckt mit Augen, außen und innen (Offenbarung 4,8). Diese zunächst eher befremdlich wirkende Beschreibung sollte uns keineswegs verleiten, sie nicht ernst zu nehmen, weil wir uns das so gar nicht vorstellen können. Weshalb wird hier erwähnt, dass diese Wesen so viele Augen haben?

Alles im Himmel ist – wie auf der Erde – Gottes Schöpfung. Und Gott hat jedes Geschöpf so erschaffen, dass es optimal an seine Umgebung angepasst ist. Ein Fisch hat Flossen, weil er im Wasser lebt. Ein Eisbär ein dickes Fell, weil er am Nordpol wohnt. Und was brauchen jene Wesen, die direkt vor Gottes Angesicht leben? Brauchen sie in erster Linie Hände, um zu arbeiten? Gehirne, um zu grübeln? Füße, um irgendwohin zu laufen? All diese Notwendigkeiten bestehen nicht vor dem Angesicht eines glücklichen, vollkommen souveränen Gottes!

Was also brauchen sie? Sie brauchen Augen. Doch davon richtig viele. Vor einem Gott, der wie Jaspis und Karneol ist (also mit dem Schönsten verglichen wird, was ein antiker Autor sich vorstellen kann, vgl. Offenbarung 4,3), von dessen Thron Blitze, Stimmen und Donner ausgehen, der von einem Regenbogen umgeben ist – kurz: der atemberaubend, überwältigend, herrlich ist –, ist es die Aufgabe der Schöpfung, zu sehen und zu staunen.

Die Frucht und das Ergebnis dieses Schauens liegen auf der Hand. „Sie ruhen nicht, bei Tag und Nacht, und rufen: Heilig, heilig, heilig ist der Herr, der Gott, der Herrscher über die ganze Schöpfung; er war und er ist und er kommt" (Offenbarung 4,8). Sie können nicht aufhören, zu preisen. Und sie tun das freiwillig. Nirgends ist die Rede davon, dass ein kleiner Engel irgendwo Wache schiebt und aufpasst, dass auch nicht einer aufhört, zu preisen (oder ihnen kleine Elektroschocks verpasst, wenn sie einmal ihr „Heilig!" vergessen haben). Diese Wesen preisen Gott, weil das die normalste Reaktion der Welt ist, wenn man Gott sieht.

Würden wir ihn mehr sehen, ihn mehr erkennen, dann wäre auch unser Leben anders. Doch der Umkehrschluss ist ebenso gültig. Wenn wir ihn mehr lieben wollen, genügt es, mehr von ihm kennenzulernen. Wenn wir Jesus mehr nachfolgen wollen, ist der erste Schritt, ihn besser kennenzulernen. Und jede Erfahrung mit ihm, jedes auch noch so kleine „Erkennen", bringt in uns Hunger nach mehr von ihm hervor. Und fließt zurück in freudiger, beständiger Anbetung. Bei Tag und bei Nacht.

„Nur eines erbitte ich vom Herrn, danach verlangt mich: im Haus des Herrn zu wohnen alle Tage meines Lebens, die Freundlichkeit des Herrn zu schauen und nachzusinnen in seinem Tempel", betete David (Psalm 27,4). Und sein Gebet hallt in unseren Herzen wider. Ja, Herr – dich sehen. Über dich nachsinnen. Über dich staunen. Von dir fasziniert sein. Ist das nicht der Anfang, der Ursprung, der Motor des christlichen Lebens? Und auch wenn unser Sehen und Erfahren auf dieser Seite der Ewigkeit immer Stückwerk sein wird (vgl. 1. Korinther 13,9), so gilt doch: „Bittet, dann wird euch gegeben" (Lukas 11,9). Selig die Hungrigen. Herr, ich will hungrig sein nach mehr von dir.

Wahrlich: „Lass mich sehen, was die Engel sehen", damit ich dich liebe und dich anbete, wie es dir entspricht.

Zurück in Betanien. Ja, inmitten der Jünger und Theologen sitzt Jesus. Sie alle schätzen ihn als Lehrer, als Gesprächspartner, als Rabbi. Doch nur eine Person in der Szene scheint zu erkennen und zu sehen, mit wem sie es hier wirklich zu tun haben. Es ist diejenige, die keine Angst vor Verschwendung hat, sondern ihren kostbarsten Besitz über seine Füße gießt. Was für eine Verschwendung? Keinerlei Verschwendung für den, der liebt. Es gibt keine Verschwendung aus Liebe zu Jesus für den, der ein Stück weit sieht und erkennt, wer und wie er ist. Das können wir von Maria aus Betanien lernen.

FEUERSTELLE

Haben Sie schon einmal etwas für Jesus verschwendet? Oder ist Ihr geistliches Leben eher die Abdeckung eines Mindestbedarfs, ein notwendiges Übel vielleicht sogar? In jeder Beziehung passiert Außerordentliches, wenn der Rahmen des „unbedingt Nötigen" überstiegen wird. Natürlich braucht es keine Extraportion Eis, doch sie macht den Unterschied für meine Tochter. Natürlich ist es nicht „nötig", dass meine Frau Blumen bekommt, doch was wäre eine Beziehung ohne solche kleinen Akte der Verschwendung? Genauso verhält es sich mit unserer Beziehung zu Jesus. In Bezug auf ihn ist unsere kostbarste Ressource meist die Zeit. Und genau da können Sie einmal ansetzen. Verschwenden Sie doch etwas Zeit für Jesus! Das hört sich zunächst bedrohlich an, denn Zeit haben wir ja alle viel zu wenig. Doch um liebevolle Verschwendung handelt es sich nur dann, wenn es uns etwas kostet.

Mein Tipp: Planen Sie einen ganzen oder zumindest einen halben Tag für Gott innerhalb des nächsten halben Jahres (vielleicht sogar schon in den nächsten Wochen). Planen Sie ihn ein wie einen nötigen Besuch beim Arzt oder die Hochzeit eines Freundes. Egal, wie Sie diesen Tag genau gestalten, wählen Sie einen zeitlichen Rahmen, der Sie wirklich „etwas kostet". Sie werden sehen: Es wird nicht ohne Folgen für Ihr Herz bleiben. Und Jesus ist es wert.

DIE EINE BRAUT
GEBET UND ÖKUMENE

EINE SKURRILE BEGEGNUNG
Jerusalem, September 2000
Gleißende, schwirrende Mittagshitze. Schabbat-Ruhe im steinweißen Neubauviertel. Welche Ehre ist es, vom Rabbi selbst zum Mittagessen eingeladen worden zu sein, zur zweiten Festmahlzeit des wöchentlichen Feiertags. Freilich geholfen haben meine wissbegierigen Fragen über das Judentum, die ich dem Besitzer des religiösen Buchladens in der Altstadt gestellt habe. Er griff kurzerhand zum Telefon und schon bald danach war klar: Wir sollten uns einige Tage später beim Rabbi zu Hause einfinden. Bei einem jener Rabbis, der keinen Hehl aus seinem Eifer macht, Goyim (also Nichtjuden) zur Konversion zu führen.

Das Essen (unzählige kalte Gerichte in unzähligen Schüsseln auf überall im Wohnzimmer aufgestellten Plastiktischen), die Gesänge, die englisch vorgetragenen Erläuterungen zur Thora: All das ist beeindruckend. Die Gastfreundschaft, mit der Fremde, Nichtjuden hier empfangen wurden, berührt mich. Doch noch einprägsamer und verwirrender ist eine Begegnung auf dem Weg zum Reihenhaus des Rabbis:

Wir verlassen den fast leeren Stadtbus an irgendeiner Haltestelle mit einem Namen wie „Zalman Shragai" oder „Bar Ilan". Orientierungsloser Blick über ein steinweißes Neubauviertel. Schweigende Kreuzungen in der gleißenden, schwirrenden Mittagshitze Jerusalems. Bei einem Taxifahrer erkundigen wir uns nach der Straße. Nach dem Haus des Rabbis. Ach, zum Rabbi wollen wir. Freundliche Wegweisung durch unseren etwa 60-jährigen Ortskundigen.

Er geht einige Schritte mit uns. Gesellig plaudernd. Ja, ja, das sei so etwas mit den Rabbis. Ein jeder habe einen anderen. Es gäbe ja so viele Gruppierungen unter den Juden, nicht wahr?

Schwarz-weiß gekleidet (ob ich eine Kippa trug, weiß ich nicht mehr), den Siddur unterm Arm, hält er uns freilich für Juden.

Was dann folgt, ist bis heute eine Aussage über die christliche Einheit, die an Dreistigkeit alles übertrifft, was ich vorher und seither jemals gehört habe. Während die Juden so viele Parteiungen kennten, sei es bei ihnen, den Christen, zu denen er selber gehöre, ganz anders. Da gebe es eben keine Spaltungen, sondern nur die Christen, die in Einheit an Jesus glaubten. Wunderbar, oder?!

Die Selbstverständlichkeit, mit der unser arabischer Weggefährte diese Unerhörtheit vorträgt, verschlägt mir prompt die Sprache. Wir bedanken uns recht freundlich und ziehen des Wegs. Minuten später. Im Haus des Rabbis werden wir ohne Frage nach unserer Religionszugehörigkeit freundlich empfangen und bewirtet. Als Ehrengast begrüßt wird ein frisch zum Judentum konvertierter (und schon im korrekten schwarzen Anzug und schwarzen Hut gekleideter) dicker, schwitzender Mann aus Amsterdam mit wuchtigem Bart. Die Ehre eines in Israel eingemeindeten Heiden übertreffe die eines jeden Juden, so erklärt der Rabbi unter dem Beifall seiner Schüler.

Bis heute weiß ich nicht, ob ich das Statement unseres christlichen Taxifahrers für die Unverblümtheit seiner schlichten Verdrehung der Tatsachen ablehnen oder für die Naivität seiner irgendwie doch tiefsinnigen Wahrheit bewundern soll. Ja, wie recht er doch einerseits hatte! Eigentlich sind alle Jünger Jesu Teil der einen Familie. Und doch musste ich ein paar Jahre später bei einer Reise nach Belfast schmerzhaft sehen, wie weit von der sichtbaren Realität entfernt sein kleiner unwahrhaftiger Versuch, das Christentum zu bewerben, doch war.

Im Herbst 2009 hatte ich das Vorrecht, bei einem europäischen Treffen charismatischer Gemeinschaften über das Gebetshaus zu sprechen. Die Tagung fand in Assisi statt und es waren Fürbitter aus der ganzen Welt zusammengekommen. Aus diesen Begegnungen ergaben sich Einladungen in verschiedenste Länder. Ich staunte: Auf einmal gab es in vielen Nationen Gruppen, Gemeinden und Klöster, die Sehnsucht nach mehr Gebet hatten und alles über das Gebetshaus erfahren wollten. Seither konnte ich in vielen Nationen Zeuge einer erstaunlichen Entwicklung sein. An vielen Orten entstehen Gruppen, deren Herzensanliegen es ist, dass das Gebet an 24 Stunden nicht erlischt. Erstaunliches Kennzeichen sehr vieler dieser Initiativen ist ein Herz für die Einheit der Christen. In Lettland, Italien, Ungarn, Rumänien, Litauen, Polen, Kroatien, Holland, Tschechien, Belgien, Schweden, den USA, Österreich und der Schweiz durfte ich Gebetsbewegungen kennenlernen, die allesamt von der Sehnsucht gekennzeichnet sind, gemeinsam mit anderen christlichen Konfessionen vor Gott zu treten. Es erscheint mir mittlerweile kein Zufall mehr zu sein: Wer betet, dem wird das wichtig, wofür Jesus betete. Und dies war sein Fürbitteanliegen, in der Nacht bevor er starb: „Alle sollen eins sein" (Johannes 17,21). Wenn Gott seine Kirche mehr und mehr zurück ins Gebet ruft, wird das auch ein Ruf sein, in Einheit zu beten. In einer Einheit, die die Unterschiede nicht klein macht und verwischt. Sondern eine, die die Verschiedenheit respektiert und sich doch in dem trifft, was uns alle vereint.

BELFAST MONA LISA
Belfast, Juli 2011
Ja, es habe in beinahe jedem dieser Pubs Tote gegeben. Rob hat uns von der Bahnstation Newry abgeholt und fährt uns nun durch die engen Gassen von Warrenpoint. Gleich auf der gegenüberliegenden Seite des Carlingford Lough beginnt die Republik Irland. Dies ist die Gegend, die C.S. Lewis zu seiner Narnia-Landschaft inspiriert hat. Und dies ist die grenznahe Gegend, in der jede Ortschaft die Geschichte ihrer gefallenen Helden erzählen kann. Die sanften Hügel im Heidekraut scheinen zu träumen, ehe sie jäh zur Bucht hin abfallen, wo die Möwen stürzend ins Wasser gleiten. Und einmal mehr dieser schreiende Kontrast von überwältigender landschaftlicher Schönheit und der Tragik der menschlichen Geschichten darin ...

Wenige Tage später rumpelt das schwarze Taxi über die Pflastersteine einer Nebenstraße von Shankill. Hier, im protestantischen Stadtteil Belfasts, weiß man eine eigene Version des Miteinanders der christlichen Konfessionen zu erzählen. Ein Spielplatz. Ein großes Wandgemälde zeigt Oliver Cromwell. Er habe den Glauben verteidigt, die Papisten besiegt und das Massaker an unschuldigen Protestanten und die Verwüstung ihrer Kirchen gerächt, wird man hier schnell optisch belehrt. Na ja, in die katholische Geschichtsschreibung ist er als Katholikenschlächter eingegangen, dessen Vorgehen Assoziationen an moderne Genozide weckt. Doch hier ist er ein Held. Wäscheleinen spannen sich über die grauen Hinterhöfe. Kinder laufen hinter einem Ball her. Und auf jedem Haus Gemälde. Eines zeigt einen jungen Mann mit dem Spitznamen „Topgun". Ein schwarzes Sturmgewehr und das Datum seiner Ermordung unter seinem Konterfei. Haushoch. Wenige Häuser weiter rechts: die berüchtigte „Belfast Mona Lisa". Ein maskierter Kämpfer, der den Lauf seines Gewehrs so in die Blickrichtung des Betrachters richtet, dass die Botschaft klar ist: Wir treffen dich überall und zielsicher. Haushoch. Und davor: die spielenden Kinder. Wie kleine Puppen vor der riesigen Kulisse.

Die Berliner Mauer trennte jahrzehntelang Bewohner des kommunistischen Ostens von jenen im Westen. Sie fiel unter dem Ansturm betender und singender Massen. Die Mauer von Belfast jedoch steht noch. An die zehn Meter hoch trennt sie das protestantische vom katholischen Viertel. Auf der anderen Seite angekommen zeigt sich ein erschütterndes Bild: Selbst die an die Mauer grenzenden Vorgärten haben Gitterdächer. Zu oft haben über die Mauer geworfene Steine oder Brandsätze Schaden angerichtet. Wir befinden uns im Jahr 2011 …

Jede Straße hat hier ihre Märtyrer, ihre im Kampf für Irland und den Katholizismus gefallenen Helden. Und ihre Terroristen. Von denen im Pub erzählt wird, wie viele Protestanten sie getötet haben, bevor mit dem Guiness auf das Ende der Glaubensfeinde angestoßen wird. Zwar geht es in diesem Kampf weder der IRA noch ihren Feinden wirklich um den Glauben. Zwar sind die Spannungen nicht mehr so heftig wie damals, als U2 „Sunday, Bloody Sunday" und „Where the Streets Have no Name" sangen (ein Lied über die Seitengassen im katholischen Viertel, wo man die Straßennamen entfernt hatte, um den englischen Soldaten die Orientierung zu erschweren). Doch die Wunden klaffen noch immer tief und bluten ständig neu im Klima des Misstrauens und des Hasses.

Die Grausamkeit des konfessionellen Kriegs in Nordirland macht ratlos. Wie können Menschen im Namen von Konfessionen, die sich auf Jesus berufen, einander so hasserfüllt bekämpfen?

AUS URALTEN QUELLEN

Jahre zuvor haben Jutta und ich den Croagh St. Patrick bestiegen. Jenen Berg, von dem aus der sagenumwobene St. Patrick die Schlangen von der irischen Insel verbannt hat. Die Legenden, die sich um jenen geistesmächtigen Prediger des 6. Jahrhunderts ranken, füllen ganze Bücher. Tatsächlich ist die Geschichte der frühen irischen Kirche eines der geheimnisvollsten Kapitel des Christentums. Wir lesen von der Bekehrung einer ganzen Zivilisation. Einer Zivilisation, die ihr kulturell Eigenes nicht aufgab, sondern sich scheinbar nahtlos der Herrschaft des neuen Königs Christus unterwarf. Und deren Kultur maßgeblich in den Klöstern bewahrt wurde und zu den eindrucksvollen Höhen des „Book of Kells" geführt hat, jenem beispiellosen Meisterwerk frühmittelalterlicher Buchillustration.

Ergreifend-befremdlich muten die Berichte der Gründungsväter der alten Klöster an. Wir hören von Heiligen, die für ihre Einsiedeleien so sturmgepeitschte und abgelegene Klippen suchten, dass die ersten Gefährten an Hunger und Kälte starben. Wir lesen von einer Radikalität im Dienst an Gott, die Christen des 21. Jahrhunderts beinahe ratlos zurücklässt. Einer Radikalität jedoch, die durch die Jahrhunderte hinweg als Beispiel klösterlichen Lebens galt. Und die ebenjene Mönche es wagen ließ, die Fahrt in den Osten anzutreten und das europäische Festland zu missionieren. Ihr Ruhm dauert fort. So erwähnt Bernhard von Clairvaux noch im frühen 12. Jahrhundert in seiner Grabrede auf den irischen Abt Malachias, dieser entstamme dem hochgerühmten Kloster Bangor. Ebenjenem Bangor, in dem die Mönche in Chören abwechselnd so viel gebetet haben, dass das Lob Gottes bei Tag und bei Nacht nicht verstummt ist.

Das berühmte Bangor. Haupt der großen Klöster des 6. Jahrhunderts. Einige Tausend Mönche habe es beherbergt. Rätselhaft genug ist die Frage, wie die Klöster in Irland entstanden sind. Gab es unbekannte Verbindungen zu den Einsiedlern in der ägyptischen und syrischen Wüste? Wie sonst erklärt man sich erstaunliche Parallelen in Liturgie und Regeln des mönchischen Lebens? Und ja: Das unablässige Gebet bei Tag und bei Nacht ist bereits in einzelnen östlichen Klöstern im 5. Jahrhundert entstanden.

Auch Bangor haben wir besucht. Es regnet, als wir die wenigen Überreste des sagenumwobenen, immer wieder zerstörten und heute verlassenen Klosters suchen. Dieser kleine Ort, an dem angeblich über zweihundert Jahre lang unablässig von den Mönchen gebetet wurde, befindet sich nur wenige Kilometer außerhalb von Belfast. Lange bevor sich die Christenheit in die großen Lager spaltete und wieder spaltete, erklang hier das Lob des Herrn bei Tag und bei Nacht. In ganz Europa bekannt wurde das Antiphonar aus Bangor, also das Gesangbuch für das kirchliche Stundengebet der Psalmen. Man könnte von einer regelrechten Lobpreisbewegung sprechen, die ganz Europa erfasst hat. Und all das nur eine halbe Stunde entfernt von dem Schauplatz der Straßenkrawalle, der brennenden Autos, der Bombenattentate. Zufall – oder göttliches Memento? Wie kann die Einheit unter den Christen anders gelingen als durch eine Rückkehr „von Belfast nach Bangor"? Wo, wenn nicht im gemeinsamen Gebet, kann das brüderliche Zusammenkommen beginnen? Noch einmal: Wer wirklich betet, dem wird das wichtig, was dem wichtig ist, den er liebt. Wer wirklich betet, der betet um das, worum Jesus betet. In der Nacht vor seinem Sterben bittet Jesus den Vater um die Einheit seiner Jünger. Er betet dies bis heute. Möge sein Gebet in unserem Gebet bei Tag und bei Nacht Widerhall finden. Die Frage nach der christlichen Einheit ist zu ernst, ihre Geschichte zu blutbefleckt, um sie jenen zu überlassen, die nur an den Konferenztischen darüber debattieren. Allein das gemeinsame Gebet hat die Kraft, die Gräben in den Herzen zu überwinden. Die vergitterten Schaufenster Belfasts und die im Regen weinenden Ruinen Bangors erzählen davon.

FEUERSTELLE

Wie geht es Ihnen mit Christen anderer Konfessionen? Gibt es gewisse Kirchen, mit denen Sie gar nichts anfangen können? Warum ist das so? Sie müssen nicht mit den Lehrmeinungen oder der Praxis anderer Christen übereinstimmen, auf dieser Ebene wird es wohl immer Differenzen geben. Doch können Sie versuchen, einmal bewusst für die Teile des Leibes Christi zu beten, mit denen Sie sich besonders schwertun, die Sie vielleicht insgeheim verachten? Jesus ist monogam und er hat nur eine Braut. Obgleich ihre sichtbare Einheit zerbrochen ist, gehören alle, die an Jesus glauben, zu dieser Braut. Den Bräutigam zu lieben, sollte einhergehen mit größer werdender Wertschätzung der Braut, die er nun einmal erwählt hat. Das gemeinsame Gebet – vielleicht auch mit Christen anderer Konfessionen – ist ein wunderbares Übungsfeld für ebendiese Herzenshaltung, die den anderen mit seinen Unterschieden stehen lassen und dennoch tief annehmen kann.

DAS REICHE LEBEN
GEBET UND SEIN

RUHEN IM SEIN?
La Londe-les-Maures, Provence, August 2012
Heilig ist der Morgen. Eine weihevolle Würde umgibt die ersten Minuten des Tages, wenn man sich schweigend aus dem Haus schleicht, vor Sonnenaufgang. Salz und Lavendel in der Luft. Das Meer tiefschwarz, der Himmel wie eine Aubergine. Ich stapfe durch den kühlen Sand. Auf leisen Sohlen, die Jungfräulichkeit dieser Stunde nicht zu stören. Der Stunde, in der der Tag noch nichts verloren hat von jenem berühmten Zauber, der angeblich jedem Anfang innewohnt. In der er sich an den ersten Schöpfungstag erinnert fühlt und seine Wangen dabei scheu erröten, als fühle er sich beschämt beim flüchtigen Gedanken an die verlorene Unschuld.

Mein Weg durch die endende Nacht führt mich auf schmalen Fußpfaden über die karsten Klippen durch stacheliges Gebüsch. Das Gebet sucht die Einsamkeit und am Morgen fliehe ich die Geschäftigkeit des mit Leben gefüllten Hauses und lasse die ersten Stunden unter der aufgehenden Sonne an einem einsamen Felsvorsprung über dem Meer verstreichen. Es sind bewegte Wochen gewesen. Die Geburt unserer Tochter Pauline, der Kauf einer neuen Immobilie für das Gebetshaus, Umzug, viele Besucher ... Bewegte Zeiten. Es sind bewegte Jahre gewesen, eigentlich.

Und dann tritt dieser Gedanke in mein Leben. Ein philosophischer. Der schlichte Gedanke an das Sein. Und die schlichte Aussage der klassischen Metaphysik, dass das Sein gut sei. Ja, dass alles Sein im Letzten gut sei. Ich weiß nicht, wem eine solche Frage überhaupt sinnvoll erscheint, doch in diesen ruhigen Morgenstunden über der nach ihrer azurblauen Farbe benannten See zieht sie ihre Kreise wie ein Stein, der in einen stillen Teich fällt.

Was ist mein Sein? Was ist das Sein, das nicht in meinem Haben und meinem Tun aufgeht? Und was ist mein Sein, wenn gerade nichts ist? Wenn kein Projekt und auch keine Menschen mein Leben mit Geschäftigkeit füllen? Wenn gerade nichts Besonderes passiert? Ja, wenn ich an nichts Großartiges denke? Was ist dann noch übrig von diesem Sein? Und – kann ich in diesem Zustand ruhen? Oder muss ich vor ihm fliehen? Mich in Beschäftigungen fliehen, in Genuss, Ablenkung oder auch nur Gedanken?

Es trifft mich mit voller Wucht: Ich vermag es kaum, im Sein zu ruhen. Wirklich hier zu sein. Hier zu sein und ganz bei mir zu sein. Je tiefer ich in mich hineinhorche und dieses „Lauschen auf das Sein" zulasse, desto tiefer spüre ich: friedvolle Ruhe im Sein? Weit gefehlt! Ein inniges, reiches Dasein einfach bei Gott und bei mir selbst? Das ist nicht das, was sich mir zeigt. Freilich bete ich. Ich bete jeden Tag. Und doch ist es, als gäbe es Schichten, die von diesem Gebet noch nicht erreicht wurden. Schichten meiner Gefühle, meines Unterbewussten, meiner allgegenwärtigen Grundhaltung. Da gibt es eine Gereiztheit, ein Getriebensein, eine Trauer, eine Einsamkeit ... die allesamt davon zeugen, dass ich noch nicht ganz im guten Sein Gottes angekommen bin.

Tag für Tag, Morgen für Morgen kehre ich an meinen kleinen geheimen Platz über den Klippen der Côte d'Azur zurück. Eine tiefe, erschütternde Erkenntnis verdichtet sich in mir. Sie löst in mir einen tiefen Prozess aus, der noch nicht abgeschlossen ist. Doch er lehrt mich die Größe und Schönheit von etwas, das ich schon öfter gesehen habe. Doch erst jetzt habe ich Worte dafür. Und ein neuer Weg beginnt.

OLIVEN UND DER HEILIGE NIKOLAUS
Kloster Panteleimon, Athos, August 2003

Seine Augen sind abgrundtief. Sie schweifen rege umher und strahlen im nächsten Moment doch eine unangestrengte Präsenz aus. Es scheint, als würde er den Frieden, den er ausstrahlt, mit sich mitnehmen. Sodass er auf jene überspringt, die mit ihm sprechen. Ioannikes ist ein alter Mönch. Die Ehrfurcht, mit der die jüngeren ihm begegnen, zeugt von einer besonderen Position im Kloster oder auch dem Ruch der Heiligkeit. Uns jedoch fällt einfach seine Milde auf.

Die unaufdringliche Freundlichkeit, mit der sich diese gebeugte kleine Gestalt in ihrer schwarzen Kutte neben uns auf die Bank unter der schwarzen Zypresse am Vorhof der Kirche setzt. Das wache Interesse in seinen strahlend blauen Augen, unter den buschigen grauen Augenbrauen und der schwarzen Mönchskappe. Vier junge Männer sind wir, auf dem Berg Athos, einmal mehr. Eine anstrengende, nicht ungefährliche Route sind wir gegangen. Zu Einsiedeleien in schwindelerregenden Felswänden geklettert. Nachts stundenlang in dunklen Kirchen den geheimnisvollen Klängen der Liturgie lauschend. Und immer dabei: das Jesusgebet, das uns so lieb geworden ist. Die schlichte Wiederholung des Namens Jesu, mit der die ersten sagenumwobenen Mönchsväter der palästinensischen und syrischen Wüste wohl schon im 4. Jahrhundert begannen. Das Jesusgebet, das der Lebensatem und der Pulsschlag des Athos ist. Den jungen Mönch, der den heißen Vorplatz kehrt und sich scheu den Blicken der Beobachter entzieht, höre ich endlos auf Griechisch wiederholen: „Herr Jesus Christus, Sohn Gottes, erbarme dich meiner, des Sünders." Der beleibte Grieche in der Mönchskutte, dessen Gesicht an einen bärtigen Piraten erinnert, lässt auf dem Boot, das wir besteigen, die Knoten seines schwarzen Komboskini (der orthodoxen Gebetsschnur für das Jesusgebet) durch die Finger gleiten. Und nun ist es Ioannikes, der uns von seinem Gebetsleben berichtet. Vom Aufstehen um 1.30 Uhr. Vom anschließenden Kaffee und dem persönlichen Jesusgebet bis 3 Uhr. Mit Kreuzzeichen bei jedem und großer Proskynese bei jedem zehnten Knoten. Das bedeutet, dass er sich alle zehn Knoten mit dem ganzen Leib zu Boden wirft, also mehrmals die Minute. Danach folgt die Liturgie in der Kirche. Sie dauert etwa vier Stunden. Erst dann das Frühstück. Mit Schafskäse und großen, schwarzen Oliven.

Unvergesslich ist mir der Friede, den dieser alte Mönch ausstrahlte. Aus ihm sprach der Reichtum eines durchliebten und durchlittenen Lebens. Und die viele Zeit, die er uns schenkte. Ausführlich erläuterte er die Bedeutung dieser und jener Ikone. Erzählte Geschichten aus dem Leben dieses und jenes Heiligen (besondere Beachtung ließ er Nikolaus zukommen) und versprach, uns am nächsten Tag noch ausführlicher zu unterweisen. Es war schließlich 22.30 Uhr, als Ioannikes, schon weit über 70, von uns ging. Und wir wussten ja, wann er wieder aufstehen würde ...

BROT UND WASSER

Was Ioannikes ausstrahlte, erblickte ich am Athos an so vielen Stellen. Ich nenne es heute: das reiche Leben. Ein Leben, das alles hat, obwohl es so vieles nicht hat. Die Hummeln summen in der Stille der Mittagshitze. Maultierdung auch hier, am unwegsamen Südende der Mönchsrepublik, die noch heute in Erinnerung an die raue Wüste Ägyptens, in die sich die ersten christlichen Mönche zurückzogen, „Thebais" heißt. Keine Autos können hier fahren, das Läuten der Maultierschellen kündigt Verkehr an. Dichte Macchia droht an vielen Stellen die schmalen Fußpfade zu überwuchern. Hier ist die menschliche Zivilisation noch nicht zur Alleinherrscherin geworden, der Herrschaftsbereich der Natur tritt dem Pilger selbstbewusst entgegen. Es gibt keine Musik, außer den Gesängen in der Liturgie. Und nichts, was ablenkt. Es ist, als sei das Leben zu seiner Essenz destilliert. Als tränke man ein von allen Schlacken geläutertes Sein. Eine potenzierte Dosis des Echten unter Ausfilterung des Überflüssigen. Dieses Fehlen von so vielem, was uns gewöhnlich dünkt, befremdet den Besucher zunächst. Doch schon nach etlichen Stunden hat er sich an das dunklere Brot und das gehaltvollere Wasser dieses Lebens gewöhnt. Der wahre Schock kommt dann, wenn er die Fähre in Ouranopolis wieder verlässt und ihn der Karneval unserer westlichen Welt mit voller Wucht trifft: überall Reklame, überall Geschrei, Hektik und Konsum. Doch warum, dieser fanatische Taumel? Und wozu?

Auf dem Athos bin ich ihm wieder und wieder begegnet: dem reichen Leben. Das reiche Leben von einem, der wirklich arm ist und doch alles hat. Das reiche Leben eines alten Mönches, der seine Jahre mit nichts anderem zugebracht hat, als Gott zu dienen. Zu beten und den Menschen gut zu sein. Das reiche Leben, das sich so frei schenkt. In den saftigen Feigen am Wegrand, von denen wir hungrigen Pilger uns nicht selten ernährten. In den Beuteln voller großer, fleischiger Tomaten – viel zu vielen! –, die Pater Zellerar uns als Proviant mitgab – wir seien ja zu viert und der Weg sei weit. In der stillen Genügsamkeit eines Tages in einem griechischen Kloster, nur unterbrochen vom Schlag des Stundenholzes beim Rauschen des nahen Meeres. Beim Schlaf auf einem einfachen Feldbett neben der Petroleumlampe. Im gleißenden Morgen und Mittag, eingerahmt von den Stunden in der dunklen Kirche und den uralten Geheimnissen. In den Weihrauchschwaden und den vielen Kerzen. Im honiggelben Weißwein im kalten Metallbecher (sonntags mit gebratenem Fisch zum Frühstück) und dem Mokka auf einem der windschiefen Balkone eines schon viel zu alten Klosters.

STRIPCLUBS UND HEILUNGEN
Ein Vorort von Kansas City, April 2007

Das reiche Leben. Was braucht man, um glücklich zu sein? Ich fühle mich so beschenkt, so reich, so glücklich, als ich am Glück dieser Menschen teilhaben darf. Freilich: Zunächst habe ich keine Ahnung, was mich erwartet. Ich war noch nicht oft in einer Umgebung, in der sich so ziemlich alles um harte Drogen zu drehen scheint. Mir ist auch nicht ganz wohl, als der junge Mann, ganz offensichtlich auf Crack, Johns Einladung kopfschüttelnd ablehnt. Nein, er komme heute nicht mit in die House Church. Er müsse in ein „safe house". Keine Ahnung, was er meint, aber es hört sich irgendwie dubios an. Ringsherum Autoreifen und Müll hier im Trailerpark. Wir gehen zurück zum schwarzen Van, und ich frage mich, auf was genau ich mich eingelassen habe, als ich Matthew und John in ihre House Church zu begleiten einwilligte. Nun ja, meine erste Begegnung mit Matthew ist durchaus spektakulär gewesen. „Do you love Jesus?" war seine erste Frage. Und als ich bejahe, gab er mir die Hand und meinte, wie würden bestimmt ein gutes Team. Er ist Briefträger. Und als solcher auch Beter und Bote Gottes für seine ganze Nachbarschaft. Und er spricht von Jesus. Er spricht eigentlich *nur* von Jesus. Mit jedem. Mir blieb der Mund offen stehen, als er mir von seinem Alltag erzählte. Von der Freundin seiner Frau, die momentan bei ihnen wohne. Sie glaube an nichts, aber noch am ehesten an Buddha. Und dann sei Matthew vom Abendgebet mit seinen Kindern zurückgekommen und sie sei über Schmerzen klagend auf dem Sofa gesessen. „Sei geheilt im Namen Jesu!", habe Matthew nur gesagt, und schon seien ihre Schmerzen weg gewesen. Die Nacht darauf sei sie beim Klang der Glockenstäbe des Windspiels an der Tür friedlich eingeschlafen. Zum ersten Mal seit Jahren habe sie durchgeschlafen. Das „Problem" sei nur: Es gebe in Matthews Haus gar kein Windspiel, das sie hätte hören können. Doch es habe Frieden gegeben, der sie in den Schlaf wiegte. Seit ihrer Abtreibung habe sie nämlich keinen Frieden mehr gehabt. Und nun sei sie drauf und dran, Jesus kennenzulernen.

Woche für Woche gingen John und Matthew in die kaputtesten Gettos von Kansas City und sprachen mit Leuten über Jesus. Danach gründeten sie kleine Hauskirchen. Und zu einer solchen sind wir nun unterwegs.

Wir treffen uns bei Tanja zu Hause. Zu Hause ist: ein heruntergekommener Wohnblock in einer heruntergekommenen Gegend. Alles grau. Die Türen tragen keine Namen, überall laufen Kinder auf den schmutzigen Gängen umher. Einen Job scheint hier keiner zu haben. Wir sitzen in Tanjas Wohnung auf dem Boden, viele Möbel gibt es hier nicht. Chloriges Leitungswasser aus dem Plastikbecher, ihre zwei schreienden Kinder sind mit dabei. Tanja ist vielleicht 22, ziemlich gut aussehend mit einem leichten Latino-Einschlag, an vielen Stellen tätowiert. Und in der ersten kleinen Austauschrunde erzählt sie, was sie in der letzten Woche mit Jesus erlebt hat: Sie hat einen prophetischen Traum für eine Nachbarin gehabt, dann für jemanden gebetet, der geheilt worden ist, und mit ihrer Schwester über Jesus gesprochen. Sie sei einfach so dankbar. Besonders, dass sie nicht mehr in den Stripclubs arbeiten müsse, seit sie Jesus nachfolge. Das sei nicht gut gewesen.

Und dann ist da noch Jimmi. Jimmi sieht aus wie aus einem Hip-Hop-Video: überall tätowiert, Baseballkappe, die Hose hängt ihm bis zu den Knien. Jimmi war auf Crack und sein Gesicht trägt davon deutliche Spuren. Er wohnt bei Tanja. Man versteht ihn kaum, wenn er spricht. Doch er sagt, dass er erwäge, auszuziehen. Denn auch Jimmi hat vor Kurzem sein Leben Jesus gegeben, und irgendwie spürt er nun, dass es nicht okay ist, mit Tanja zusammenzuleben, obwohl sie nicht verheiratet sind. Und dann ist da noch Natalja, eine ältere Dame, die Kette raucht, aber damit aufhören will. Auch sie erzählt, was Jesus alles bei ihr getan hat – ihre Wutanfälle würden weniger. Und dann geht es um Vergebung. Ja, Vergebung sei nicht leicht, meint auch Tanja. Sie könne ein Lied davon singen. Nur mit Jesu Hilfe habe sie das geschafft. Denn es sei nicht einfach gewesen, ihrem Vater zu vergeben. Immerhin war er es, der ihr das erste Mal Heroin gespritzt hat, damals, als sie 14 war. Danke, Jesus! Man sitzt und plaudert fröhlich ...

Ich hingegen sitze wie betäubt in dieser Runde, in der es eigentlich nur darum geht, was jeder Einzelne in dieser Woche mit Gott erlebt hat. Mit offenem Mund höre ich zu.

Und dann geht es um die Zukunft. Jimmi hat sich der Polizei gestellt. Nun muss er in den Knast. Ja, er habe gespürt, dass er sich stellen müsse. Was er denn verbrochen habe, frage ich. Nun ja, die Frage sollte besser lauten: Was hat er nicht verbrochen? Er sei schon wegen Waffenbesitzes vorbestraft gewesen. Bei einem Autounfall habe er Fahrerflucht begangen und daraufhin noch mit einer automatischen 72-Schuss-Waffe jemanden angeschossen. Die Polizei habe ihn geschnappt und eine Crack-Pfeife in seinem Auto gefunden. Außerdem habe er einen falschen Pass. Doch dann sei er geflohen. Also schon ein paar Sachen ... Jetzt aber wolle er ins Gefängnis gehen, reinen Tisch machen.

Wir beten für ihn und sprechen ihm zu, dass er im Gefängnis nicht allein sein wird. Jesus wird bei ihm sein. Er wird dort alles haben, was er braucht. Zum Abschied sagen mir Tanja und Jimmi, dass ich bei ihnen immer willkommen sei, wenn ich mal in der Gegend sei. Nun, in der Gegend bin ich nicht oft, aber ich verlasse dieses Haus mit der absoluten Gewissheit, hier etwas vom Evangelium und der Realität Gottes erlebt zu haben, von dem ich im Gebet schon so oft eine Ahnung bekommen habe. Inmitten solcher Armut und aller Scherben – *reiches Leben*, einmal mehr.

GEBET UND DAS REICHE LEBEN

Pater Ioannikes, Jimmi und meine Morgenstunden am L'Argentière-Strand – was hat all das miteinander zu tun? Und was hat es mit dem Gebet zu tun?

Je länger ich bete, desto mehr scheint sich alles auf wenige Grundfragen hin zuzuspitzen. Und eine Grundfrage lautet: Worin besteht das Leben? Worin besteht mein Leben? Ist mein Leben etwas, das *da draußen* stattfindet? Denn dieses Denken ist eine echte Gefahr beim Beten. Innerlich sitzt man auf glühenden Kohlen, denn eigentlich gibt es „im richtigen Leben" noch so viel zu tun. Oder man verwendet die Gebetszeit zum Nachdenken und Planen für das, was man noch tun muss. Oder man begegnet im Gebet der tief sitzenden Traurigkeit. Wehmut um das, was früher war oder mir verwehrt blieb. Unbestimmte Sehnsucht nach einem Leben, das irgendwie nie kommt. Angst vor dem Morgen, das so unsicher ist. Ärger über einen selbst, dass man nicht anders ist. Der Wunsch, dass die eigene Gesundheit, der Ehepartner, die Kinder, der Job, das Wetter doch anders sein mögen, denn *dann* ... Dann wäre doch, dann hätte ich doch, dann könnte ich doch, dann ...

Ja, was dann? Wäre dann – das Leben? Eine Grundfrage des Menschen, der im Gebet niemand dauerhaft ausweichen kann, lautet: Findet mein Leben schon jetzt statt oder ist es ständig ausstehende Zukunft oder nostalgisch vermisste Vergangenheit? Und ruht mein Leben in mir, oder ist es etwas, das mir ständig vorenthalten wird? Das andere haben, ich aber nicht? Das ich mir erst erarbeiten muss? Das ich mir, erst herbeidenken oder herbeiglauben muss? All das hat wenig mit diesem Wort zu tun, das mich damals am Strand so traf: Ruhen im Sein. Es hat auch wenig mit Jesu Verheißung eines „Lebens in Fülle" (Johannes 10,10) zu tun und mit einem guten Vater, der seine Sonne aufgehen lässt über Gerechte und Sünder (vgl. Matthäus 5,45). In allen Worten Jesu und in seiner Person atmet solch ganzheitliches Vertrauen auf den Vater. Lebt solche in sich ruhende Souveränität. Und so echtes, befreites, unverkrampftes Menschsein.

Das Leben ist reich. Es ist das gute Geschenk eines guten Gottes. In ihm ist Geschmack. Schon hier, schon jetzt. Wer wirklich beten lernt, der lernt auch das Staunen wieder. Die Freude am Geschmack des Seins. Den Dank für die Güte des Daseins, auch im Einfachen und Alltäglichen. Das konnte ich an Ioannikes sehen. Er hatte wenig und doch alles. Und auch Tanja und Jimmi: Sie hatten fast nichts. Und doch war da ein reiches Leben inmitten von allem Chaos.

„Dem Weisen schmecken die Dinge so, wie sie sind", sagte Bernhard von Clairvaux. Welch revolutionärer Satz! Tiefste Wahrheit ... Das Gebet lehrt aber genau das: die Achtsamkeit auf und die Freude an dem, was der gute Gott erschaffen hat. Gebet ist nichts anderes als ein Lebensstil des Dankens, in dem ich freiwillig antworte auf das Geschenk des Schöpfers. Im Letzten ist alles Geschenk: Jede Minute meines Lebens und jedes Sauerstoffmolekül, das ich atme, hat Gott gemacht. Nichts davon könnte ein Mensch jemals erschaffen. In diesem Sein zu ruhen, es anzunehmen und dankbar zu bejahen, darin besteht der wahre Reichtum. Das reiche Leben. Und darin besteht das Gebet.

FEUERSTELLE

Die Dankbarkeit und die Stille scheinen mir die wichtigsten Hilfsmittel auf dem Weg in ein Leben im Reichtum des Seins. Kultivieren Sie Dankbarkeit? Leider wächst diese nicht automatisch. Nehmen Sie sich doch einmal Zeit, und schreiben Sie hundert Dinge nieder, für die Sie dankbar sein können. Sie werden sehen: Es wird etwas dauern, doch eigentlich ist es nicht schwierig, hundert Dinge zu finden.

Kultivieren Sie die Stille? Auch diese wächst nicht automatisch. Doch ohne Stille wird das Leben flach und werden die Farben stumpf. Die Stille lehrt mich, mich selbst auszuhalten. Die Stille lehrt mich aber auch die Kostbarkeit jedes Augenblicks. Die Stille macht offen und empfänglich für das, was sich mir im Hier und Jetzt schenkt. Für die Begegnung mit einem Menschen. Für das Unscheinbare, Schöne am Wegrand des Alltags. Und für Gottes wunderbare verborgene Gegenwart inmitten des ganz normalen Lebens.

DIE SCHÖNHEIT

GEBET ALS KUNST

PHTHALOBLAU UND KARAMELLISIERTER CHILI
Metten, Thailand, New York in allen Jahren
Hier quillt sattes Rot aus dem Pinsel und tropft in einem dicken Rinnsal auf die Leinwand. Plötzlich erhält das unendliche Weiß des Untergrundes ein provokatives Zentrum. Ein brüchiger Strich schiebt sich aus der Spitze des breiten Grafitstiftes quer über die Bildfläche und teilt den weißen Raum in zwei Teile. In welchem Zusammenhang steht der Strich zu dem roten Farbfleck? Ein Bild entsteht, ein Geheimnis wird erschaffen, eine eigene Welt entsteht in der Welt ...

Es fiel mir niemals schwer, sie zu sehen, die Parallele zwischen dem Beter und dem Künstler. Wo immer ich Künstlern zusah, lernte ich etwas über das Gebet. Und der Kunst konnte ich an vielen Stellen zusehen. Zum Beispiel gab es da Herrn Rauch. Der alte Kunstlehrer hatte stets umhereilende Augen. Ich lernte ihn erst am Ende seines Lebens kennen. Zu malen hatte ich begonnen. Von den ersten Besuchen in den Museen verführt, hatte ich den alten Aquarellkasten meines Vaters entdeckt. Schließlich die ersten eigenen Pinsel bekommen. Das verzauberte Reich der Gouachen und der Farbtuben, die mysteriöse Namen trugen wie „Phthaloblau", „Krapplack tief" und „Kadmiumorange".

Der alte Künstler nun hatte sich bereit erklärt, diesem jungen Mann immer wieder private Stunden zu geben. Etwas Sakrales atmete schon sein Atelier. Der Geruch frischer Ölfarbe. Das seitwärts durch die großen Fenster einfallende Licht des Nachmittags. Die Ruhe hier. Das Indischgelb und die erdigen Brauntöne, noch halb flüssig auf der hölzernen Palette. Das halbe Bild an der Staffelei, die Leinwand noch zur Hälfte jungfräulich. Und seine wachen, alten Kinderaugen immer spähend, immer staunend. Von ihm lernte ich die Komposition. Die innere Stimmigkeit eines Bildes. Er malte beinahe nur abstrakt. Um Formen ging es, die Wahrhaftigkeit und Richtigkeit einer Linie. Mit den

Farben befassten wir uns nur am Rande. Er wollte mich etwas anderes lehren: die Symphonien der Formen. Und das innere Gesetz der Materialien: die Kohle so anders als der Bleistift, die flüssige Aquarellfarbe so anders als Acryl. Das Papier, das Holz, der Stein.

Mehr als nur ein Hobby war ihm die Kunst. Sein Leben lang hatte er gemalt, entworfen, unterrichtet. Und zunächst lehrte er mich, immer mehr zu sehen. Die Strukturen auf Blättern, die Formen der Kristalle, die Muster auf Blüten. Seine Kunst war Ehrfurcht dem Schöpfer gegenüber. Hybris des Menschen sei es, einfach nur Neues erschaffen zu wollen. Größe und Würde des Künstlers unter Gott jedoch, von der Meisterhand der Natur geleitet das eigene Werk ins Sichtbare zu bringen.

Unvergesslich seine prüfenden Blicke auf meinen Bildern. Der tiefe Ernst seiner Bewertung. Ob diese Farbfläche tatsächlich hier richtig sei? Ob das Bild die Spannung zwischen Statik und Dynamik, zwischen Tiefenwirkung und Prägnanz in der Form wirklich hinreichend verkörpere?

Es ging ihm in alledem nicht um die Wirkung bei einem Publikum. Es war die Kunst selbst, um derentwillen es ihm um das größtmögliche Können des Künstlers ging.

Das Gleiche konnte ich bei den Künstlern der Sprache beobachten. Mein erster Lehrer war Albert von Schirnding. Ein Schöngeist im Sinne der klassischen Epoche. Das Schloss, das er bewohnte, bis zum Dachsims gefüllt mit Büchern. Ein inniger Liebhaber der Antike, Herausgeber vieler griechischer Werke. Glühender Verehrer Wagners und Thomas Manns. Und Poet. Ihm schickte ich meine ersten Gedichte. Ich lernte von ihm ein Ringen um die Prägnanz und Lauterkeit des schlichten Wortes. Der Silben eines Gedichts, die stets viel mehr sagen, als sie auf den ersten Blick preisgeben. Mehr vielleicht, als der Dichter selbst ahnt. Das Gedicht, eine Gruft, in die man Stockwerk für Stockwerk hinabsteigen kann, bis das Licht der Vernunft sich im Unauslotbaren verliert ...

Auch bei einem vollendeten Gedicht geht es nicht um platten Effekt. Ob es jeder versteht? Ob man das nicht auch einfacher sagen könnte? Törichte Fragen eines Philisters, der von Kunst nichts versteht! Das Gedicht selbst verlangt nach Vollendung seiner sprachlichen Architektur. Ihr dient der Dichter. Der Künstler-Dichter, wie ihm Rilke in seinen „Briefen an einen jungen Dichter" ein unvergessliches Denkmal gesetzt hat. Der Kunst schließlich begegnete ich sogar auf dem Teller. Das mag verwundern! Doch für mich unvergessen die ersten Happen eines wirklich edlen Menüs in Hua Hin, Thailand. Was schwamm dort im Weiß dieser duftenden Brühe? Eine hellgrüne Chilinote durchschnitt das sämige Süß des Kokos. Ein verführerisches Parfum wie von orientalischen Blüten im Kontrast mit dem gerösteten Fisch ... War das Galgant? Das bitter-frische Orange der Kurkumawurzel ... Kühne Komposition höchst verschiedener Geschmacksrichtungen! Diese beinahe bizarre, das Geschmacksfeld in allen Extremen durchreisende Aneinanderfügung von fast widerstrebenden Aromen, wie es mir in der asiatischen Küche immer wieder begegnete. Tage darauf auf den Märkten Bangkoks und der kleinen Städte von Laos – wie der Anschauungsunterricht in der Requisitenkammer eines fremdartigen Theaters. Der in Bananenblätter gehüllte Klebereis, die auf Bastmatten ausgebreiteten orangen, haarigen Früchtchen, die grünen Haufen von Pak Choi und Kaffir-Limettenblättern.

Erst später, beim Verkosten der experimentellen Gerichte eines New Yorker Koches, der asiatische mit europäischen Zutaten zu einer expressionistischen Collage verbaute, begann ich zu verstehen, wie viel Kunst sich hier verbirgt. Der lauwarme Fisch mit der Essenz aus Thai-Basilikum und karamellisiertem Chili. Alle Zutaten und selbst der begleitende Wein interpretierten mit höchster Konzentration den Geschmack des Heilbutts. Kontrastierten ihn, dominierten jedoch nicht. Größte handwerkliche Präzision an jeder Stelle, ein perfektes farbliches Arrangement. Diese Hingabe an ein Produkt der Natur. Die menschliche Ehrfurcht vor seiner Eigenheit, die es zu bewahren gilt. Die menschliche Fantasie aber auch, durch Farbe und Form, durch Geschmack und Aroma, durch Textur und Abfolge etwas Neues, Einzigartiges zu schaffen.

Ja, Kochen kann eine Kunst sein. Und Komponieren. Und Klavierspielen, wie ich in endlosen Stunden des Übens an Bach'schen

Fugen und den Nocturnen Chopins zu erahnen begann. Höchste Hingabe an ein Schönheitsideal auch hier, Ehrfurcht vor dem großen Werk und die Bereitschaft des Interpreten, sich ihm ganz anheimzugeben. Die Kunst in der Musik, wie sie mir meine strenge Klavierlehrerin beibrachte. Und an so vielen anderen, so verschiedenen Orten.

Welch eigenartige Sache, die Kunst. Und aus vielen einzelnen Begegnungen begann sich eine Ahnung davon zu entwickeln, wie viel sie mit dem wahren Gebet gemein hat.

SCHÖNHEIT, UNVERZWECKT

Kunst kann man nicht verstehen. Man bemächtigt sich ihrer nicht. Sie bemächtigt sich meiner. Und wer von ihr überwältigt wurde, bleibt für immer gebunden. Wer von dem Strahl ihrer Schönheit getroffen wurde, trägt dieses Mal für immer mit sich herum.

Besonders angetan hat es mir im Bildenden stets die abstrakte Kunst. Erst dort, wo das Bild selbst zur Botschaft wurde und seine Berechtigung nicht erst durch eine „Aussage" bekam, schien mir Kunst zu dem zu werden, was sie eigentlich sein wollte. L'art pour l'art. Ein Kunstwerk ist um seiner selbst willen da. Es folgt ganz eigenen Gesetzmäßigkeiten und fordert von dem Künstler ein völliges In-den-Dienst-Treten.

Gebet ist Kunst. Kunst, die viel verlangt. Die einhergeht mit Verschwendung von Zeit. Kunst, die unendlich schön, doch auch unendlich fordernd, anspruchsvoll sein kann. Kunst, die um ihrer selbst willen da ist und ihren Sinn erst da findet, wo sie keinem Wozu mehr verpflichtet wird. Unverzweckt. Um seiner selbst willen kultiviertes Spiel zwischen Schöpfer und Geschöpf, in das er die Sehnsucht nach unbegrenzter Schönheit eingepflanzt hat.

Was wäre eine Nation, eine Kultur, eine Stadt ohne Kunst? Es gäbe Krankenhäuser, Straßen, Fabriken und Rathäuser. Doch alles dies in lebloser Funktionalität erstickend, nirgends das große Aufatmen des einfach schlechthin Schönen. Dieser schrecklichen Vorstellung entspricht das Leben vieler Menschen (und auch mancher christlicher Gemeinden!). Reiner Funktionalismus ist der Tod des wahrhaft Menschlichen.

Wer betet, beginnt, sich dem Diktat des schnellen Nutzens zu entziehen. Er dient jemand anderem. Er tut etwas, das auf den ersten Blick keinen Sinn ergibt. Und etwas, das im Letzten auch nie eins zu eins auf der Skala der Effizienz aufgerechnet werden kann. Ein Beter zeugt von der objektiven Würde eines Gottes, der die Wertigkeiten des Irdischen überwiegt. So wie der Künstler Zeugnis gibt von der objektiven Würde des Schönen und des Wahren, das nach Ausdruck im Irdischen ruft.

Freilich bedarf jede Kunst ihrer Einübung. Kommt das Wort „Kunst" doch auch vom „Können" … Viel zu oft meinen wir, etwas zu können, weil wir es wissen. Doch käme die Kunst vom Wissen, hieße sie „Wulst", wie ein Karmelitermönch mir einst scherzhaft mitteilte. Ja, mit Einübung hat es zu tun, das Gebet. „Lehre uns beten", bitten die Jünger (Lukas 11,1), und Jesus scheint diese Frage höchst sinnvoll zu finden. Sind wir bereit, das Gebet einzuüben wie eine Kunst? Und sind unsere Gemeinden und christlichen Gruppen Schulen des Gebets, wo man Meister in dieser Kunst findet, wie man sie in vielen Kunstdisziplinen finden kann? Können wir anderen diesen Weg weisen?

Kunst schließlich erfüllt den Menschen zutiefst. Die Frage, was die Kunst nun bringe, kann nur jemand stellen, der keinen Sinn für die Kunst hat. Ebenso sinnvoll wäre die Frage, was es denn bringe, über die Schönheit der im Meer versinkenden Sonne zu staunen. Welchen Nutzen das Riechen am satt altrosa Blütenkelch der Rose im Spätsommer nun einträge. Welchen Sinn das habe …

Kunst beantwortet die Sinnfrage. Der Mensch ist für das Schöne erschaffen und ist nur da ganz Mensch, wo er ihm dienen darf.

Die Kreativität ist dem Menschen in die DNS seines Herzens geschrieben. Weh einer Nation und weh einem Leben, das die Kunst nicht mehr schätzt. Weh einem Leben, das nicht mehr das Schöne um seiner selbst willen feiern kann. Weh dem Leben, das nicht mehr genießen und nicht mehr spielen kann.

Wo die Kunst verzweckt wird, wird sie bloßes Kunsthandwerk oder billige Reklame. Wo die Kunst nicht mehr um ihrer selbst willen sein und ihren eigenen Gesetzen folgen darf, wird sie schal, unwahr und hohl.

Das Gleiche passiert mit dem Gebet, wenn es nur noch den Zwecken dient. Gebet hilft, ruhig zu werden. Gebet ermöglicht unsere Aktionen. Gebet bringt Segen. Gebet schenkt vielleicht sogar die erwünschte Gebetserhörung ... Und all das stimmt. Doch es ist nicht alles!

Gebet ist Kunst. Und deshalb ist es selbst seine eigene Begründung und bedarf im Letzten keiner anderen. Gebet ist Kunst. Und deshalb lebt es von der Schönheit und von der Freude. Schon der Prophet kündigt an, dass Gott sein Volk in sein Bethaus bringen und dort mit Freude erfüllen werde (Jesaja 56,7). Endzeitliche Erfüllung dessen, was Gott mit dem Tempel, dem Ort der Begegnung und dem Ort des Gebets, stets gemeint hat. Das ist das Gebet, wonach Gott sich sehnt: zweckfreie Kunst, ein Spiel der Schönheit um ihrer selbst willen. Vom freien Einfach-so motiviert und nicht von Druck.

FEUERSTELLE

Nicht selten werde ich gefragt, wie die richtige Gebetsform aussehe. Meiner Meinung nach gibt es nicht die eine richtige Gebetsform. Es gibt eine Vielzahl von Gebetsformen, die zu unterschiedlichen Menschen zu unterschiedlichen Etappen ihres geistlichen Lebens passen. Ich rate jedoch jedem, *einen* Weg zu wählen und den mit einer gewissen Beständigkeit zu erlernen. Die Einübung des Schweigens, der Bibelmeditation, des Lobpreises, des liturgischen Gebets, der beständigen Fürbitte, des 24-Stunden-Gebets, der eucharistischen Anbetung, des Rezitierens oder Singens biblischer Passagen, des hörenden Gebets, des Gebets bei Exerzitien oder auf einer Pilgerreise, des kontemplativen Gebets, des Jesusgebets – all das sind Formen, die den Beter Unterschiedliches lehren.

Ich ermutige Sie: Gehen Sie in die Schule einer oder mehrerer dieser „künstlerischen Disziplinen". Doch erwarten Sie nicht sofortige messbare Ergebnisse. Auch der Maler und der Dichter werden nicht innerhalb weniger Tage zum Meister. Schicken Sie Ihr Herz auf eine

Reise: beten zu lernen. Ein Künstler, ein Meister des Gebets zu werden. Nicht sofort, aber im Laufe der nächsten Jahrzehnte. Geben Sie sich nicht mit weniger zufrieden. Sie sind für Gott erschaffen und unser Leben findet seine Erfüllung nur in der zweckfreien Verschwendung an ihn. Jeder Künstler zeugt auf seine Weise von dieser Wahrheit. Egal, ob er schon weiß, dass es Gott war, der dem Menschen das Wort „Schönheit" ins Herz grub, oder nicht.

DER KUSS
VERLIEBTES GEBET

GANZ WOANDERS

Im Flugzeug über New York, Januar 2012
Wer verliebt ist, der ist in Gedanken woanders. Verliebt zu sein, ist eine Gnade. Nichts, was man machen kann. Klar, verliebt zu sein, ist nicht alles. Doch eine Beziehung, in der der Zauber der ersten Liebe dauerhaft verloren geht, ist erkaltet. Wer verliebt ist, denkt bei Tag und Nacht nur an den Geliebten. Das Geheimnis des Tag-und-Nacht-Gebets ist nichts anderes als die simple Realität des Verliebtseins. Dies ist das letzte und tiefste Geheimnis des Gebets ...
    Ich sitze im Flugzeug und bin in Gedanken woanders. Unter mir die Lichter der großen Stadt. Bis zum Horizont die sich nicht verlierenden gelben, orangenen und weißen Lichtpunkte von Queens und Brooklyn. Eher ein Meer als eine Stadt. Lange geometrische Linien, sich kreuzend, parallel laufend und voneinander wegstrebend. Unmengen von Straßenlaternen an einer Unmenge von Straßen. Bernsteinfarbener Dunst über den endlos sich wiederholenden Quadraten der Wohnsiedlungen. Und weiter rechts: die Wolkenkratzer von Manhattan. Sichtbar nur ihre bläulichen Lichtgerippe, würfelförmig hintereinandergereiht. Wie Lego. All die Autos, all die Menschen, denke ich. Und darüber: das dunkle Violett des spätabendlichen Himmels, dort, wo er sich an den Horizont anschmiegt. Und die ersten paar Sterne im dunstigen Indigo weiter oben. Mein Kopf gegen das kleine ovale Fenster gelehnt. Das monotone Brummen der Motoren. Und unter mir dieser Anblick. Doch Tränen verschleiern den spektakulären Anblick. Denn mein Herz ist woanders.
    Vor meinem inneren Auge steht eine andere Szene. Eine Szene aus dem Johannesevangelium, Kapitel 8.

FINGER IM SAND
Jerusalem, vielleicht 30 n.Chr.

Sie liegt im Staub. Dunkelbraune Haare zerzaust auf dem Weg. Das Gesicht in den Dreck gedrückt. Noch nackter ist sie jetzt, obgleich sie sich hastig ein Gewand übergeworfen hat. Noch nackter als zuvor, da sie mit ihm im Bett ertappt worden ist. Blicke, die sie ausziehen, Blicke, die sie durchbohren, Blicke, die sie töten. „Steinigt sie!"

Hände haben an ihr gezerrt. Hände sie, die Nackte, aus dem Bett gerissen. Hände an ihren Haaren gezogen. Hände sie durch die Stadt gezerrt. Hände sie zu Boden gestoßen. Hände sie in den Staub gedrückt. Hände Steine aufgesammelt.

„Bringt sie zum Rabbi, die Ehebrecherin!"

Sie liegt im Schmutz, und die Versammlung der Gerechten steht rings um sie her. Blickt auf sie herab. Da liegt sie.

Da liege ich. Da liegt meine eigene Erbärmlichkeit. Da liegt meine eigene Sündhaftigkeit. Da liege ich, überführt.

Und da liegt New York. Da sitze ich und blicke auf die Millionenstadt mit all ihren Lichtern, ihrem Schein. Die Maskerade des Times Square mit seinem Geblinke. Diese Über-Stadt mit all ihrer Hast, ihrer Last, ihrem Übel, ihrem Leid und ihrem Schmutz. Die Weltstadt. Die Stadt-Welt.

Mose hat befohlen, sie zu steinigen. Sie weiß, dass sie den Tod verdient hat.

Vor ihren Augen, vor ihr im Staub sind seine Füße. Man hat sie vor den Rabbi gezerrt. Was wird er mit ihr tun? Er, der ganz Gerechte?

Sie ist niedergedrückt von ihrer Schuld. Zittert. Schwitzt. Hat Angst. Kein klarer Gedanke. Geduckt. Im Staub. Eins und eins zusammenzählend. Wie genau stirbt man eigentlich, wenn man gesteinigt wird?

So hätte es nicht enden sollen. Es war doch nur eine Affäre. Wellen von Scham. Der Wunsch, von der Erde verschluckt zu werden.

Und immer dreister nun das Fragen, das Fordern. Dem keifenden Mob steht die Entrüstung schäumend auf den Lippen. „Was also sagst du?", hört sie Stimmen weit über sich zetern. Ihr Atem geht jetzt nur noch ganz leise, obwohl ihre Brust bebt. Ihr ganzer kauernder Leib zittert lautlos. Die Zeit steht still.

Ein Raunen geht durch die Menge, und plötzlich die Bewegung von Luft an ihrer Schläfe. Jemand beugt sich herab. Ihre Hände verkrampfen sich, die Augen kneifen zusammen. Wird er mich packen? Mich beschimpfen? Mich schlagen? Bleib mir vom Hals, Fremder! Doch niemand fasst sie an. Aus dem Augenwinkel, durch ihre zerzausten Haare hindurch sieht sie ihn. Den Rabbi. Er kniet neben ihr und schreibt. Rings um sie beide her stehen die Männer der Stadt. Die Gerechten. Die Männer mit den Steinen in der Hand. Alle blicken auf den Rabbi. Doch dieser blickt nicht zurück. Er hat sich gebückt. Hinunter in den Sand der Straße, in dem sie kauert. In den sie ihre Finger krallt. Den Sand, auf den ihre Tränen tropfen. Der sich tropfenweise dunkel färbt unter ihrem Gesicht. Die Erde, die allein von ihrem Leid weiß und die sie doch nicht verschlingen will.

Ganz nahe neben ihr kniet er, der Rabbi. Sie kann seinen Körper beinahe spüren, hört die Bewegung seines Fingers im Sand. Er schreibt. In den Staub und Dreck, in den man sie gezerrt hat. In den sie die Sünde gezogen hat. Die Bedächtigkeit dieser Geste, die ruhige Gefasstheit des Schreibens, stellt einen befremdlichen Kontrast dar zur gerade noch wütend aufgeladenen Rotte der Herumstehenden. Unverständlich, was er da tut. Doch jetzt, da er an ihrer Seite am Boden kniet, ihr auf Augenhöhe, in die Verurteilung nicht einstimmend, da regt sich eine kleine Hoffnung in ihr.

Sie überhört fast, was er sagt, nachdem er sich plötzlich schnell erhoben hat. Doch ringsum fallen Steine in den Sand, denn jeder geht und von der Steinigung will keiner mehr etwas wissen. „Wer ohne Sünde ist ...", das hat er gesagt. Ohne Sünde – ja, wer ist das schon? Hier liegen sie ringsum, die Steine. Fallen gelassen von den Gerechten. Fallen gelassen in den Sand. Den Sand mit ihren Tränen. Ihren Sand. Ihrer aller Sand. In den er geschrieben hat, seine rätselhaften, ungelesenen Worte ...

Und dann spricht er sie selbst an. Zögernd erhebt sie die Augen, späht durch das zerzauste Haar, das Gesicht verklebt von Tränen und Staub. Hat er wirklich sie angesprochen? Wo vorher nur über sie verhandelt und sie selbst nicht einmal befragt wurde, nimmt der Rabbi sie nun persönlich ins Gespräch. Er blickt ihr in die Augen. Stechend.

Strahlend. Sanft. Ruhig. „Auch ich verurteile dich nicht" sind seine schlichten Worte. Sind diese unglaublichen Worte. Worte, die die Zeit anhalten. Diese skandalösen Worte, die ihre Welt in sich zusammenstürzen lassen und zugleich neu aufbauen. Diese Worte ...

Es sind die Worte, die Jesus bis heute wieder und wieder spricht und die mich durchbohren, dort in der Maschine der „United Airlines". Ob ich noch ein Getränk wolle? Ich überhöre die Frage fast, denn mein inneres Auge blickt auf sie. Auf sie, die der Blick Jesu trifft. Auf sie, deren Schuld dem völligen Umsonst der Gnade Jesu begegnet. Auf sie, für die es nun keine Verurteilung mehr gibt, seit Jesus selbst sich in den Staub hinabbeugte. Der sein Leben in den Staub drücken ließ und es nicht festhielt bis hinein in den Tod.

Das Umsonst der Liebe Jesu trifft auf sie. Auf sie, die Stadt dort unter mir. Diese Stadt, die die Welt verkörpert. Diese Stadt mit all ihrem Schönen, ihrem Leid und ihrem Übel. Diese Stadt, die wie die Frau im Evangelium auch mich verkörpert.

Ich selbst liege da. Ich selbst bin angeklagt von den Stimmen in mir, die mir meine Verfehlungen vorhalten. Und von denen ich weiß, dass sie recht haben. Von denen ich weiß, dass sie nur die Gerechtigkeit einklagen. Denn wer weiß, wie ein durch und durch wahrhaftiges Leben in Liebe aussähe, der ist unausweichlich mit der Tatsache konfrontiert, dass sein eigenes Herz diesen Ansprüchen so eklatant Hohn spricht.

Und in diesen Zerbruch hinein erklingt wieder und wieder das Geräusch des Fingers im Sand. Des Fingers des Gottes, der zur Erde kam als Mensch. Und der Klang seiner Worte: „Auch ich verurteile dich nicht." Genau diese Gnade, genau dieser voraussetzungslose Freispruch, ist das, was mich verändert. Diese bedingungslose Annahme ist das Einzige, was mein Herz im Tiefsten heilen und zur Nachfolge Jesu befreien kann. Die Motoren brummen und ich weine. Unter mir New York.

DIE GRÖSSTE LIEBE ALLER ZEITEN

Das ist das Geheimnis des verliebten Lebens und das ist das Geheimnis des verliebten Gebets: Nicht wir haben ihn zuerst geliebt, sondern er uns. Nichts setzt unser Herz so sehr frei wie diese einfache Grundwahrheit des Evangeliums: Du bist geliebt. Du bist geliebt, und zwar ganz und voll. Die Frage danach, ob es jemanden gibt, der uns liebt, ist die Menschheitsfrage schlechthin. Beinahe jeder Film und jedes Buch beinhalten dieses älteste und größte Thema des Menschen: lieben und geliebt werden. In einem Raum voller Fremder, unter denen ich mich unwohlfühle, steuern meine Füße wie von Geisterhand gelenkt ans andere Ende, wenn ich weiß, dass dort jemand ist, der mich kennt und der mich mag. Es ist auch keine Frage, welche Nummer ich wähle, wenn ich einen Unfall hatte, mich eine schwere Diagnose erreicht oder mir ein großer Erfolg beschieden ist: Ich wähle die Nummer eines Menschen, der mich liebt. Das Gefühl, nicht geliebt zu werden, treibt Menschen in den Selbstmord. Das Gefühl schließlich, tief und wahrlich geliebt zu werden, erfüllt das Leben des Menschen mit Sinn und Freude. Die Verliebten wissen das so gut! Denn wir sind für die Liebe gemacht. Berauschende Schönheit schon der menschlichen Liebe zwischen Mann und Frau! Und doch: Alle menschliche Liebe in all ihrer Schönheit und Faszination reicht nur bis zu einem bestimmten Punkt unseres Herzens. Das Verliebtsein währt nicht ewig. Kein Partner versteht mich in allem. Kein Freund ist immer und für immer da. Die Liebe keiner Mutter und keines Vaters ist so vollkommen, dass sie nicht auch an ihre menschlichen Grenzen stieße und Verletzungen hinterließe. Und doch sehnen wir uns nach ebeneiner solchen Liebe. Nach einer, die immer versteht. Die immer bleibt und tiefer geht als selbst das gottgeschaffene Fest der Erotik.

Es ist genau diese Liebe, von der Jesus spricht. Es ist genau diese Liebe, die das Evangelium uns verheißt. Und es ist eine Liebe, der wir nur begegnen, wenn wir radikal erfahren, dass wir zuerst geliebt sind. Solange im menschlichen Herzen der Verdacht bestehen bleibt, es werde nur aufgrund einer Gegenleistung geliebt, öffnet es sich nicht ganz. Das ist, wie Menschen lieben. Selbst die besten Eltern lieben immer auch in Zusammenhang mit Leistung, gutem Benehmen und erwartetem Verhalten. So sind Menschen. Doch auf diese Weise lernen wir auch schnell, misstrauisch zu sein. Du liebst mich? Doch wo ist der Haken?

Das überwältigend andere der Botschaft des Evangeliums, das es grundsätzlich und für immer von allen Weltreligionen unterscheidet, ist die Voraussetzungslosigkeit der Annahme durch Gott in Jesus Christus. Als wir noch Feinde Gottes waren, hat er uns bereits geliebt (vgl. Römer 5,10). *Feinde Gottes.* Wer dies einmal verstanden hat, der wird so schnell nicht irrewerden an seiner eigenen Erbärmlichkeit. Denn ja, auch mit der wird man konfrontiert im Gebet. Auch mit der wird man konfrontiert in einem Leben der Nachfolge Jesu. Doch jede Enttäuschung durch meine eigene ausbleibende Leistung kann auch zu einer Chance werden. Einer Chance, einmal mehr in diesem Staub zu liegen. In dem Staub zu liegen, wo sein Blick mich zum ersten Mal traf. Und wo sein Wort die Ehebrecherin damals traf. Und heute noch jeden Menschen trifft, der vor ihm im Staub liegt. Der kapituliert und seine frei geschenkte Liebe annimmt. Die Liebe, die sich am Kreuz erwiesen hat und in jedem Tropfen Blut, das er vergossen hat. Eine Liebe, die überall offensteht. Immer. In New York. 3000 Meter darüber. Oder anderswo.

EIN KUSS IM VORFRÜHLING

Wieder und wieder habe ich ihn gespürt, diesen Kuss Gottes. Diesen plötzlichen Strahl eines Lichtes, das nicht von dieser Welt ist. Diese zärtliche Berührung eines zärtlichen Gottes. So auch damals, als ich nach einer Unterrichtsstunde bei meinem Kunstlehrer aus dem Zauberreich der Ölfarben und organischen Formen durch den Vorfrühling in das barocke Halbdunkel der Mettener Klosterkirche gehe. Der kühle Geruch von Weihrauch und Kalk, auch diesmal. Der Kreuzweg wird dort gebetet: eine betrachtende Andacht, die den Stationen des Leidens Jesu nachgeht. Jesus nimmt das Kreuz auf seine Schultern, fällt, begegnet den weinenden Frauen, wird ans Kreuz geschlagen ... Ich kann nicht sagen, weshalb, doch mir ist, als hebe sich der Vorhang dieser Leidensszenen vor den Augen meines Herzens. Und als sei die dahinter liegende Geschichte die einer großen Romantik. Die eines unendlich verliebten Gottes, der alles dafür tut, die Braut seines Sohnes heimzuführen ... Durch die Hammerschläge der Henker und die dünnen Gesänge der Gemeinde, die sich hallend im Kirchenraum verlieren, meine ich seinen eigenen Herzschlag zu hören. Den seines Herzens, das für mich schlägt. Wie gebannt bleibe ich über eine Stunde lang. Kniend. Blickend. Hinweggerissen.

Es war ein Kuss der Liebe, dieser Märzabend. Und wenn draußen auf den Feldern die Knospen an den Bäumen auch erst zaghaft aus dem Braun des Winters brachen, war hier ein Blütenduft in mir, als wäre es Sommer und als wäre ich frisch verliebt. Als blühten mir die Wunden Jesu wie ein Strauß frischer Rosen. Als sei es Liebe, die sich in diesem unfassbaren Geschehen erzählt und ereignet, und nicht das Leid. Die Liebe eines Menschen, der bis zum Letzten geht. Die Liebe eines Gottes, der voll feuriger Entschiedenheit ist. Liebe ... für mich.

DIE GROSSE LIEBESGESCHICHTE

Sie ist eine große Liebesgeschichte, die Geschichte Gottes mit seinem Volk. Die Geschichte eines Gottes freilich, der sein leidenschaftlich brennendes Herz erst nach und nach offenbart. Und auch: die Geschichte von Menschen, die dieser Liebe nicht trauen. Die dieser Einladung nicht folgen. Und doch ist die Spur unübersehbar. Nur seinen Freunden zeigt dieser zärtliche Gott seine tiefsten Geheimnisse. Sein Angebot der Freundschaft aber steht allen offen, die ihn suchen.

Schon der Beginn der Schöpfung spricht von der Begegnung, um die alles geht. Der sogenannte zweite Schöpfungsbericht bringt das auf faszinierende Weise zum Ausdruck. Jedes Tier wird geschaffen mit einem Gegenüber. Nur Adam wird von Gott als Einzelner in den Garten Eden gestellt (1. Mose 2). Der Mensch, als Abbild Gottes erschaffen, erfährt sofort den Mangel. Er findet kein Gegenüber, er ist allein. Weshalb lässt Gott diese Suche nach einer „Hilfe, die ihm entspricht", überhaupt zu? Warum muss Adam erst nach einem Partner suchen? Weshalb soll Adam allen Tieren Namen geben? Ist es vielleicht in Gottes Absicht, Adam auch in dieser Hinsicht ein Abbild seiner selbst sein zu lassen? Ihm Anteil zu geben an Gefühlen, die er selbst hat? An der Sehnsucht nach einer Braut, der Sehnsucht nach einem Gegenüber ...? Und Gott erschafft Eva aus der Seite des schlafenden Adams. Bein von seinem Bein, Fleisch von seinem Fleisch. Adam: Urbild und Vorläufer des „letzten Adam". Jenes vollendeten, vom Fall der Sünde unberührten Menschen: Jesus. Zahlreich sind die Geschichten des Alten Testaments von der Brautsuche. Da werden Diener ausgesandt, da wird mit Geschenken geworben. Die Suche nach der geeigneten Braut ist eines der Urthemen der Schrift, weil sie ein Echo von Gottes Herzensschrei ist. Wo ist mein Gegenüber? Wo ist ein Volk, dem ich mein Herz eröffnen kann? Wo ist der Ort meiner Ruhe? Wo ist ein Volk, in dessen Mitte ich wohnen kann und zu dem ich von Angesicht zu Angesicht sprechen kann wie zu meinem Freund Mose (vgl. 2. Mose 33,9)? Durch alle Gesetze und die mitunter befremdlich archaischen Geschichten des Pentateuch hindurch ist dies die Grundsehnsucht des Herzens Gottes: Israel als sein Gegenüber, als sein Freund. Doch wieder und wieder die Weigerung, wieder und wieder der Abfall. Und immer deutlicher drücken die Propheten das aus, was schon vorher in der Luft hing: Gott ist nicht nur Bundespartner. Er ist nicht nur König. Nicht einmal nur Vater. Seine Gefühle sind die eines Bräutigams (vgl. Hesekiel 16). Eines eifersüchtig liebenden, leidenschaftlich entschlossenen, werbenden Bräutigams, der um die Liebe seiner Braut kämpft.

Überdeutlich wird dies im Buch Hosea. Der junge Prophet wird von Gott beauftragt, eine Prostituierte zu heiraten und dafür zu bezahlen, dass sie ihm treu bleibt. Denn genau so liebe Gott sein Volk ... Skandalöser Gedanke! Ein Gott, der einer untreuen Braut treu bleibt, einfach weil er verliebt ist ... Doch genau dieses Bild zeichnen die Propheten. Alle Gerichtsdrohungen, auch der feurige Eifer Gottes, alles, was die Liebe verhindert, zu bekämpfen und sein Volk vor eine unausweichliche Entscheidung zu stellen, sind diesem Herzensanliegen geschuldet: Er will lieben und geliebt werden. Gott fühlt. Gott ist emotional. Gott ist ein Liebender. Unfassbares Geheimnis: Der Transzendente, der Herr des Universums – ist ein Liebender. Ist – *verliebt.*

Sehr deutlich schließlich wird diese Offenbarung in Jesus. „Wer die Braut hat, ist der Bräutigam", stellt Johannes der Täufer wie eine

Überschrift an den Anfang des öffentlichen Wirkens Jesu (Johannes 3,29). Jesus als Bräutigam. Immer wieder spricht er selbst vom Hochzeitsmahl, von der Wiederkunft des Bräutigams. Doch wer wird seine Braut sein? Das Alte Testament endet scheinbar in Scherben: Die Treulosigkeit Israels – wer wird sie heilen? Wird es bei Gottes verzweifeltem Schrei bleiben: „Mein Volk hat mich vergessen. Kann denn eine Braut ihren Schmuck vergessen?" (Jeremia 2,32)? Ewig wiederholte Untreue des Menschen, zur Hure gewordene Jungfrau Israel, in Trümmern liegender Bund. Woher sollen die Erneuerung und Reinigung kommen? Wer wird die Braut sein?

Jesus wird der letzte Adam genannt. Er ist der erfüllte, vollkommene Adam. Und ihm entspricht seine neue Eva. Wer wird diese sein? Kein Mensch kann aus eigener Leistung zu einer solchen werden. Keine Gesetzesgerechtigkeit konnte Israel auf Herzensebene verändern. Doch Gott geht es nur ums Herz. Wer also wird die steinernen Herzen zu fleischernen machen (Hesekiel 36,26)? Das rettende Wort kann der Mensch sich niemals selbst zusprechen ...

Gott selbst war es, der aus der Seite Adams die Braut erschuf. Ein souveräner Akt Gottes muss dann auch diese Schaffung der neuen Eva sein. Und ebendieses Wunder geschieht. Es geschieht auf Golgatha. „Ihr müsst aus Wasser und Heiligem Geist wiedergeboren werden", hat Jesus dem Nikodemus gesagt (vgl. Johannes 3,5). Und hier passiert es: Es sind Wasser und Blut, die aus der Seite Jesu austreten, als sein Herz von der Lanze durchbohrt wird. Wasser und Blut, wie bei jeder Geburt. Es geschieht, als Jesus seinen Geist aushaucht. Denn drei sind es, die Zeugnis geben: das Wasser, das Blut und der Geist (vgl. 1. Johannes 5,8). Und aus der Seite des neuen Adam, der auf dem Kreuz eingeschlafen ist, entsteht das Neue. Die neue Schöpfung. Die Kirche. Sein Gegenüber. Die Braut. Die Braut, für die der göttliche Bräutigam den Brautpreis der Liebe bezahlt hat. Den Preis jenes Blutes, mit dem er uns erkauft hat.

Und unter dem Kreuz: der Lieblingsjünger, der nun der Mutter Jesu zum Sohn gegeben wird. Jener Tochter Israels, die, Abrahams Glaubensgehorsam vollendend, ganz Ja gesagt hat zu Gottes Plan der Wiederherstellung Israels und dadurch der Erlösung der ganzen Welt. Der

Lieblingsjünger eingemeindet in die geistliche und natürliche Familie Jesu.

Die Braut geht der Wiederkunft ihres Bräutigams entgegen. Sie hat sich schön gemacht und wurde geschmückt. Denn dies ist das Ende der Geschichte. Nicht die atomare Katastrophe und der Untergang der Welt, sondern die Wiederkunft Jesu. Die Wiederkunft des Bräutigams, für den sich seine Braut bereitet hat.

Und genau das ist Gebet. Gebet ist die liebende Wachsamkeit einer verliebten Braut. Es ist die Sehnsucht eines untröstlich verliebten Mädchens. „Aufstehen will ich, die Stadt durchstreifen, suchen den, den meine Seele liebt", spricht die Braut im Hohelied bei Nacht (Hohelied 3,2). Ähnlich ist der Herzensschrei eines Beters: Herr, ich will nicht sitzen bleiben. Ich will aufstehen, auch wenn es Nacht ist. Du, der du mich zuerst geliebt hast; du, der du mich aus dem Dreck und der Sklaverei der Sünde gerettet hast – du bist es wert, dass ich dich zurückliebe. Denn du hast die Liebe in mir wachgeküsst. Und diese Wunde heilt fortan nicht mehr. Seither kann die Welt mich nicht mehr zufriedenstellen. Ich will aufstehen. Ich will eine jener klugen Jungfrauen sein, die dem Bräutigam wachend entgegengehen (vgl. Matthäus 25). Mit dem Öl der Liebe in meiner Lampe und einer frischen Flamme des Gebets.

Und der Tag wird kommen, wo er kommt. Viele „kleine Tage" werden kommen. Denn dem Beter, der wacht und wartet, der sucht und anklopft, werden wieder und wieder jene Momente des Kusses geschenkt. Freilich: Sie sind unverfügbar, reines Geschenk. Doch der Gott, der „Sucht mich!" sprach, sagte auch: „Ich lasse mich von euch finden!" (Jeremia 29,13-14). Es werden viele kleine Tage kommen, wo er sanft vorübergeht. Und eine betende Kirche wird immer mehr Tage erleben, wo er mit Vollmacht kommt und Erweckung und Wunder geschehen. All das ist Teil dessen, wonach die Braut sich sehnt. Und doch bleibt ihre letzte Sehnsucht unerfüllt bis zu dem Tag, an dem er leibhaftig kommt, um alles neu zu machen. Jesus wird wiederkommen. Diese Wiederkunft drängt er der Welt aber nicht auf. Gott überrumpelt seine Braut niemals. Doch er bereitet sie vor. Weltweit. Er bereitet sie vor durch Gebet. Und zu einem Gebet. Zu einem Gebet in Einheit. Zu einem Gebet, das schließlich Erhörung findet an dem Tag, an dem Jesus wiederkommen wird, sichtbar wie ein Blitz, der im Osten aufgeht und bis zum Westen leuchtet. Er wirkt und kommt wieder in Übereinstimmung mit einer Braut, die nach ihm ruft. „Der Geist und die Braut aber sagen: Komm!" (Offenbarung 22,17).

FEUERSTELLE

Das Studium der „bräutlichen" Dimension des Glaubens ist ein wesentlicher Bestandteil der Spiritualitätsgeschichte der christlichen Mystik. Das Schöne ist: Wenn man von den Erfahrungen anderer liest, wird man von deren Hunger angesteckt. Wenn Sie Ihre Leidenschaft für Jesus, den Bräutigam, vertiefen wollen, lassen Sie sich anstecken von den Werken der großen Autoren des geistlichen Lebens. Für mich persönlich zählen Teresa von Avila, Johannes vom Kreuz, Alfons von Liguori ebenso dazu wie jüngere Autoren wie A.W. Tozer, Henri Nouwen oder Thérèse von Lisieux.

Vielleicht noch einfacher ist ein eigenes Studium der Schrift unter diesem Gesichtspunkt. Dafür gibt es viele Möglichkeiten. Grundsätzlich kann man in jeder biblischen Passage gezielt nach Gottes Emotionen suchen. Welches Gefühl bewog ihn zu diesem oder jenem Ausspruch? Das Gleiche im Evangelium: Was ist die emotionale Dimension in Jesus bei dem, was dort erzählt wird? Die barocke Verehrung des „Herzens Jesu" in der katholischen Frömmigkeit meint eigentlich genau dies: den Zugang zu den ganz persönlichen Tiefen Jesu, die in allem, was er sagte und tat, aufstrahlen.

Grundsätzlich gilt: Nichts entflammt das Herz mit Liebe zu Jesus so sehr wie das Studium seiner Liebe zu uns. Machen Sie sich dabei bitte keinen Druck. Liebe und Leidenschaft sind nichts, das man trainieren kann wie Liegestützen. Um das große und sofortige Spüren geht es im Letzten auch nicht. Nehmen Sie einfach die Schrift zur Hand. Ein Kapitel wie Jesaja 61, Psalm 45, Zefanja 3 oder ganze Bücher wie das Hohelied, Hosea, das Johannesevangelium oder die Johannesbriefe eignen sich besonders für den Anfang eines solchen Studiums. Doch dann bleiben Sie bitte nicht beim Lesen stehen. Kommen Sie ins Gespräch mit dem, über dessen Gefühle hier geschrieben steht. Bitten Sie ihn ganz konkret, Ihr Herz mit Liebe für ihn zu entflammen. Ein solches Gebet kann in etwa so klingen:

> *Jesus, ich danke dir, dass du mich unendlich liebst.*
> *Danke, dass du die Herrlichkeit deines Thrones verlassen und menschliche Gestalt angenommen hast.*
> *Danke, dass du auszogst, um dir eine Braut zu erwerben. Danke, dass du den Brautpreis für mich mit deinem Blut bezahlt hast.*
> *Jesus, ich möchte deine leidenschaftliche Liebe für mich heute neu annehmen.*
> *Lass mich mehr erkennen, wie tief deine Liebe ist. Und entflamme in meinem Herzen eine Liebe zu dir, die immer heller brennt.*
> *Eine Liebe, die nicht ausgelöscht wird durch Bedrängnis oder die Macht des Alltags.*
> *Lass diese Flamme zunehmen. Ziehe mich ins Gebet. Ich will dich kennen und von dir fasziniert sein. Lass diese Flamme wachsen bis zu dem Tag, an dem du wiederkommst oder ich vor deinem Richterstuhl stehe.*
> *Brennende Liebe im Herzen Jesu ... verzehre mich!*
> *Amen.*

DAS SPIEL
GEBET IN DER SCHULE DER KINDER

EINE MIT BLUT GESCHRIEBENE BOTSCHAFT
Pamucak, Türkei, Juni 2009
Vor mir aufgeschlagen das Neue Testament. Gestern waren wir an dem Ort, wo er begraben wurde, der Apostel Johannes. Von den muslimischen Eroberern zerstört erinnert nur noch eine schlichte Grabplatte an den Ort, wo der Lieblingsjünger Jesu inmitten der Ruinen einer ehedem prachtvollen byzantinischen Kathedrale zwischen hohem Gras seine Ruhestätte fand. Und doch war es mir, als könnte ich seinen Herzschlag spüren, hier an diesem verdorrten Hügel, zu dem der Wind den Duft der See und die Klänge der tiefer liegenden Ortschaft vor den grünen Bergen emportrug. Den Herzschlag dessen, der den Herzschlag Jesu gehört hat in seiner letzten Nacht. Und der dann, so berichtet es die alte Kirchengeschichte, ebenhier in Ephesus einen großen Teil seiner Schriften verfasst hat.

Ich will ihm auf die Schliche kommen, seine Botschaft verstehen. Und so sitze ich stundenlang am Strand und lese. Ich habe mir vorgenommen, alle Schriften des Johannes (möglichst auf Griechisch) zu lesen und zu durchbeten. Vor mir glitzert die im Westen sinkende Sonne wie ein Ozean aus Goldmünzen. Es ist ebenjenes Meer, das auch Johannes sah. Dachte er an ein Meer wie dieses, als er von dem „gläsernen Meer, gleich Kristall" (Offenbarung 4,6), vor Gottes Thron sprach? Doch diesmal ist es nicht die Apokalypse, die mein Interesse geweckt hat, sondern es sind seine Briefe. Ich lese sie wieder und wieder. Und es trifft mich wie ein Blitz. Er spricht von Liebe. Und zwar fast nur. Darin besteht die Liebe, daran haben wie die Liebe erkannt, Gott ist die Liebe, wir bleiben in der Liebe, wenn wir lieben und nur wer liebt, erkennt die Liebe, und Liebe, Liebe, Liebe ... Er spricht von der Liebe. Wieder und wieder. Weshalb? Woher kommt diese thematische Fixierung? Was hat er gesehen? Was hat er erlebt, das dazu geführt hat, dass sein Lebensthema die Liebe zu sein scheint? Er war bereits in hohem und höchstem Alter, als er seine Briefe verfasst hat, so die antiken Chronisten. Und seine Botschaft scheint sich zum Ende hin immer mehr auf das verdichtet zu haben: Wir werden geliebt, so lasst auch uns lieben.

Doch woher diese Fokussierung auf das Thema Liebe? Warum schreibt Johannes wieder und wieder davon? Die schlichte Erkenntnis steht auf einmal im Raum. Natürlich spricht er von der Liebe. Natürlich spricht er mehr davon als Paulus, Petrus oder Jakobus. Denn er ist dabei gewesen. Er hat unter dem Kreuz gestanden, zusammen mit der Mutter Jesu, die er danach zu sich nahm. Er war dabei, als Jesu Blut auf die Erde tropfte. Und er war dabei, als er starb. Er war dabei. Und was ist sein Zeugnis? Was erzählt einer, der das gesehen hat, und wovon spricht er? Er spricht von der Liebe. Er spricht nur noch von der Liebe, bis an sein Lebensende viele Jahrzehnte danach. „Daran haben wir die Liebe erkannt: Gott hat seinen Sohn für uns dahingegeben" (1. Johannes 3,16).

Es geht um die Liebe. Es geht nur um die Liebe. Diese einfache, grundlegende Wahrheit wurde mir am Strand von Pamucak erschütternd klar. Es geht auch im Gebet nur um die Liebe. Doch was ist Liebe? Und wie sieht sie aus? Alle Welt spricht von der Liebe. Aber was ist wahre Liebe? Die Antwort des Johannes ist klar: Man sieht sie am Kreuz. Du willst wissen, was die Liebe ist? Blicke auf ihn. Den wahren Gott, der wahrer Mensch wurde und der sein königliches Blut in den Schutt Golgathas verrinnen ließ. Einfach so. Für dich und für mich. Daran haben wir erkannt, was Liebe ist.

Unweigerliche Grundforderung des Christseins: Wenn wir so geliebt sind, müssen auch wir einander lieben (1. Johannes 4,11). Und doch ... Wie schwierig ist es, wirklich zu lieben, wenn man einmal erkannt hat, was tatsächlich in uns ist. Wie schwierig ist es, treu, verbindlich und wahrhaftig zu lieben!

Wie also lernt man zu lieben?

Über die Jahre hinweg ist in mir die Überzeugung gereift, dass sich nicht nur alles im christlichen Leben, sondern auch alles im Gebet um die Liebe dreht. Wer nicht lieben kann, der kann auch nicht beten. Denn Beten ist Lieben. Und Beten lernen heißt lieben lernen. Wo beginnt dieser Weg und worin zeigen sich seine steilen Stufen im konkreten Gebetsleben? Ich bin erst dabei, die ersten Lektionen dieser großen Kunst zu lernen. Und dazu muss ich wieder und wieder in die Schule der Kinder gehen.

SPIELEN LERNEN
Sukosan, Kroatien, August 2013
So vieles in Gottes großer Geschichte mit uns ereignet sich im Kleinen. Ein Jahr ist vergangen seit meiner existenziellen Frage nach dem Sein, dort am Strand in Frankreich. Abermals ist es Sommer und ein Jahr vergangen, in dem ich über nichts so viel nachgedacht habe wie das: was es heißt, zu lieben. Was es heißt, in Geist und in Wahrheit zu beten. Und was es heißt, dem anderen und mir selbst in Echtheit zu begegnen.

Abermals habe ich mir einen Ort gesucht, an dem ich morgens beten kann. Abermals überblicke ich das Meer, auch wenn die Aussicht weniger spektakulär ist. Abermals der jungfräuliche Anbruch eines heraufdämmernden Tages. Ich versuche, ganz da zu sein. Vor Gott. Vor mir. Und dann auf einmal der Entschluss, der mir wie ein reifer Apfel in den Schoß fällt: Ich will heute ganz da sein. Nicht nur in meiner Gebetsstunde am Morgen. Besonders da. Denn ich brauche sie. Und nur da lerne ich, Atem zu holen und mich nicht zu verlieren. Und Gottes Gegenwart im Sein nicht zu verpassen. Doch es bleibt nicht da stehen. Der kleine, aber für mich ganz große Entschluss, in diesen Tagen am Strand einfach da zu sein. Für meine Frau und meine vier Kinder ganz da zu sein.

Es fühlt sich nicht besonders an, den Tag so zu beginnen. Leuchtender als zuvor jedoch scheinen mir die pinken Blumen am Wegesrand, dichter das Gebüsch aus Thymian und Bambus in der Ruhe des kroatischen Morgens. Und dann? Der Weg zum Bäcker. Frühstück im lautstark überbordenden Leben einer jungen Familie. Mensch-ärgere-dich-nicht spielen. Geschichten vorlesen. Stundenlang. Schlauchboot fahren. Geschirr spülen. Noch eine Geschichte vorlesen. Und ganz bewusst in diesen Tagen: keine Medien. Kein iPhone. Keine Bücher und keine Überlegung im Hinterkopf, was man Großes planen könnte oder einmal durchdenken müsste. Einfach da sein. Mit all dem Schönen dieses reichen Lebens und all dem Nervigen. Und auch mit meiner Gereiztheit, der Ungeduld, der Sehnsucht und all dem, was noch nicht heil ist.

Beinahe ungewohnt fühlt sich diese so einfache und selbstverständliche Lebenshaltung an. Und doch treten mir Tränen in die Augen, als ich am nächsten Morgen wieder an meinem Platz zwischen dem Gestrüpp sitze. Und dort so ruhig sitze, dass selbst ein Fuchs mich nicht bemerkt und lange dicht bei mir steht, ehe er davonspringt. Tränen der Dankbarkeit für ein unvollkommenes, aber reiches Leben. Für das Geschenk meiner Kinder und meiner Frau. Für das Geschenk der Unmenge überreifer Feigen, die wir umsonst ernten konnten und aus denen wir Marmelade kochten. Deren Kerne zwischen den Zähnen knistern, wenn man sie zerbeißt. Und für das Geschenk des Bodens, der Luft und des Seins. Die Beziehung zu meinen Kindern und meine Freude an ihnen werden tiefer in diesen Tagen. Wie viel kann ich von ihnen lernen! Denn sie waren schon dort, wo ich hinwill. Stundenlang können sie spielen, sich an dem freuen, was da ist. Können sein. Staunend, dankbar, mal auch wütend und laut, aber immer echt. Immer sie selbst. „Ein heiliges Spiel", nennt Romano Guardini die Liturgie. Und so könnte man das Gebet allgemein bezeichnen. Die dankbare, nicht festhaltende Lebenshaltung des Spiels gleicht der Einfachheit und Freude, zu der Gott den Beter mehr und mehr befreien will. Die Schönheit des Spiels. Die Zweckfreiheit des reinen Seins. Nirgends so deutlich sichtbar, wie wenn man betet. Oder wenn Kinder spielen. Die Schönheit des Lebens, das im Letzten ein Spiel ist, das sich der liebende Gott einfallen ließ.

LIEBEN LERNEN

Was ist diese letzte Lektion im Reisetagebuch eines Menschen, der sich aufmachte, das Beten zu lernen? Eine kleine und doch so große Lektion, die jeden, der den Weg betritt, alles kosten und ein Leben lang nicht loslassen wird. Beten heißt lieben lernen. Und es gibt keine Liebe ohne Aufmerksamkeit und volle Präsenz. Wie wenig davon sehen wir in unserer Welt! Ich höre dir zu, doch nur mit einem Ohr. Ich höre dir zu, doch eigentlich weiß ich schon, was du sagen willst. Ich höre dir zu, aber warte insgeheim auf die Sprechpause, um meine eigene Geschichte erzählen zu können. Ich höre zu, doch meine Meinung steht schon fest. Ich höre zu, aber eigentlich bin ich nicht offen für das, was da von dir kommt. Ich höre zu, aber eigentlich bin ich gar nicht da. Ich bin nicht ganz da. Nicht mit meiner ganzen Aufmerksamkeit. Ich bin da, aber nur mit meinem Verstand, nicht mit meinem Herz und meinem Gefühl. Ich höre nicht wirklich zu. Ich bin nie ganz da. Verpasstes Leben! Verspielte Chance auf Begegnung und wahre Beziehung. Und: verpasste Liebe. Denn beginnt und endet nicht da die Liebe, dieses große Wort? Beginnt und endet sie nicht da, wo ich den anderen sein lasse und dankbar annehme, was er ist und wie er ist? Wo ich ihn sogar sein lasse, ohne zu verstehen? Wo ich ihm sein Geheimnis lasse? Wo ich meine Aufmerksamkeit und Zeit niederlege, um ihm Raum zu geben? Wo ich – mein Leben gebe, damit er sein kann?

Das Gebet ist wie der Zeitraffer und das Vergrößerungsglas der Lebenshaltungen, die wir den ganzen Tag über halb bewusst in uns tragen. Und die wir nicht sehen, genau wie der Fisch das Wasser nicht sieht, in dem er schwimmt. Im Gebet zerbröseln die Kulissen. Im Gebet werde ich schonungslos konfrontiert mit meinem Kreisen um mich selbst. Mit meinen Träumereien. Und im Letzten: mit meiner Weigerung, mich selbst loszulassen. Mit meiner Weigerung, zu lieben.

Doch echtes Gebet lockt mich heraus aus meinem Schlupfloch. Es lädt mich ein. Wahrzunehmen. Die Wahrheit anzunehmen. Und darin: Gottes Wahrheit anzunehmen. Diese Wahrheit, die größer ist als das, was ich sehe und fühle. Diesen Gott anzunehmen, der so viel größer ist als meine Konstrukte. Diesen Jesus anzunehmen, dessen Wort die Kleinheit meines Herzens so mühelos entlarvt. Und der mich gleichzeitig so warmherzig lockt, nicht dort stehen zu bleiben. Mich einlädt zu dem großen Spiel und zu der großen Liebe. Jede Stunde des Gebets ist eine Kollision und eine Einladung. Eine Kollision zwischen meinen kleinen Wichtigkeiten und dem, was er wichtig nennt. „Nur eines ist nötig", sagt Jesus zu Marta und lädt sie ein, von ihrer fruchtlosen Betriebsamkeit abzulassen (Lukas 10,42). Nicht, weil das Arbeiten schlecht wäre, sondern weil die Liebe erkaltet, wenn sie keinen Raum mehr bekommt für das, was Maria tut: zu seinen Füßen sitzen und zuhören.

Dasein und wahrnehmen. Jede Beziehung lebt davon. Die Liebe lebt davon. Das Leben mit Gott lebt davon. Jede Stunde des Gebets ist eine Kollision und eine Einladung. Eine Einladung schließlich, in meinem Leben nicht nur meine Geschichte zu erzählen. Nicht nur um meine Prioritäten herum zu segeln. Nicht nur meinen eigenen Kontinent zu sehen. Gebet ist die Hinausfahrt in einen weiten Ozean. Einen, hinter dessen Horizont sich je um je ein weiterer öffnet, in Ewigkeit. Eine Einladung, nicht meine eigene Geschichte festzuhalten, sondern sie aufgehen zu lassen in der einen großen Geschichte. Ein Aufbruch in die ewig neue, unendlich große Geschichte des liebenden Gottes, der Mensch wurde, um sich eine Braut zu erwählen. Ein Gegenüber für seine Liebe. Um diese Braut zu erlösen und sie lieben zu lehren. Und die seine Wiederkunft mit brennenden Lampen und liebenden Herzen erwartet. Das ist die große Geschichte, in die wir unsere kleinen Geschichten eingewoben finden. Welch abenteuerliche Reise, zu der unsere schwachen Herzen sich durch solche Liebe verlockt fühlen! Herzen, in denen ein Feuer zu brennen beginnt, das nicht mehr erlischt. Eine Reise, die schwache und gebrochene Menschen dazu bringt, in den Trümmern einer dunklen Stadt zu singen. Bei Tag und Nacht. In ihren Herzen Feuer.

DAS GEBETSHAUS AUGSBURG

Im Jahr 2005 von Jutta und Johannes Hartl gegründet, ist das Gebetshaus in Augsburg ein Ort, an dem seit 2011 das Gebet nicht mehr verstummt. An 168 Wochenstunden bei Tag und bei Nacht sind hier an 365 Tagen im Jahr Menschen, die sich zu Gebetszeiten im Gebetsraum verpflichtet haben.
Das Erstaunliche: Es sind überwiegend junge Leute, die sich davon angezogen fühlen.
Das Gebetshaus ist ökumenisch ausgerichtet und spricht Christen aller Konfessionen an. Zu den jährlichen MEHR-Konferenzen kommen Anfang Januar mittlerweile über 4000 Besucher aus ganz Europa.

Und so können Sie das Gebetshaus kennenlernen:

> Kommen Sie einfach vorbei. Im Gebetshaus sind Tag und Nacht Beter versammelt; es ist immer einen Besuch wert!
> **Pilsenerstr. 6, 86199 Augsburg**

> Besuchen Sie eine unserer Konferenzen oder Schulungen.
> Info: **www.gebetshaus.org**

> Jeden Donnerstagabend streamen wir unseren Lobpreis- und Vortragsabend mit Dr. Johannes Hartl live ins Internet. Schalten sie doch mal ein!
> **www.gebetshaus.org/webstream**

Poetisch, akustisch, zerbrechlich. 11 sehr persönliche neue Songs von Johannes Hartl nehmen Sie mit auf eine Reise der Anbetung.

Dezente Arrangements mit Cello und Flügel und ausdrucksstarke Stimmen aus dem Gebetshaus Augsburg verleihen diesem Album seine schlichte Schönheit.

Sanfte, fast mystische Töne und Klänge majestätischer Lobpreislieder vereinen sich zu einem akustischen und optischen Gesamtkunstwerk.

CD | Laufzeit 60:44

Bestell-Nr. 095922

Klappenbroschur,
13,5 x 20,5 cm,
272 Seiten
Nr. 226.529

Mark Batterson
Kreiszieher
Kühn beten – und Wunder erleben

Während einer Dürreperiode in Israel zog Honi, der Weise, einen Kreis in den Sand, setzte sich hinein und gelobte, nicht eher aus ihm herauszukommen, bis Gott sein Gebet um Regen erhört hatte. Inspiriert von dieser jüdischen Legende zeigt Mark Batterson anhand biblischer Geschichten und eigener Erlebnisse, wie wir Wunder erleben können wenn wir Gebetskreise um unsere Träume, unsere Familien, unsere Probleme und vor allem Gottes Versprechen ziehen. Wenn wir Gott alles zutrauen, anhaltend beten und ein wenig Geduld haben, ist alles möglich.

GOTT BEGEGNEN – AUTHENTISCH LEBEN

AUFATMEN

Nachvollziehbar, persönlich und aufbauend: AUFATMEN steckt voller Impulse, um den Glauben authentisch zu leben, Gott zu erfahren, immer tiefer zu vertrauen und zur Ruhe zu finden. Geistliche Nahrung, die Hunger auf mehr von Gott macht.

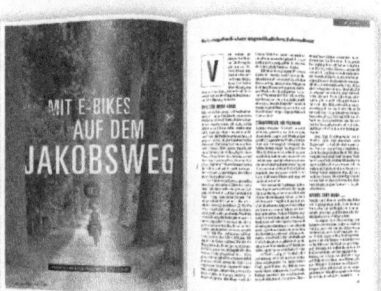

Ein Abonnement (4 Ausgaben im Jahr) erhalten Sie in Ihrer Buchhandlung oder unter:

www.bundes-verlag.net

Deutschland:
Tel.: 02302 93093-910
Fax: 02302 93093-689

Schweiz:
Tel.: 043 288 80-10
Fax: 043 288 80-11

SCM
Bundes-Verlag

www.aufatmen.de · www.aufatmen.ch